中山出版
ZHONGSHAN　PUBLISHING
香山承文脉　好书读百年

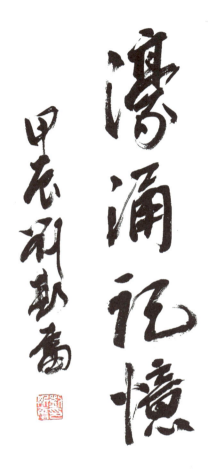

涌涌记忆

甲辰初夏

刘斯奋题字

（作者系著名作家、学者、书画家、文艺理论家，曾担任广东省委宣传部副部长、广东省文联主席、广东画院院长，广东省政协常务委员，中国文联常务委员会委员，中国作家协会会员，中国美术家协会理事，中山大学、华南师范大学兼职教授。荣获第二届广东文艺终身成就奖，长篇历史小说《白门柳》荣获第四届茅盾文学奖）

涌涌记忆

六百年香山隆都古村的前尘往事

方嘉雯 著

SPM 南方传媒　广东人民出版社

·广州·

图书在版编目（CIP）数据

濠涌记忆 ： 六百年香山隆都古村的前尘往事 ／
方嘉雯著. -- 广州 ： 广东人民出版社，2024. 12. --
ISBN 978-7-218-18231-5

Ⅰ. K296.55

中国国家版本馆CIP数据核字第2024C2W860号

HAOCHONG JIYI : LIUBAI NIAN XIANGSHAN LONGDU GUCUN DE QIANCHEN WANGSHI

濠涌记忆：六百年香山隆都古村的前尘往事

方嘉雯 著

出 版 人：肖风华

责任编辑：吴嘉文
装帧设计：陈宝玉
责任技编：吴彦斌
封面题字：刘斯奋

统 筹：广东人民出版社中山出版有限公司
执 行：王 忠
地 址：广东省中山市中山五路1号中山日报13楼（邮政编码：528403）
电 话：（0760）89882926 （0760）89882925

出版发行：广东人民出版社
地 址：广东省广州市越秀区大沙头四马路10号（邮政编码：510199）
电 话：（020）85716809（总编室）
传 真：（020）83289585
网 址：http://www.gdpph.com
印 刷：珠海市豪迈实业有限公司
开 本：787mm×1092mm 1/16
印 张：21.75 字 数：255千
版 次：2024年12月第1版
印 次：2024年12月第1次印刷
定 价：98.00

如发现印装质量问题，影响阅读，请与出版社（0760-89882925）联系调换。
售书热线：（0760）89882925

序：追寻那道光的人

江 冰

　　我与本书作者的相识，是从一篇讲述香山隆都"炊年糕"的文章开始的。

　　在2020年第五届华侨华人"中山文学奖"评审活动中，我是评委，本书作者方嘉雯是《中山日报》编辑——作为工作人员负责投票及活动统筹的工作。我对她的印象却在一篇讲述香山隆都"炊年糕"的文章中深化。

　　我赞扬此文后，她在春节前寄来一份年糕。

　　一尝，喜出望外，与幼时福州年糕的味道一样。遂追问中山家族何以有此年糕滋味。岁月回望，时光倒转，居然引出一段"讲古"。方编辑言：

　　——祖先方氏曾在福建为官，随南宋朝廷由闽入粤，1279年追随宋军抗元至广东新会崖门。

　　——崖山海战，宋军大败，丞相陆秀夫背着小皇帝赵昺投海自尽，十万军民跳海殉国，南宋王朝兵败而亡。

　　——小皇帝端宗赵昰的生母杨太后闻讯后令"诸皇亲择居"。祖先遂携家人先后迁新会、开平、中山、台山、恩平和粤西各地，以及广西、海南、港澳及海外。

——先祖开基 700 多年，繁衍约 30 代，他们创造的方氏灯楼和自力村村落成了世界文化遗产"开平碉楼"的突出代表，涌现出众多优秀的方氏子孙。

——方家一支就在中山沙溪镇定居，春节前蒸年糕也是祖上传承习俗，延续至今。赠予的年糕就是近 70 岁老母亲在祖上老屋里蒸煮的。

——中山沙溪镇，为隆都"方言岛"——源自闽。春节习俗代代相传：初一吃斋，初二开年吃年糕。

惊喜之余，不由感叹：食物千里万里，却是人生深处刻骨铭心的记忆。

此后，我们偶尔在微信朋友圈交换有关香山及岭南文化的看法。

不料，今年南国书香节时，她特意驱车前来参加我的《文化岭南》新书分享会，并递上厚厚一本方氏家族历史的样书，恳请作序。

翻阅大作，这位斯文含蓄的香山女子，竟有如此发愿，如此大作。

一往情深矣，令我感动。

阅读《濠涌记忆》一书，我似乎可以看到方氏女子方嘉雯寻觅方家前尘往事的背影，她在茫茫人海中终于找到回望祖先——时光隧道的入口。

中国人行不更名、坐不改姓，向来把祖先看作生命中重要的信念与支柱——这就是纯正的"中国版本"。

这位方氏女子，便在这种寻找中成就了自己生命中的信仰，为香山留下了一部家族史。

其志亦坚，其情亦真，令人唏嘘，让我感动。

香山（今中山、珠海、澳门一带）因有 450 年澳门之故，在中国近代史中扮演重要角色。一条澳门至广州的商道诞生了孙中山、容闳、郑观应等一批爱国志士，深远地影响了岭南文化，为当今改革开放奠定了精神与物质基础。

"洋装虽然穿在身，我心依然是中国心，我的祖先早已把我的一

切烙上中国印。"这句歌词套用在此书上亦是恰当的。中华文明，炎黄子孙，黄河长江珠江，长城泰山香山，都是中国情，烙上中国印。

在有些人看来，过往的历史犹如尘埃，犹如镜中风花雪月，又如水中月亮的倒影，虽风姿绰约，却微不足道；又好似清风吹过水面，几丝涟漪，瞬间消失。

但，在大多数中国人的心目中，他们偏"不"。

他们要记着祖先的每一步脚印，记着春花秋月里祖先生活过的每一天。也许，每一个具体的生命犹如微光，一闪而过，但众多的生命却可以汇聚成照耀后人的一道强光。

其光闪耀，光芒万丈。

在我眼中，《濠涌记忆》的作者——方氏女子，便是追寻那道光的人。她将笔下的一切，看作如同生命一般珍贵。

关键还在于她发自内心的热爱，爱岭南爱香山爱家人。

于是，才有走遍香山去寻访遗迹、追寻先人，去遍览宗室祠堂家谱典籍，悉心领悟，虔诚体会，让自己与先人心有灵犀、生命连接。

由此，方有既温暖又文采斐然的文字，传达出晚辈深深的敬意，并呈现有质感有深度的个体生命形象：

——南宋灭亡沉痛历史时刻的书写，历史氛围中见出方家香山祖先宋室驸马公行踪，繁衍27代子孙，濠涌方氏源头。

——老校友戴红领巾告别"大同小学"，而小学原址就是方氏大宗祠。知来路，明去处，乡愁乡情有归宿。

——濠涌码头，当年走出多位赴澳留学幼童——方赐、方壁展、方壁崑、方炳、方烈文、方鹤鸣等，他们的名字在异国他乡青灯黄卷中尘封百年，寂寂无声。

——方日英，孙中山卫士，黄埔军校一期毕业，曾任国民革命军第八十六军军长、陆军中将。抗日战争时，亲临长沙前线力挫日军。

——方少穆，考入广州广雅中学，徒步投奔延安入抗大。后随李先念抗日，新中国成立后曾任东海航队军职，少将军衔。

——方人定，高剑父学生、岭南画派领军人物之一，入选"广东百年艺坛大家"，岭南画派形成中令人瞩目的"方黄之争"的主笔。

名人如云，不胜枚举。

中山（香山）为著名侨乡，隆都又是中山名乡。以小见大，历史风云揽收其中，相当于写就一部岭南史，尤其是清末民国时期，隆都人"走出去"的篇章，尤见光彩。

因作者之功，我们再次遭遇见识那些方氏家族的卓越成员：面影鲜活，那般生动。

飘飘何所似，天地一沙鸥。

需要再一次重申的是，个体生命虽然孤独，但每一个人、每一个家庭乃至每一个家族的身后，都是大时代的风云，所有个人史、家族史也都是大历史的一部分。

香山方氏亦是。

正是因为中国大地上一批坚守传统孜孜以求的后代，书写成的每一部家族的历史，才能构成涓涓细流汇成江河，最终流入浩瀚的海洋，从而成为中国记忆乃至人类记忆的一部分。

这，就是香山，就是岭南，就是中国。

衷心祝贺《濠涌记忆》面世出版，向"80后"作者方嘉雯致敬。多年积累，孜孜以求，半生修为，终成正果。

其间搜寻史料辨别真伪，田野调查徒步发掘，发函询问外界各地，之艰难之坚持，可以想象。

除了一往情深、热爱本土，其实还有观念之现代、视野之开阔、文采之斐然、传播之流畅，外功内功、内外兼修，才得一部有深度又可读的族史家谱杰作。

我尤其看重"80后""90后"的介入，文化传承从年轻人做起。

作者有为，恰是希望。

亦向方氏历代名人贤士乃至每一个成员致敬，他们都是追寻那道光的人。

无愧于香山，无愧于华夏文明，文化传承，前赴后继，你们做到了。

风来过，花知道。

岭南在哪里，我们的脚步就追到哪里。

欣然作序，读之写之亦成精神洗礼。浮想翩跹，吾心甚慰。

2024 年 8 月于广州

（作者系广州岭南文化研究会会长、广东省文化学会副会长、广东财经大学教授。先后兼任世界华文创意写作协会副会长、广州都市文学与都市文化研究基地首席专家、广东财经大学人文与传播学院院长。入选广东省首届十大优秀科普专家、中国作家协会新锐批评家、中国哲学社会科学界最有影响力学者。著有《都市先锋》《岭南乡愁》等十多部。）

前　言

　　生命因水而兴，世界上所有的人类文明发祥地，都离不开江河。因为在古代，江河是很重要的交通之道，而水路的主要形式就是水上航运，人从水上来，货从水上来，财从水上来，因此，人总是逐水而居，伴水而生，因水而和。如上海与黄浦江，扬州与京杭大运河、长江，巴黎与塞纳河，伦敦与泰晤士河，维也纳与多瑙河……正是河流，把城市带向了繁荣和文明。

　　如果说长江、黄河是华夏文明的根，是中国人的"母亲河"，那么岐江则是中山人的"母亲河"。岐江古称"石岐海"，盖因唐代石岐以南，一片海岛，归属伶仃洋海域，故得名。自南宋立县以来，香山邑境亦不过"海中一岛耳，其地最狭，其民最贫"。今天我们看到的岐江，是古时"石岐海"的一部分，而位于中山西部的沙溪镇（古称龙眼都、隆都）辖下的濠涌村，则位于岐江（当地又称石岐河）河畔，依水而兴。

　　"台山初罢雾，岐海正分流。渔浦扬来笛，鸿遥翼去舟。"早在唐代，就有诗人郑愚在《泛石岐海》中写下了这样的诗句，这是目前为止，能找到的"石岐"两字最早的出处。在日后的地理巨变中，伶仃洋上的香山孤岛逐渐融入大陆海岸线之中，同时也慢慢孕育出一条南北走向、双向均可出海的岐江河。流淌中山千年的古老岐江河，见证了中山沧海桑田的历史变迁，岐江河水在历史风潮的吹拂中，也显示出它独一无二的文化肌理。

江河流淌过的城市，必定有码头，而码头处必定是繁庶之地。明代，香山邑境泽地逐步脱海成陆，邑民百年耕耘，已见物阜民丰景象，岐江河为当时香山县的交通河道，人流货流畅旺。岐江河北往省城广州，南达澳门，西至江门，东到东莞。当时，香山县城贯通邑城西郊最早最旺的商铺群——"十八间"直达岐江河，"十八间"亦即当今孙文西路步行街的前身。至清代，河西岸形成乡村群落，紧接隆都豁角乡，河东岸凤鸣路果菜栏和油糖杂货铺成行成市，南基的鲜鱼栏、咸鱼栏、铁木农具作坊也兴旺，浓浓的人间烟火气弥漫一河两岸。

随着潮起潮落沙土沉积，明清两朝，隆都地域成陆速度迅猛。隆都地区早在宋末已开始有人定居，除了本身人口繁衍之外，加上移民不断迁入，乡村群落在明清之际相继形成。人兴随之物旺，舟楫穿梭往返于各乡，岐江河上交通更加通畅兴旺。明代伍瑞隆曾撰诗描绘岐江边的景致："城边河水碧如葱，城外扁舟渡晚风。日落月来天在水，行人浑入镜光中。"而濠涌码头，就是岐江河的一个重要码头。

伶仃洋、岐江、濠涌码头，成了濠涌人看世界、闯世界的一个个窗口。这仿佛注定了濠涌不可能是一个闭塞的地方。隆都人出洋旅居外国比较早，康熙《香山县志》记载："方士彦，濠涌人。万历四十八年任大同宣府经历，有治声，奉使外国称职。"隆都濠涌村的方士彦，是目前有籍可查的早期为数不多奉使出洋的香山人。明万历四十八年即公元 1620 年，距离现在已 400 多年。在黄敬斋、方士彦等人之后，陆续有香山人出洋。

在海洋文明和咸淡水文化的滋润下，这个小小的码头，走出了

孙中山卫士方日英、岭南画派骁将方人定、捐赠飞机抗日的斐济爱国华侨方作标、澳大利亚"唐人街之王"方劲武、美国联邦国土安全部助理部长方宇文，还走出了第一批留洋的香山幼童……这片土地上，还曾有抗击"红毛贼"的濠涌炮台、以乡村彦士眼光看世界的报刊《豪冲月报》……

岐水之滨，由敦陶、濠涌、大同、充美四个自然村组成的濠涌村，大部分村民都姓方，同祖同宗，因血缘地缘聚族而居。虽为弹丸之地，立村600多年尤其是近百年来，留下了无数珍贵的人文印记，可惜却鲜为人知。许多故事，纵然只有一墙之隔，族人走出半生也闻所未闻。倘若不及时记录下来，恐怕以后就湮没在时光之流了。

在中国的传统文化中，家族向来是国家重要的组成部分。国有国史，家有家谱。一个姓氏，就是一部迁移发展史，在时光的车轮滚滚向前之际，传承着历史传统，积淀着文化底蕴，承载着时代记忆。

本书以中山市沙溪镇濠涌村的方氏家族六百余年历史为主要线索，从其姓氏来源、人口迁徙、择地定居、族群关系、繁衍生息、文化遗存、乡音方言、海内外各界名人等方面展开，勾勒出濠涌方姓族人的来龙去脉，以及在时代洪流中，方姓族人所扮演的角色，以此拂去历史的烟尘，折射时代的变迁。

流年似水，前尘往事都已化作缕缕云烟随风逝去。然而，它们都曾经在漫长的历史长河中存在过，是先人的历史回声。

古人云：以史为镜，可以知兴替。以人为镜，可以明得失。

许多的人，许多的事，值得被永远铭记，这并不是单纯地发思古之幽情，而是希望这些经过大浪淘沙而留存下来的文化记忆可以渗入后人的血脉，不觉中化成一股持久而深沉的文化力量，使后人更自信地前行。

村口的老榕树，没人知道它年岁几何，树干上不觉间又多了几缕胡须，几道皱纹，在胡须和皱纹里，我们仿佛看见了往日的旧时光，更看见了拔地而起的商铺、楼房和广厦，还有如往日岐江河码头行船般繁忙的车水马龙。

悠悠千年，村旁缓缓流过的岐江河见证了濠涌古村的起落兴衰，沧桑变迁。夜深，守望古村千百年的岐水沉沉睡去。翌日，她又在人间烟火中醒来。

目 录

姓氏源流

第一篇

第一章 方姓起源及繁衍

民间素有百家姓的说法，其实中国的姓氏远远不止百个。

中华民族是一个多民族多姓氏的泱泱大国，五千年华夏文明发展历程中，现仅汉族就有四千多个姓氏，分布在全国各地。

岭南地处祖国南疆，北靠五岭，南临南海，东依闽福，西向桂水，有着独特的地理位置。自古以来，中原文化、百越文化与海洋文化在此交汇。文化的沉淀，文献的传承，时空的延伸，形成独树一帜的岭南文化。岭南文化是中华文化的重要组成部分，采中原之精粹，纳四海之新风，融汇升华。

岭南古称"南越"。据考古发现，距今约 3000 年至 2500 年，这里已有古代百越族及其先民居住。他们刀耕火种，繁衍生息，过着原始的生活。由于历史的原因，原来的百越族已逐渐消失、迁徙或与中原南下汉族融合。

从秦汉以来，岭南主要居住从北方中原迁移南下的汉族，百越族基本与汉族水乳交融。中山大学学者骆伟分析中原汉族南迁，经历了一个漫长的时期，原因也很多，主要有以下因素。一是军事因素。如秦始皇遣将征服百越，南越王赵佗后裔在岭南生根等。此外，南宋末，元军攻陷首府临安，恭帝投降，益王赵昰即位于福州，被元军追逼沿海南下广东潮惠，后再撤到东莞，在大鹏湾建起"行宫"。不久，又迫退官富盐场（今香港九龙），再退香山沙涌（今中山南区）。景炎三年（1278），皇帝染病驾崩于硐洲，卫王赵昺年仅八岁继位。次年，崖山被元军攻陷，宋末皇朝君臣大多死难，但皇室及臣子不少留在广东。据多个版本的族谱记载，中山沙溪濠涌方氏的一世祖，就为宋末皇室成员。二是社会因素。我国历代都有战争，特别是王朝更迭或政权腐败所引起的农民起义战争，以及北方少数民族入侵中原等等。为避战乱，不少官员士绅纷纷迁到没有战争的地方躲避。岭南距中原较远，是个较为安定的地区，因此不少官民便乔迁到这里。三是政治因素。历代任职岭南官员，因爱当地山水之美，或因朝廷政治斗争被贬而落籍岭南。四是政策因素。国家政策的改变所引起的大规模居民迁移，如清廷顺治年间的"禁海令""迁界令"等等。五是商贸因素。因从事商业贸易活动，从他省迁入岭南定居。此外，还有因游居、灾荒、人口过于密集等而迁移南越的。

　　凡此种种，从中原迁居岭南成永久居民的氏族，在长久的历史中互相交融，逐渐形成各具特色的建筑、语言、民俗、饮食、礼仪等。

　　岭南姓氏，至今未见有精确的统计数字，《岭南姓氏族谱辑录》中估计总数约为1500个姓。从近年的相关文献记载中获悉，中山有502个姓，以李、梁、陈、赵、黄为五大姓，人数均在五万人以上。方姓没有确切的统计数字，在中山属于小姓，推算有数千人，且绝大部分聚居于沙溪镇濠涌行政村下辖的濠涌、敦陶、大同三个自然村，其余大多散居于南区、三乡、坦洲、南朗、神湾等镇街。

　　方姓，始自炎帝神农氏后裔方雷（又称姜雷），是中国最古老的姓氏之一，距今已有4700多年的历史。

　　姓氏在我国有着明显的地域分布特征，传统依据血缘和地缘的姓氏分布，受历代政权更迭、经济发展、人口迁移、民族融合等因素的影响，逐渐形成当下的分布格局。

方姓在全国的分布主要集中于安徽、浙江、河南三省，大约占方姓总人口的 37%，其次分布于广东、湖北、辽宁、福建、湖南，这五省又集中了约 33% 的方姓人口。安徽为当代方姓第一大省，居住了方姓总人口的 15%。此外，海外多个国家和地区均有方姓族裔。

户政统计资料显示，近年，全国方姓人口达 440 多万，为第 67 位大姓。在全国人口第一大省广东，截至 2023 年 10 月 1 日，广东省的方姓户籍人口为 43.4 万余人，百家姓排名中位列第 47 位。广东的方姓，集中分布在开平市、中山市、台山市、恩平市及部分粤西地区。

第一节　雷方邝：溯始同源三姓一家

中山的方姓村民，大都听过"雷方邝，一家亲"之说，意思是雷姓、方姓、邝姓溯始同源，三姓本一家。这说法的来由是什么呢？若要追根溯源，就得从华夏民族的开端谈起。

东晋咸和六年（331）出版的《方氏历代谱牒》中，由关内侯、骠骑将军方藏所作的《序》写道："自伏羲后六姓，而方居其一。方氏之祖，本从神农后八代孙帝榆罔。时蚩尤作乱，太子雷及弟实与轩辕避蚩尤于姬水之上，雷推位与轩辕，起兵克复蚩尤于涿鹿。厥后雷为左相，封于方山……遂因封受姓。"

此《序》表明，方姓是自伏羲开始的中华开基六姓之一。方氏的始祖，是炎帝神农所传的第八代炎帝榆罔的后代。当时九黎族的蚩尤欲争地盘夺帝权，炎帝榆罔的太子姜雷和其弟姜实与轩辕部落为避蚩尤部落的锋芒而聚集于姬水一带，雷把领导权让给轩辕，并合兵挥师在涿鹿打败蚩尤。之后雷被轩辕黄帝封为左相并封于方山（位于今河南省禹州市方山镇）。姜雷自此以地为姓，称为方雷氏，

1959 年 11 月 23 日的《香港工商日报》关于中山濠涌乡旅港人士设宴招待美国华裔参议员邝氏宗亲的报道，从一个侧面反映了雷、方、邝三姓的关系（图片来源：香港中央图书馆，方炳焯供图）

成为方姓始祖，世代繁衍生息。方雷的后裔就成为方姓的主体族系。其后，轩辕黄帝又娶了方雷氏的女儿节为妃子，促进了炎黄二族的融合。后来，雷公的后裔分为两支，一支姓方，一支姓雷。到了南宋时期的公元 1168 年，在朝廷为官的方谆（字愈平）因长女被皇帝册封为妃子而获赐姓邝。

从此，一源开出三流，雷、方、邝三姓成为一家。

雷公得方姓以来，繁衍至今已达 170 余世，子孙经河南（洛阳）—浙江（淳安）—河南（固始）—福建（莆田）而迁徙至广东开平落籍繁衍。

其中，雷公 122 世孙方廷范，历任福建长溪、古田、长乐三邑县令，择居福建莆田刺桐巷。方廷范生七子，其中第一至第六子均于唐末登第，时称"六桂联芳"。方廷范第二子方仁岳，为唐朝进士，官大中大夫、秘书省少监。其后裔衍传至雷公 133 世孙方宗元，为宋朝金紫光禄大夫，因官由闽入粤，任广东行省中书恭知政事阶，家于广州府，配魏氏，生三子：方道盛、方道能、方道隆。如今，兄弟三人的后裔分居开平（部分后裔又分居至中山）、番禺、南海。

南区渡头村，是中山雷氏唯一的聚居地。

走进渡头村的牌坊，不远处就是占地广阔、三进间结构的雷氏大宗祠。一条半铺着水泥半留着青石板的小巷向村中延展，这便是村中历史最长的"云梯里"。据老人介绍，此街巷自先祖开村时所建，已有逾600年的历史。

雷氏，在中国百家姓中人口比例不算太大的一个姓氏，在中山，更是不常见。渡头村的开村始祖，即为雷氏。如今该村超过九成都是雷氏族人。

渡头雷氏的开族始祖，乃广东雷氏始祖芝堂公的七世孙雷竹月（字积善）。据当地族谱记载，芝堂公于南宋为避元乱，迁居广东南雄珠玑巷沙水村，后来再迁番禺韦涌村，其孙裔后来繁衍至塘面斗冈里（今台山市大江镇）。

1417年初春，时年30岁的积善公，经过台山，绕开平，走新会，出江门，肩挑杂货来到香山县良都梅岭山脉北麓歇脚，发现这里江水清澈，鱼虾成群，岸上桃花成片，觉得是个宝地，便定居于此，娶妻生子繁衍出渡头雷氏一族。

新中国成立以前，渡头村居住的村民皆为雷姓人家，以种植良田水稻、山地荔枝和乌榄为生。在晚清、民国时期和20世纪下半叶，出现过三次规模较大的移民潮，渡头村人为求生计和发展，纷纷移居海外。该村现有户籍人口3900多人，却有6000多名海外华侨，是一个不折不扣的"侨乡"。

更可贵的是，这个只有3000多户籍人口的小村子，却记录了大时代的命运：这里，打响了香山抗英战争第一枪；这里，留下了抗日战争中的刀枪剑影和英雄不屈的背影。如今，渡头村是中山无数党支部开展红色教育活动时的一个重要站点。

渡头雷氏宗亲理事会会长雷振干曾表示，雷氏的本姓并不是单姓，而是复姓"方雷"。雷氏一族传承自炎帝神农氏，其九世孙因战功被黄帝封于方山，其后世子孙便以国为氏，复姓方雷。后来由于战乱，方雷氏迁徙各地，并分为两支，一支姓方，一支姓雷。

"以往，渡头村的雷姓见到我们方姓，总是亲切地称呼为'宗叔'，雷、方、邝，本同一家嘛。"沙溪濠涌敦陶村古稀老人方达明忆述，年轻的时候，一衣带水之隔的渡头、濠涌两村来往甚为密切，通婚的现象比较普遍。逢年过节，两姓村民坐着摇摇晃晃的渡轮礼尚往来，方姓以"年糕月粽"①行礼。清明节，雷姓村民也会派出代表参与方姓的祭祖活动，一起到开平拜祭始祖道盛公。

这也从一个侧面印证了雷、方、邝三姓同源的说法。

第二节　河南方山：中华方姓发祥之地

以往，濠涌村家家户户都安放着祖先神位，神牌几乎赫然写着"河南历代祖先"几个大字，而"世代源流远，宗枝奕叶长"是最常见的对联，"后裔繁昌"则为最常见的横额。如今，随着时代的发展，很多濠涌村民家里尤其是青年家庭的祖先神位都简化甚至省略了。然而，祖先为河南籍却是亘古不变的。

年轻一辈也许不了解，为什么自己的先人祖祖辈辈都生活在广东，祖先神位却写着"河南历代祖先"呢？具体又来自河南哪个地方呢？追根溯源，是因为方姓得姓始祖姜雷获封地于河南禹州方山。

后来，由于治水有功，大禹被舜封于此地，禹的儿子启在此建都，史称夏邑，因此，禹州又有"华夏第一都"之誉。河南禹州地处中原腹地，历史悠久，人杰地灵，名胜荟萃，资源丰富，素有"瓷都""药城""煤海"之称。

方山，位于今天的河南禹州市西部25公里处的方山镇方山村南

---

① 年糕月粽，是年糕、月饼、粽子的简称，指的是隆都地区三个重要的节日"春节、中秋节、七月十四"，村民分别以年糕、月饼、芦兜粽作为礼品走亲访友，维系情谊。

侧，海拔 403 米。在方山北麓的半山腰，原有面积很大的方氏祖坟，苍松翠柏，郁郁葱葱，远近闻名，后来在 1958 年因治山治水、平整土地，这里变成了沃土梯田，至今仍留有一丝当年的痕迹。

方山脚下因山得名的方山村，是上古时期方姓氏族休养生息，繁衍子孙，进而形成部落的地方。因历史变迁，如今的方山村姓氏杂居，方姓已不占主流，但在方山之尾的方岗，却聚居着 6000 多方雷氏后裔。方姓人古时称方山为"上方山"，称方岗为"下方山"，方山与方岗，山岗相连，一脉相承，同属方姓源头。

如今，方山北面山腰有"古方雷氏封邑"石碑，山脚和山顶上有香港方润华先生捐建的"溯源光辉"门楼和"方氏溯源亭"、大韩民国温阳方氏中央宗亲会为他们的迁籍一世祖所立的"大唐翰林学士奉旨赴新罗文化使者方智先生纪念碑"；在下方山方岗，香港雷方邝溯源堂寻根访祖团捐资兴建有"方氏总祠堂"门楼和"溯源纪念堂"，新挖掘的方氏古碑林立于总祠堂前，使上、下方山历史文化交相辉映。

2023 年 4 月，谷雨时节，春意盎然。河南禹州方山一带挂满了大红横幅——"欢迎方氏宗亲回家""方山是根，方岗是家"，当地民众自发地站在家门口对来宾夹道欢迎，一边鼓掌，一边欢呼"欢迎回家"。此情此景，让很多来宾感动得热泪盈眶。

4 月 19 日至 21 日，一连三天，当地举行《中华方氏全族统谱·珍藏版》颁谱大典。来自广东台山、开平等地的代表，与全国各地及海外的近 700 名方氏宗亲欢聚一堂，共襄盛会。来自广东的《溯源月刊》副社长兼总编辑、台山溯源堂副理事长方建民作为该典籍的重要贡献者之一，受邀全程参与了盛会。据介绍，盛会期间，方氏宗亲登上方山山麓，在"古方雷氏封邑"碑前举行拜谒仪式，瞻仰"溯源亭"、韩国方氏开基祖智公纪念碑、始建于明朝的"方山寨"……方山镇政府还特地准备了几百包用红色小布袋装着的方山土，送给各地的宗亲带回家。一抔土，是根，也是魂，千载悠悠，意味深长。

《中华方氏全族统谱·珍藏版》由华夏文化促进会方雷文化研究工作委员会和统谱编纂委员会前后历经 28 年编纂而成，全谱分为八部，8058 页，1000 多万字。谱中收录宗支达 551 个，涉及人数约 300 万人，占当今方氏人口近七成，覆盖全国 30 个省、市、区和海外韩国、泰国、马来西亚、新加坡、菲律宾、美国、加拿大等国家与地区，内容跨越 4700 余年历史。

关于方姓来源，学术界有不同观点。

据《岭南姓氏族谱辑录》一书记载，方姓出自姬姓。周宣王有大臣方叔，是周朝元老，奉令征服淮夷，立了大功。周宣王为此赠他后裔以方为姓，方叔为方姓始祖。方姓历史名人有元朝文学家方回、明代学者方孝孺、清代文学家方苞等。

而据《中华方氏全族统谱·珍藏版》编纂委员会考证，否定方叔出自姬姓，按传承下来的族谱记载，方叔为方雷公的第 63 世孙。方雷、姜雷、雷公均为同一人。

第三节　名门望族：宋朝之梁　莆田独秀

方姓的源流古老而悠久，从始祖方雷的一人之身衍千万之裔，从受封方山的一山之隅，方姓迁九州、徙四海，遍居海内外。方姓的源流流经秦汉，从北方流向南方。西汉末，方纮东迁安徽歙县，从此奠定南方方姓的基础。当中华民族进入辉煌的唐宋时，方姓成为唐代之柱，宋代之梁。一大批方姓的名人涌现。同时，方姓迎来了第一次全面发展，广泛分布于中原、江南各地。福建、浙江、广东、海南也有了方姓的足迹。

宋朝之梁，莆田独秀。宋朝方姓大概有 45 万人，姓氏排名第 35 位。当时方姓第一大省为福建。莆田方氏多科举进士，一枝独秀，是当

濠涌方氏大宗祠悬挂的"金紫世家"牌匾（方嘉雯摄于 2023 年）

地的名门望族。根据文献记载，方姓和其他 17 个姓被朝廷列为"十八大姓宋朝之梁"。

　　方姓在历史上，还有一个关于六桂的风流佳话。唐末方廷范生六子，个个荣登进士，世称"金紫六桂方氏"。一家有六人登科折桂，此乃方姓历史美谈。至今，濠涌村的历史爱好者一提起姓氏的故事，就对此津津乐道，引以为荣。

　　方氏六桂，原在今福建莆田荔城坊巷，此巷早在唐代名"刺桐巷"。唐末，歙（今安徽黄山市歙县）人方廷范，唐昭宗大顺二年（891）登进士，先后任浙江安固县尉和福建长溪（今宁德地区）、古田、长乐三县县令，受赠金紫光禄大夫，当时老百姓尊称为"长官"。方廷范后定居坊巷，他生有六子，皆出仕闽国：长子仁逸，官检校水部员外郎；次子仁岳，官秘书少监；三子仁瑞，官著作郎；四子仁逊，官大理司直；五子仁载，官礼部郎中；六子仁远，官秘书省

濠涌方氏大宗祠悬挂的"六桂流芳"牌匾（方嘉雯摄于 2023 年）

正字。个个荣登进士，世称"金紫六桂方氏"。这条街坊以此命名"袭桂坊"，又名"朱紫坊"。此石坊不幸于"文化大革命"中被毁了，地名由"方巷"改为"坊巷"却依然存在。

按照我国古代科举取士，读书登科美称为"折桂"。自唐代以来，凡父子或兄弟叔侄联登科甲的家族，有的称"双桂"，有的称"五桂"，这不少见。方氏有"六桂联芳"，可谓中国历史上罕见之美事。

方氏在唐宋两朝的为官盛况，在濠涌村现存的族谱上，有详细的记载。

南宋中叶以后，受地方动乱及蒙古族入侵、任官外调等因素影响，南迁的人口数量不断增多。到了南宋末年，方氏后代居于莆田者日渐稀少，方氏在莆田一地未能维持以往的盛况。

南宋王朝经过长期的苟且偏安，到了宋度宗朝已是气息奄奄、日薄西山了。此后，部分方姓人口也随着国运的飘荡而颠沛流离。

11

第四节　溯源堂：三姓敦亲睦族的纽带

清道光二十六年（1846），台山、开平两邑四地的雷、方、邝三姓族人建造了一所著名的家塾，名曰"溯源家塾"。这是世界上最早建立的雷、方、邝三姓活动场所，至今仍屹立在开平市水口镇，而家塾的对联为"源同一脉，衍以三宗"。

溯源家塾位于水口镇中山东路（旧称壳炉街），占地面积约1400平方米，建筑面积1000多平方米。不同于一般的祠堂，它是一座三进殿堂式的古代建筑，里面安奉历代祖先神位以供祭祀，左右附属建筑为书斋。整座建筑坐北向南，前有潭江和桥水河，后有梁金山，龙盘虎踞。前面原有广场，立有石狮子柱四座、旗杆夹石十余对，庄严雄伟。家塾建成后，聘请名师执教，为三姓培养了不少英才。

随着时代更迭，溯源家塾一再被时光模糊了原来的模样。后经光绪十三年（1887）、1950年、1989年三次修葺，整座建筑基本恢

位于开平市水口镇、始建于1846年的溯源家塾，正门口对联书"源同一脉，衍以三宗"（方嘉雯摄于2024年）

溯源家塾是世界上最早建立的雷、方、邝三姓活动场所，早期办学培养了不少三姓英才。图为溯源家塾正厅（方嘉雯摄于2024年）

复原貌。

何谓"溯源"？按《现代汉语词典》解释，"溯"是逆水流的方向走，往上推求或回想的意思；而"源"则是水流起头的地方。"溯源"合起来，就是往上游寻找水流发源的地方，比喻向上寻求历史根源。资料显示，"溯源"作为雷、方、邝三姓祠堂的名称，最早是在开平水口建溯源家塾的时候。从此，"溯源"

方姓图腾。传说燧人氏为辨别方向，将其部族住地指向昆仑山的方向作为方位之始，因此他们也把昆仑山称为"方"山。另一说，指河南禹州"方山"。所以，方姓标志是一个类似风向标的图案，能指示上下左右也即东南西北，是一个融入人类想象力和创造力的图腾（资料图片）

创刊于 1925 年的《溯源月刊》，拥有国内统一连续出版物刊号，是海内外雷、方、邝三姓宗亲近百年来的集体家书（方嘉雯摄于 2023 年）

成了雷、方、邝三姓宗亲的共同名称。全世界的雷、方、邝三姓宗亲有了一个欢聚宗情的场所"溯源堂"。溯源堂在世界各地开花结果，成了三姓宗亲联络宗谊、敦亲睦族、团结互助的纽带，为繁荣侨乡发挥着重要作用。

据《溯源月刊》副社长兼总编辑、台山溯源堂副理事长方建民介绍，除了溯源家塾，先后在新加坡、美国、菲律宾、加拿大、古巴、泰国、缅甸、墨西哥、新西兰、马来西亚、澳大利亚、斐济和中国香港特别行政区、广东台山、广东雷州等国家和地区，成立有"溯源堂"组织，成立时间在 1859 年到 21 世纪初期之间。100 多年间，溯源堂在世界各地拔地而起，开展宗族活动，生机勃勃。其中，海外最早成立的溯源堂为美国加州州政府所在地的"二埠溯源堂"，于 1859 年成立；而最早以国家名冠名的是"新加坡溯源堂"，成立于 1880 年；分支机构最多的溯源堂为"美国溯源堂"，一共有 12 个分堂（公所）。美国溯源总堂设在旧金山，建于 1886 年，每三年

召开一次恳亲大会。世界各地溯源堂不但组织健全，有组织章程，溯源堂职员定期改选，而且经济实力雄厚，设有奖教、奖学、助学金、嘉奖金、敬老金、救济金等各种奖励、福利基金。

此外，1925年在台山创刊的《溯源月刊》，传播至省内外、中国港澳地区，乃至美国、加拿大、英国、澳大利亚等20多个国家和地区的三姓宗亲。

第二章 从南宋灭亡说起

公元 960 年，北宋建立。1127 年，"靖康之难"，北宋灭亡，结束了 167 年的历史。同年，南宋建立，守着半壁江山，直到 1279 年被蒙古的铁骑灭亡。南宋仅有 152 年历史。

南宋末战乱，加速人口迁徙。祥兴二年（1279），濠涌村方姓先祖方道盛在兵荒马乱中，随军抗元至新会崖门，经历了崖山海战灭国之殇后，又携两子及家眷历尽艰险，举家迁居山野之中。

第一节 繁华落尽：崖山海战鸣响宋亡悲歌

关注中国古代史的人都知道，宋朝在政治上实行重文轻武，守内虚外，终宋一朝，外患不断，一直周旋于辽、西夏、金、蒙古的夹缝之中，最终在崖山海战中被蒙古大军灭亡。而提起濠涌村方氏先祖方道盛，得从日薄西山的南宋王朝说起，从那场覆亡宋室的崖山海战说起。

南宋德祐二年（1276）正月，时值中国传统的春节，本应是张灯结彩的喜庆节日，临安城皇宫中却是冷冷清清，人人面色凝重。正月初四的朝会，宋理宗的皇后谢太后（太皇太后谢道清）发现大殿里的文武百官比平日稀疏了许多，一问才知道，大大小小的官员都已经纷纷弃官潜逃作鸟兽散，史称"群臣宵遁"。

城外，元朝左丞相伯颜率领的大军已抵达无锡，恐怕要不了几天，就到临安城了。元宵节这一天，临安城中稀疏亮起了些灯火，城外大兵压境，百姓自然人心惶惶，没心思过节。

南宋著名词人汪元量，这样描写宋朝在临安城的最后一个元宵：

一片风流，今夕与谁同乐？月台花馆，慨尘埃漠漠。豪华荡尽，只有青山如洛。钱塘依旧，潮生潮落。

万点灯光，羞照舞钿歌箔。玉梅消瘦，恨东皇命薄。昭君泪流，手捻琵琶弦索。离愁聊寄，画楼哀角。

过了元宵，派去元军大营议和的使臣也回来了。使臣面见伯颜，表示宋朝愿意俯首称臣，岁贡银二十五万两，帛二十五万匹，一如当年与金朝旧事，被伯颜一口拒绝。使臣又苦苦哀求，说宋朝愿为侄孙，伯颜依旧不允。时任枢密使的文天祥出使和谈，也被扣押在元军大营。

正月十八，元军离临安城只有十五里。临安城中人心惶惶，谢太后无奈，罔顾文天祥、张世杰等将领的反对，让使者带着历朝皇帝用过的玉玺，连同降表一起送到元军大营，并令人打开了临安城的大门。南宋一个多世纪的国祚，永远留在了那扇木门背后。

二月初四，六岁的宋恭宗迈着稚嫩的步伐，领着大臣到祥曦殿北向拜表称臣，文武百官相率走出皇宫，来到城外的元朝军营请降。

第二天，在蒙古骑兵监视下，宋恭宗与生母全太后，连同后妃、宗室、百官、太学生数千人走出临安城，象征着皇家权威的卤簿、冠服连同金银珍宝被运上一辆辆大车，一同运往元大都，觐见忽必烈。

一路上，南宋遗民看到北上的王室，在路边哀号痛哭，被元军呵斥离开。就这样，一代帝王沦为阶下囚，由元军押解着北上，青山绿水渐渐留在身后，越往北走，越觉得冰凉刺骨。

元军占领临安后，繁华的都城迎来浩劫，皇宫倾颓，太庙沉寂，就连南宋诸帝的皇陵也难逃一劫，命运多舛，六陵纷纷蒙难。高宗永思陵、孝宗永阜陵、光宗永崇陵、宁宗永茂陵、理宗永穆陵、度宗永绍陵以及埋葬着众多王后嫔妃陵墓的"宋六陵"被盗掘殆尽，宋帝、宋妃的尸骨也尽被挖出来，惨遭元人凌辱。

就在临安城投降前夜，益王赵昰、广王赵昺在驸马都尉杨镇、国舅杨亮节护送下潜出城外，逃往婺州（今浙江金华），后又至温州，为赵宋王朝保留了一丝血脉。

此后的四年，南宋游走无定，如同断线的风筝，飘荡在历史的天际……

德祐二年（1276）五月初一，益王赵昰于福州被拥立为帝，改元景炎，册立杨淑妃为杨太妃，与赵昰一起听政。陈宜中、张世杰、陆秀夫三人被委以重用，组成行朝（指流亡政府）的权力中枢，企图重整旗鼓，中兴朝政。行朝建立不久，逃出元军魔掌的抗元名将文天祥来到行朝，并被任命为右丞相。

以文天祥、陆秀夫、张世杰为首的爱国将领誓死不降元，一路铁马金戈，保卫山河。然而，"宋末三杰"终究无法抵挡元军的铁蹄，扬州沦陷后，真州、通州相继失守，宋朝失去了长江以北的最后据点，图谋北上再无指望。在元军压迫下，流亡宋朝一步步往南逃亡，福州、泉州、潮州、惠州……后来再撤到东莞，在大鹏湾建起了"行宫"。不久，又迫退官富盐场（今香港九龙），再退香山沙涌（今中山）。

如今，在中山南区沙涌村，依然有一座牌坊，上面凿刻着"宋帝遗迹""侍郎故里"八个大字，以纪念抗元勤王的忠烈之臣马南宝。后世有史学家把马南宝与文天祥、陆秀夫、张世杰并列，尊为四大

忠烈之臣。在沙涌，逢年过节，举办宴席，第六道菜必定是"扣肉"，谐音"寇肉"，含"壮志饥餐胡虏肉"之意，成为当地一种独特的习俗。此外，还流传着"三月红荔枝为宋幼帝一夜之间变红"等民间故事。

景炎三年（1278）四月十五，年仅十岁的宋端宗赵昰在硇洲荒岛病逝。随后，七岁的赵昺被拥立为帝，小小的身躯承载着复国重担。帝昺养母杨太妃（淑妃，后称"杨太后"）垂帘听政，官员上朝连官服都凑不齐。初夏的飓风越来越烈，宋朝如同一艘失控的巨轮，一步步偏离航道，在海上剧烈颠簸着。

关于这段史实，文天祥留下了一首诗《集杜句有序》。

《集杜句有序》序云：

御舟离三山至惠州之甲子门驻焉。已而迁官富场。丁丑冬，虏舟来，移次仙澳，与战得利。寻望南去，止硇川。景炎宾天，盖戊寅四月望也。呜呼，痛哉！

序不到百字，但交代了多个重大历史事件。赵昺和哥哥宋端宗景炎帝赵昰颠沛流离，离开三山，辗转至惠州之甲子门，后来又迁官富场。丁丑年（1277）的冬天，元朝的水师追至，赵昰只好"移次仙澳"。"仙澳"就是今天大横琴岛深井村前海湾。"移次仙澳"意即赵昰转移到大横琴岛来了，"与战得利"，哀兵必胜，张世杰布局得当，取得了十字门海战的其中一场胜利。"寻望南去"，说的是大横琴岛毕竟不是御舟的久留之地，他们来到了硇川。到了硇洲岛没多久，赵昰就"宾天"了，时间是"戊寅四月望也"，也就是戊寅年（1278）四月望日（四月十五日）。

序之后，有诗四句：

阴风西北来，青海天轩轾^①。

白水暮东流，魂断苍梧^②帝。

文天祥此诗记录了一段"椎心之痛"的历史。

史料记载，赵昰的遗体于五月运往香山县（今中山市）马南宝家中。后来，马南宝雇人于寿星塘一带，修筑了五处疑冢，以迷惑外界，掩蔽真相。六月，遗体随南宋行朝移至新会县崖山；九月初一，在崖山慈元殿行宫附近一山丘选址落葬，名曰永福陵。

六月，重臣张世杰见碙洲并非固守之地，遂领兵重返广东沿海，屯兵崖山。崖山在今广东省江门市新会区南五十多公里，与西面的汤瓶山对峙，如两扇石门锁住江面，故称崖门，珠江支流之一的潭江自西向东流至新会，注入银洲湖，再沿银洲水道经崖门入海，崖门内有一港湾，可以停泊船队，其外是汪洋大海。好不容易在崖山有块立锥之地，皇帝太后、文武百官、20万将士、战船千余艘，宋朝的国运家底全部被压在这个弹丸之地了。

几年间，文天祥四处漂泊，笼络旧部，号召各地百姓举起抗元大旗，却因寡不敌众而节节败退，1278年底在广东海丰县的五坡岭被俘，被囚禁在船上，曾经过零丁洋（现伶仃洋）。次年，文天祥再次经过零丁洋，著名的七言律诗《过零丁洋》就为此时所作。

辛苦遭逢起一经，干戈寥落四周星。

山河破碎风飘絮，身世浮沉雨打萍。

惶恐滩头说惶恐，零丁洋里叹零丁。

人生自古谁无死，留取丹心照汗青。

---

① 车子前高后低称轩，前低后高称轾。此句喻天意不公。

② 古代泛指岭南为苍梧。作者借此句谓宋端宗"宾天"于南下途中。

南宋皇朝风雨飘摇，如同一片摇摇欲坠的黄叶。通过此诗可见一斑。

1279年正月，宋朝君臣在海上度过了最后一个春节。几天后，文天祥兵败被俘的消息传到崖山。

正月十三日，元朝将领张弘范率领五百余艘战船陆续抵达崖山。几天后，李恒的120艘战船也前来会合。一南一北对宋军形成夹击之势，中国历史上规模最大的一场海战蓄势待发。元军约两万，大小船只六百余艘；反观南宋，将士20万，战船千余艘。打陆战，南宋不是蒙元的对手，但打海战，鹿死谁手尚未可知。从军事实力来看，宋朝似乎占有绝对优势，但由于宋军军事部署失策，战争的走势却令人意外。

鉴于当时流亡政府的现实处境，诸州纷纷降蒙，沿海逐渐为蒙军占领，20万人供馈渐难，多年四处流亡的日子终究不能持续。为此，对于此战，张世杰并未做战败逃离的准备，而是孤注一掷。

崖山，宋元最后的决战在此进行。

宋军大部分为义兵，很少经历艰苦的战阵，而蒙军却经历了十年磨炼，水师已今非昔比。张世杰恐将士甫一接战便四散溃逃，下令将大船相连，构成一座"浮城"，宋帝昺居中，将士四周拱卫。如此，将士固无可逃，然而，如此一来，水城则成为对方矢石的固定目标。水战便演化成攻城战，无法发挥宋军水战的机动性，蒙军的陆战能力则可得到充分发挥。

二月六日清晨，元军发起总攻。当日午间，海潮上涨，突然舟樯全部被扑倒，是夜又大雾，风雨交加，咫尺不能相辨。

元军利用潮汐原理，轻松让宋军腹背受敌。宋军方寸大乱，张世杰布下的铁桶阵被撕开了缺口，如狼似虎的元军跳上宋军战船，这场混战从黎明一直持续到黄昏，炮击声、刀剑声、弓箭声、喊杀声、哀号声不绝于耳。张世杰抽调精兵，想护送帝昺的御舟逃离，但御舟仓皇之中无法解开。陆秀夫见大势已去，拔出宝剑逼妻子跳海，穿上宋朝官服，登上御舟，背着小皇帝纵身一跃跳入海中。临死前，陆秀夫对帝昺说："国事至此，陛下当为国死。太皇后辱已甚，陛下不可以再辱。"帝昺生前养了只白鹇，看到主人跳水，哀鸣良久，连着鸟笼一同坠水。

看到帝昺投海，宋朝百官、宗室、后宫、宫女、士兵、太监纷纷投水自尽。七日后，"浮尸出于海十余万人"，江海为之不流。十余万宋人用生命为逝去的王朝殉葬，奏响了一首悲壮惨烈的民族之歌。

直至今天，当地老百姓仍然会说，到了雷鸣电闪、风雨交加的夜晚，水底深处会传来战鼓齐鸣、将士呐喊之声。

乱军之中，张世杰杀开一条血路，抢走十六艘战舰，护卫杨太后突出重围。杨太后听说帝昺已死，悲恸欲绝："我忍死艰关至此者，正为赵氏一块肉尔，今无望矣。"言毕，纵身入海。而后，崖山百姓就地取材，以牡蛎贝壳为她修筑坟墓，称"杨太后陵"或"国母坟"，坟茔静静立在今古井镇乡野中。

张世杰拼死突围，"复欲奉杨太妃求赵氏后而立之"，辗转广南东路、广南西路沿海地区，希冀重整旧部，复兴大宋王朝。可没多久却遭遇台风，"坏舟，溺死平章山下"。

至于宋帝昺的下落，据深圳市文化部门查考，投海后，其尸体随海潮漂至深圳赤湾，为当地老百姓安葬，其陵园因年代久远而荒废淹没。1983年深圳特区开发赤湾，宋帝昺陵墓始被发现和重修，名为"宋少帝陵"，现为深圳市首批重点文物保护单位。"宋少帝陵"附近，还有一条名为"少帝路"的街道，不知道，在这个繁华的大都市，每天行色匆匆的行人，还有多少能记起这位悲哀的小皇帝？

对于南宋灭亡，历史学者黄仁宇曾经这样写道："这划时代的1279年给中国文化史上留下了伤心的一页。"南宋王朝倾覆之际，

十万军民崖山投海，千百年来，未有王朝更迭能如斯惨痛，文弱宋朝以最后血性一笔写入汗青。

第二节　宋风遗韵：在民间世代相传

崖山海战，又称"崖门海战"，在中华大地上留下了绵绵不绝的回响。

如今，到广东省江门市新会区古井镇官冲村走一遭，仿佛还能依稀触摸到700多年前那段天昏地暗的历史。

那里，有一个在宋元崖门海战遗址上兴建的宋元崖门海战文化旅游区，这是一个古代海战文化主题景区，也是当年宋帝昺行宫所在地。

景区大门是一艘巨型的仿宋古战船，楹联撰文"华夏千古地，崖山忠义情"，门口两侧有一对宏大的铁锚，瞬间就能把人的思绪拉回血雨腥风的南宋末年。

资料记载，南宋末年，宋皇室南逃至广东，祥兴元年（1278）拥帝昺驻跸新会南部的崖山。南宋军民在崖山伐木建屋，并为小皇帝和杨太后修建了一座行宫，有30间，正殿名"慈元"，为帝昺与杨太后临朝议政之地。一时间，小小的崖山一带，3000余座房屋连绵起伏，聚集军民20余万人，形成集市，史学家后来将这一带称为"行朝集市"。

现今，景区内有供奉宋帝昺及杨太后的慈元庙，供奉文天祥、陆秀夫、张世杰三位忠臣的大忠祠，为纪念抗元死难将士和勤王义士的义士祠，拾级而上还有眺望宋元崖门海战古战场的望崖楼，等等。

值得一提的是义士祠，祠内陈列有包括中山沙涌村马南宝在内八位义士的国画像及事迹简介，此外，还陈列了1995年新会文物部门在遗址出土的古瓷器、古铜钱、宋元兵器等。《新会报》载，当年在会城振兴三路一工地，一批民工在挖土机带出来的泥土中，发现竟夹杂着大量古铜钱，随即，相关部门展开了挖掘工作。现场共清理铜钱六万余枚，铜钱上自秦半两，下迄南宋咸淳元宝，几乎包括了南宋以前的各个朝代，又以宋钱最多，占95%以上。铜钱掩埋在十个窖藏大坑中，夹杂着稻谷、稻草、鸡毛，偶尔还有破损的青铜器与宋代瓷碗出土。新会区人民政府方志办相关人员认为，这批铜钱可能是南宋末年勤王的百姓运送到崖山的，将士将它们匆匆掩埋在沙滩上，期望日后东山再起，可惜，后来却再也没有知情者活着回来取走这批庞大的宝藏。专家估计，流失铜钱超过20吨，逾百万枚。《新会报》另载，20世纪90年代起，国家文物部门先后对宋元崖门海战遗址开展了多次考古调查。至今，宋元沉船仍是个谜，

崖山祠是大忠祠、慈元庙、义士祠、寝宫、头门、诗碑廊、白鹇亭等祠庙的统称，始于明成化十二年（1476年）于新会崖山首建的大忠祠，500多年来，曾有多种名称。1995年，原国家主席杨尚昆亲笔题写"崖山祠"匾额。自此，崖山祠被正式命名（方嘉雯摄于2024年）

未有突破性进展。

景区内的慈元庙、大忠祠、义士祠、寝宫、头门、诗碑廊、白鹇亭等祠庙，统称崖山祠，始建于明成化年间，历尽500多年历史沧桑，屡废屡兴，乃成今日之所见。

崖山祠入口处，上古文化中的"四灵"——青龙、白虎、朱雀、玄武镇守着四方。崖山祠前前后后，种植着许多荔枝树。相传当年幼帝赵昺逃亡途中，一路眼馋结满枝头而尚未成熟的岭南佳果荔枝，中山地区就流传着"三月红荔枝一夜之间为宋帝而红"的民间传说。笔者沉思，满眼的荔枝树，不知道是一种巧合，还是时至今天，人们犹念念不忘，遂以这样的方式来告慰年仅八岁就宾天的小皇帝？

登上望崖楼，遥遥见到一线海面，采砂船只来来往往，与史料中惊涛拍岸的景象相去甚远。明代《崖山志》记载："崖山在大海中，两山对峙，势颇宽广，中有一港，其口如门，可藏舟，殆天险也，可扼以自固。"如今，经过700多年的水陆变迁，崖山港因泥沙淤积，大部分已成陆地，后人再也无法目睹当年的汪洋大海。但从古人的文献中可见，崖山是流亡朝廷一个相对理想的据点。

离宋元崖门海战文化景区不远的官冲村永安里，有一座用蚝壳砌成的没有碑文的坟墓，据说是杨太后的陵墓。由于安葬仓促，且当时已经改朝换代，百姓不敢为她立碑。因此，皇陵看上去十分简陋，跟一般的陵墓一样，并无一点皇家陵墓的气派。1979年，杨太后陵被公布为第一批县级文物保护单位，2019年入选第一批江门市海上丝绸之路史迹保护名录。

当地人说，这位南宋最后一位皇太后杨淑妃深受民众爱戴。每年清明节及"国母诞"期间，附近村民、杨氏后人、各地赵氏宗亲、忠臣义士后人都会自发组织前来杨太后陵祭拜，怀念这位坚贞不屈的太后。

殉国的杨太后被世代传颂，被敬称为"国母"。后来，赵氏后

从望崖楼眺望宋元崖门海战古战场（方嘉雯摄于 2024 年）

人就把杨太后生辰之日（农历四月二十七）定为"国母诞"，在新会崖山修建慈元庙（又称"国母殿"）并举行祭祀活动。这个被称为"五邑第一诞"的民俗，已传承了 500 多年。

从杨太后陵园顺道而上，不远处便是雄峙崖山、扼守崖海的清代崖门古炮台。

另外，据多个版本的《方氏族谱》记载，当时的杨太后听闻兵败主沉之后，令"诸皇亲择地而居"。于是，侥幸逃脱的宋朝臣子则隐姓埋名，流落民间。

新会区古井镇霞路村至今流传着南宋版本的"赵氏孤儿"传奇。早些年清明节，笔者到新会茅岗村祭祖，还听当地老人口述过这个故事。崖山海战前，宋室宗亲赵必樫自知难免一死，遂将两个儿子赵良钤、赵良骢托孤他人，留得血脉。两儿子后来改名换姓，以躲避元人耳目。直至明洪武初年（1368），其后代才得以恢复赵姓。此后，赵姓在霞路村繁衍生息，自称宋朝王室后裔，附近的百姓称霞路村为"皇族村"。今天的霞路村，90%以上都是赵姓，全村有 30 多个赵姓祠堂。

霞路村，是古战场周边几大赵宋皇族村之一，近年入选广东省第五批古村落。据考证，霞路村至今还保留着一些宋风遗韵。走在霞路村，赵姓后人坐在祠堂里纳凉，孩童在院落里嬉戏，人们相信，古老的宋朝从未远去，以一种隐蔽的方式在民间代代相传。

崖山祠内展示的古籍，其中有杨太后真容画像（方嘉雯摄于 2024 年）

如今，濠涌村距离亡宋的各种遗址古迹，仅仅一个多小时的车程。多少年来，乡民们总是时不时去这些地方走走，扶着老人，牵着孩子，一再踏访先祖遗迹，感受遗风遗韵。这是一种缅怀，也是一种传承和教育。

第三节　劫后余生：驸马南迁择地而居

崖山海战，丞相陆秀夫以背着宋帝赵昺在崖门投海殉国，给一个苟延残喘的朝代画上了句号。当时的杨太后听闻兵败主沉之后，令"诸皇亲择地而居"，在刀光剑影中侥幸逃脱的，除了宋室宗亲赵良钤、赵良璁以外，还有驸马方道盛。

据史料记载，濠涌方氏一世祖方道盛（1242—1306，一说 1245—1307），原籍河南，于南宋咸淳二年（1266）科举考中荣登进士，敕授金紫光禄大夫，同年御选为驸马，配宋度宗长女信安公主（又称庄懿公主）。宋帝投海后，方道盛便携信安公主及二子（提岗、提岭）逃到新会古冈州平康都（现开平市百合镇茅冈村）定居。提岗有一儿子，名为龙凤（号岐鸣）。后龙凤一家人迁居香山谷都平岚（现三乡平岚一带）。龙凤公生有三子，分别为印生、贤生、康生。后来，印生（方道盛的曾孙）迁居沙溪濠涌乡。印生公一家在濠涌乡一落脚，旋即被当地背山面海、林木莽莽、土地肥沃的地理环境所打动，更被对面山"凤凰展翅"的天然地势深深吸引，自此，便举家在此定居，繁衍成敦陶、濠涌、大同三村。

据濠涌村的长老方桂棉（人称棉叔）介绍，现今，开平仍有纪念方道盛的"驸马方公祠"，其楹联"婚联宋室，派衍莆田"道明了方氏家族的出身和渊源。

另据资深的民俗研究学者、《溯源月刊》副社长兼总编辑、台山溯源堂副理事长方建民近年考证，开平方氏开基始祖方道盛，是雷公第 134 世孙，出生于南宋淳祐五年（1245），于咸淳二年（1266）在首都临安（今杭州）考中进士，同年被度宗皇帝赵禥（1240—1274）选为郡驸马，敕授金紫光禄大夫，食禄一万石，配度宗的妹妹赵信安公主（谥号赵庄懿）。

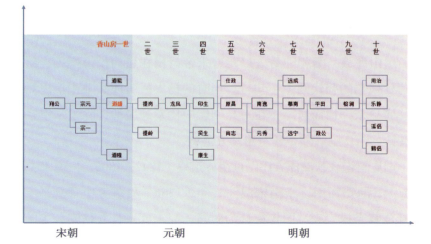

濠涌方氏世系简谱（资料图片）

　　崖门海战后，杨太后（宋度宗的爱妃杨淑妃、小皇帝端宗赵昰的生母）令"诸皇亲择地而居"，道盛公遂携两子提岗、提岭及家眷徙至新会县平康都（今开平百合镇茅溪）定居开基，后裔分居开平塘口镇古宅和赤水镇三合等地，还分迁到中山、台山、恩平和粤西各地以及广西、海南及港澳，甚至海外。

　　道盛公葬于开平百合镇茅溪古松村侧山岗上（土名"落地金钗"，今又称茅冈、中洞），其妻葬于台山朱洞夹黎洞。方氏族人于清顺治五年（1648）在开平塘口镇庙边村建立了驸马方公祠。道盛公子孙繁盛，开基700多年来，已繁衍至约30代。

　　对此，台山开平、中山沙溪两地老人的说法除了细节稍有异之外，大体脉络如出一辙，这也在大量的族谱和相关史料中得以互相印证。

明末福建《莆阳剌桐金紫方氏族谱》（又称《莆田紫金巷方氏族谱》）封面（来源：美国犹他州家谱图书馆，2015年）

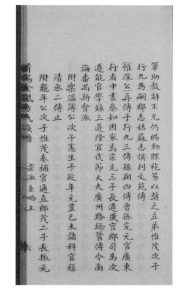

明末福建《莆阳剌桐金紫方氏族谱》关于道盛公的记载

　　《方氏家祠族谱》也有记载：一脉之根姜裔，乃始祖雷公，第132世传孙，为殷纮公、士叔公、殷符公、廷范公之后，宗元公章子赠金紫光禄大夫，尊为广东一世祖。

　　濠涌现存民国时期方家举誊抄的族谱《濠涌方氏源流考》也有上述记载，且记载道："宋元公生三子：道盛公、道能公、道隆公三公，子孙均散居于番禺、南海、香山、开平、新会、新宁、恩平、鹤山、新兴、阳江等县。"

　　濠涌方氏历史悠久，源远流长，枝繁叶茂，分布甚广，除了广东、广西多个城市外，还广泛分布于我国香港、澳门、台湾，以及欧洲、美洲、东南亚等地，散居世界八十多个国家和地区，至今已有27传。

1882年《南海丹桂方谱》封面
（来源：美国犹他州家谱图书馆，2013年）

1882年《南海丹桂方谱》第65页关于道盛公的记载

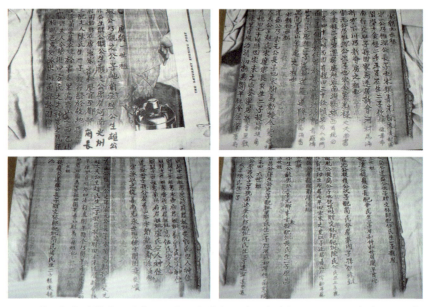

道盛，宗元次子，宋郡尉焉，敕授金紫光禄大夫，郡主题氏。宋理宗长女信安公主谥庄懿、宋帝昺之皇姑也，提领、提纲，有税田七十顷，时因宋末之变，迁居新会县平康里，清初刬顺沿刬为开平县、属肇庆府、乃开平萍於阆平茅冈村後山土名榄树脚落地金钗形。癸山丁向子孙分居香山、阆平、古宅、草冈、那庐、恩平、阳春、化州、石城、下川、寕波等处。

註：

香山濠涌方氏族谱关于道盛公的记载（2014 年方庆江供图）

村民祖传族谱关于道盛公及中山方姓先祖的记载（组图，2007 年方建民供图）

第三章　百年祭祖路

　　中山市档案馆收藏了一本民国时期的手抄线装版族谱《濠涌方氏源流考》，里面记录了濠涌方氏的历史渊源。从黄帝伐蚩尤，以功封方山，到雷、方、邝三姓溯源，到朝代更迭间方姓后人仕途及族系迁徙，再到驸马道盛公生平介绍及诸子迁居等，一一记载。

　　其中，有一篇《述前辈往开平古宅等处省驸马公等墓路程日记》，详细记录了光绪年间濠涌村方姓后人到开平祭拜驸马公等墓的路线及拜祭盛况。文中，清末先辈方家举（号柱辰）写道："吾恐年湮代远，固失追远之意，即欲数典已忘祖矣，余有见及此，特将前辈所著往开平省驸马公等墓之路程再录于此后，以便后之继起往省祖墓者，有所遵守。"

　　方家举唯恐后辈"数典忘祖"，时间一长就找不到祭祖的详细路线及地点，于是在族谱里详细记录了从中山坐船到开平祭祖的路线，经过的每一个站点，途经的每一个土地名，乃至周边的标志性建筑物等，极其细致。除了一世祖方道盛的墓地有详细指引之外，二世祖提岗公墓、三世祖龙溪公墓都有详细记载。其后又殷殷嘱托香山房后辈，勿忘始祖方道盛及后代太公，要世世代代延续五年一次到开平拜祭的传统，循循善诱，言辞恳切。

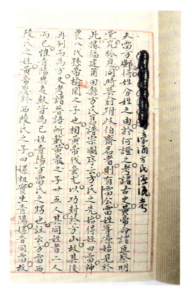

中山市档案馆藏方家举族谱（方嘉雯摄于 2018 年）

述前辈往开平古宅等处省驸马公等路程日记

光绪某年，七月既望。缘往开平县古宅等处省始祖宋驸马道盛公暨始祖姚庄懿公主赵氏娘娘，又二世祖提岗公暨二世祖姚伍氏太孺人，又三世祖龙溪公暨三世祖姚余氏太孺人墓。我濠涌方族，旧例以五年一届，举行一次，略备祭品，每房公推三五子孙同往。雇中等装谷帆船一只，由濠涌码头开行，入横河，过大鳌沙河，出雷霆岩，落灯盏洲，直上银针尾，过单水口，入长沙到赤坎，与古宅相去约八里许。古宅分四堡，一曰塘口，二曰桑围，三曰庙边，四曰旗岭云。于是由赤坎雇船前往北河墟。该墟有一敦伦书院，驸马方公祠系在古宅，是一石匾刻蓝字。乃未几，到平心墟，泊船登岸，往驸马公墓，约行四里许，可达公墓。由此直行，问旧屋村，此村有周竹院公等祠，两间相连，右边有致和家塾一间，由此家塾右便巷直上，便见驸马公墓在焉，土名是落地金钗，属开平县云。公墓之坐向是子癸同宫焉。

于是八月三十日申刻，又由荻海雇船入土狗环，起行入潢村，过北极殿、水月宫、广嗣庙、阎罗殿，四庙相连。由此四庙门口之路直入三甲墟，抵黎洞，即问土人往黄牛蕴车，即黄龙吐珠。去未几，即达始祖妣赵氏墓，该墓碑是刻方门皇宋始祖妣庄懿公主赵氏娘娘墓字样，左边又刻有三世祖妣余氏太孺人墓字样。墓下有石桅杆夹四对。坐向是丑未艮坤，该处系属新宁县所管云。九月初三日又由单水口起程，往麦巷渡头，雇船前往，未几登岸，行路经过梁菊庄公祠、梁耀旭公祠等，四祠平排相连，即由此四祠门口起行，望正至高至尖山顶而去。问土人指导，往朱立仙即云峰寺。由此寺入门右手便闸门之内路横过山行去，便抵二世祖提岗公墓。该墓碑刻有二世祖提岗公妣伍氏字样，又刻三世祖龙溪公妣余氏墓字样，坐乙辛卯酉，该墓向海。土名谓之美女照镜，系属新会县文章都云，前辈懋围公往开平省墓有一绝诗云："茅岗四孔瓦窑边，上岸逢人问立仙。笑指高山松半壁，云峰寺里始谈禅。"余因少年见过，今录出以留纪念。

清佾生^①二十二传孙家举号柱辰拜撰

中华民国二十九年庚辰仲春谷旦

（节选自中山市档案馆藏资料《濠涌方氏源流考》）

由上文可知，濠涌方氏家族的祭祖之路，有史可考的，至少有一百余年。清朝以前的祭祖历史，虽已无籍可考，但村里的老人从

---

① 佾生是指考秀才虽未入围但成绩尚好者，选取充任孔庙中祭礼乐舞的人员。获得佾生资格则下次考试不必参加县试、府试，只参加院试即可，又称"半个秀才"。

世世代代口口相传之中，深深相信这条祭祖之路从元朝或明朝已开始，一代代延续至今，已走过了近七百年。

无论祭祖之路从何时开始，方氏家族踏着前辈的谒祖足迹，对列祖列宗的敬重之情，对家族宗亲的重视之情可见一斑。

事实上，宋驸马方道盛劫后余生，后裔代代相传，散居各地。然而，无论时空如何变幻，根脉还在，在祭祖这件事上，总能吸引天各一方的族人朝着同一个方向奔赴归来。数百年漫漫祭祖路，风雨无阻，沿袭至今。

每年清明节，中山沙溪濠涌村民带头组织，三乡平岚及环城月山等地的方氏宗亲热情参与，组团一道前往开平茅冈拜祭一世祖道盛驸马公；然后，再回到三乡白水林拜祭三世祖龙凤公及伍氏等太婆；最后，再各自拜祭近代的太公。

史册不肯温柔，下笔都太狠。被历史学家称为"四大海战"之一的崖门海战，其规模是中国历史上罕见的。长期以来，南宋十万军民跳海自尽殉国，宋军全军覆没的锥心往事，是中国历史上极其悲壮的一幕。如今，新会市区仍有"宋元海战古战场""崖门古炮台"等遗址，时移世易，当年金戈铁马的战场今天变成了旅游风景区。

清明时节雨纷纷，生在和平年代的濠涌村民没有忘记"本源"，祭祖路上常常会多加一站，心怀对先祖的敬仰之情，扶老携幼到以上地方缅怀先人，读史知今，教育后辈。

第一节 开枝香山：宋驸马后裔沙溪落地生根

凤凰山上草木葳蕤，荔枝树、龙眼树、乌榄树、杨桃树郁郁葱葱，岭南佳果四季飘香。放眼望去，岐江河日夜流淌不息。周边群山环绕，风景醉人。早在 600 多年前，方氏的先人就相中了这块有山有水的风水宝地，决定留下来开族，繁衍生息。这里，就是如今的沙溪镇濠涌村。

方氏开族先人辞世后，长眠在凤凰山腰，一代代子嗣在这片土地上生根发芽，开枝散叶。

随着时代变迁，交通路网铺就华夏大地。21世纪第一个十年，广珠西线横贯而过，正好需要征用方氏的古墓地。得知消息后，方氏子孙一度不愿意移动祖先的坟墓。然而，几经辗转，村民终于理解，并积极支持国家建设，主动迁移古墓群。并且，在古墓群修建上，该村也尽最大的努力去保护历史文物。

1. 历史价值：中山地区罕见的古墓群

早在2010年前后，中山资深的民俗学者李汉超先后多次到濠涌古墓群考察。他评价道，家族墓群在每个地方都存在，可是，历史如此悠长、墓葬如此集中、规模如此之大、保存如此完整的，在整个中山地区都非常罕见。

李汉超认为，濠涌古墓群的历史价值主要体现在以下几个方面：一是最早的古墓始建于明代，历时较长，符合被评为历史文物的条件；二是几百年来数代人集中安葬，形成了较大的规模，这样的古墓群在中山是很少见的；三是"文化大革命"期间，不少地区的古墓被损毁，而濠涌古墓群由于村民自发奋力保护，没遭受人为破坏，保护尚好，非常难得；四是由于方氏的文物保护得好，带来了连锁效应，比如族谱修整比较顺利，海外乡亲回来寻根都能清晰地找到自己的族系根源。

2. 实地走访：明清古墓群陆续搬迁

濠涌村方氏古墓最早的是四世祖，最晚的是十二世祖，分葬在牛眠地和黄蜂山两座山。因其均保留着明清两代的墓葬风格，建筑结构及建筑艺术各具特色，具有历史和艺术价值，早于2004年就被中山市文化局批准为市级不可移动文物。

古墓群中，最老的古墓距今已有 600 多年历史。其中，六世祖方南逸墓的明代石棺，在濠涌村广为人知。南逸公墓，坐落于牛眠地，始建于明代成化年间（1465—1487），经过清代康熙年间、民国及 20 世纪末的多次重修，至今保存尚好，现存的石棺及墓志铭为明代遗存。其采用的石雕棺制式极具特色。据了解，石棺保持裸露的形式，棺内有一个塔及一块阴阳瓦。阴阳瓦上的铭文极其特别，行文方向为上下来回环绕，因此，有一半的文字是颠倒过来的，虽历经了数百年的沧桑变幻，瓦上鲜红的字迹仍然依稀可见。

古墓群中，规模最大、保存最为完好的就要数八世祖平田公墓了。它有着 540 多年的历史，最近一次重修是 1915 年。古墓由坚硬的大麻石修建，气势宏伟。由于村民的舍命保护，平田公墓才在"文化大革命"期间幸免于难，得以保存至今。

广珠西线作为国家重点公路太澳公路干线南端的重要路段，途经沙溪镇濠涌村，恰好需要征用方氏古墓的所在地之一牛眠地。当村民知道这个消息后，一度不愿意移动祖坟。然而，在各级政府部门的努力下，村民终于理解。随后，征地启事在三个自然村公示，村民达成了一致意见，表示积极支持国家建设，主动迁移古墓群。并且，在古墓群修建上，该村也尽最大的努力去保护历史文物，达到了双赢。

原中山市文化局相关负责人告诉笔者，根据国家法律法规，市级不可移动文物的保护原则是，有条件保护的，必须保护；如果国家需要征用到所在地的，则要搬迁。

笔者到濠涌村采访，看到牛眠地的几个古墓已陆陆续续被迁移到距之约两千米的黄蜂山，与其余古墓合葬。据了解，古墓群包括四世祖印生公墓，六世祖南逸公墓、之秀公墓，八世祖平田公墓，九世祖榕涧公墓，十世祖溪侣鹤侣合葬墓、乐静公墓，十一世祖怀榕墓，十二世祖肖氏墓共九个古墓。

3. 方氏源流：宋室驸马后裔，繁衍27代子孙

如今的濠涌村，是濠涌、敦陶、大同、充美四个自然村的合称。这里的村民绝大部分都姓方，大约有 3800 人。村里的老人告诉笔者，广东省内姓方的，基本都是一世祖道盛公的后代。

80 岁高龄的方桂棉老人，深谙方氏的源流史以及濠涌的开村史。他娓娓道来：濠涌村的开族先人方道盛是宋朝度宗赵禥的驸马，方族老太夫人是宋度宗的长女信安公主。南宋末年，为躲避战乱，方道盛举家南迁逃难。一族人先至福建莆田，再至广东开平，从此在那里隐姓埋名，开始新的生活。后来，其孙子鸣岐一家从开平迁到了香山谷都，即今天的三乡镇平岚一带。到了四世孙印生，又迁到现在的沙溪镇濠涌村定居。相传，四世祖印生公以贩卖陶瓷为生，当年，他挑着一担陶瓷从三乡一直走到沙溪，一边卖陶瓷维持生计，一边找地方落脚定居。后来，印生公走到了濠涌村后，一下子就被当地背山面海、林木莽莽的优越地理环境所吸引，于是决定留下来，立村开族。道盛公至今，已繁衍了 27 代子孙。

方氏始祖可谓后裔繁昌，除了村里的 3900 余人以外，方氏子孙在海外的人数远远比村里的多，总人口数以万计。美国、加拿大、澳大利亚、东南亚……处处遍布方氏的血脉。

如今，在开平市，仍然有纪念道盛公的"驸马方公祠"，祠堂的楹联为"姻联帝室，派衍莆田"，短短八个字道出了方氏的源流史。无独有偶，濠涌方氏大祠堂里，也曾经有一副"婚联宋室，谱溯闽邦"的对联。

4. 名人辈出：设立名人馆，教育启发后人

在方氏 27 代子孙的繁衍史中，人才辈出，有潜心科学艺术、学有大成的学者，有勇于献身、投身革命的志士，有心系家乡、造福桑梓的侨胞，有勤奋好学、自强不息的学子。其中，道光年间（1821—

1850）的武举人方赞良，著名的孙中山卫士方日英，我国著名画家、书法家、被誉为"岭南画派大师"的方人定，美国旧金山第一位华人女警察局长、美国联邦国土安全部助理部长方宇文，教育家方一谦，香港实业家、中山市荣誉市民方若愚等名人备受推崇。

谈起族系的名人，方氏族人顿时兴奋起来，他们都引以为荣，言语中透露着一份爱乡爱家的热诚。

2010 年 9 月，拥有 400 年历史的慕榕方公祠重建后落成，这座经历了无尽风雨沧桑的老祠堂又焕发了活力。里面由该村自发筹建的隆都濠涌方氏名人馆，吸引了远远近近的男女老少慕名前来，一睹名人的事迹。这条曲折幽深的小巷，人迹渐渐多了起来。

沙溪镇文化站的相关负责人在出席名人馆落成仪式时说，村一级自发筹建名人馆，在整个广东地区都甚为罕见，非常值得推崇。

名人馆展示了 35 位濠涌村的名人事迹。该村希望通过弘扬方氏族人的荣耀事迹，以教育和启发后人。

5. 后辈传承：百年祭祖路风雨无阻

清明时节的开平市百合镇茅冈古松村，春雨丝丝缕缕地飘洒着，

2010 年，拥有 400 多年历史的慕榕方公祠里陈列着濠涌方氏繁衍史及濠涌方氏源流介绍（方嘉雯　摄）

将群山笼罩在如烟似雾的氤氲中。

　　每年清明节过后的两三天，濠涌村会特别热闹。这时候，村里会自发组织一次到开平市祭祀老祖宗的大型活动，参与人数达数百人。这条祭祖路，一走就是数百年。

　　"茅岗回首瓦窑边，上岸逢人问立仙。笑指高山松半壁，云峰寺里始谈禅。"方氏族谱中，收录了这样一首开平祭祖诗。此外，族谱里还记载着祭祖的片段："旧例以五年一届……各备祭品，每房公推三五子孙同往，雇中等装谷帆船，由濠涌码头开行，入横河，过大鳌河，出雷霆岩，落灯盏洲，直上银针尾……"翻开方氏族谱，一个个老旧的地名和人名串起了一条祖辈们走了数百年的祭祖路。据了解，由于条件限制，方氏祖辈们以往祭祖要水陆交通工具并用，单程就需一天一夜，现在开建了高速公路，只需一两个小时就可到达。

　　以前，方氏后人每隔五年或十年就自发组织一次大型的祭祖活动，后来由于族人参与热情高涨，于是就年年组织，风雨不改。2011年是最热闹的一年，参加人数将近400人。清明节后第二天，来自濠涌、敦陶、大同三个自然村，三乡镇平岚村，以及坦洲镇联石湾村、沾涌村的方姓宗亲，分坐在由十几辆中巴、小汽车组成的车队里，浩浩荡荡地出发了。第一天赴开平茅冈古松村拜祭，第二天赴三乡平岚村拜祭。数百方姓宗亲分批拜太公，场面无比壮观。方氏后人用鞭炮把墓地一圈圈地围起来，鸣炮良久。其间，组织联络、准备祭祖用品、上山除草、参观、聚餐等项目安排得有条不紊，各地宗亲各司其职，合作无间。其后，大家还到开平塘口镇驸马方公祠、台山溯源堂参观。在这里，无论是白发苍苍的老人，英姿勃发的青少年，还是嗷嗷待哺的婴儿，彼此同宗同祖，一脉相承。

　　祖籍敦陶村的方浩燊，是方氏第25代子孙。他生活、工作都在外地，可还是十分热心村里的事务。近些年，他几乎年年都和村民一起参加清明祭祖活动。2011年，他还带上一岁的儿子（第26代子孙）

2011 年清明节，中山方氏宗亲近 400 人到开平市茅冈祭拜一世祖方道盛（方浩燊 摄）

驸马方道盛与信安公主合葬墓（方嘉雯摄于 2015 年）

来自广东各地的方姓后裔搬运祭品上山拜谒始祖（方嘉雯摄于 2015 年）

一起去拜太公。他不住在村子里，当天清晨 5 点，天还没亮，他就带着儿子出发了。

祭祖回来后，他在 QQ 空间的日记里写道："在这近七百年间，27 代人以近乎偏执的方式，在每年的清明节不停地重走着上一代的祭祖之路。真实的历史，就是这样以有形无形的方式一代一代传承下去。非常庆幸能成为其中的一员，也希望自己能尽其中的一份责任。"

平常，身为工程师的他在忙碌的工作之余，总是热衷于搜集村中旧资料，整理成一份份历史材料。近几年，方浩燊在自发地续编

开平拜祭完道盛公后，中山方姓后裔又奔赴三乡镇白水林，坐缆车上山拜祭中山方姓始祖（方嘉雯摄于 2015 年）

族谱。他希望通过自己的努力，为后人延续一份记忆。

像方浩燊一样对宗族怀着赤诚之心的方氏宗亲，大有人在。古墓搬迁期间，总有那么一批老老少少的村民，跑前跑后，千方百计为保留先祖的遗存出一份力。正是因为有了一代代人的薪火相传，方氏的文脉才得以源远流长。

第二节　绝响绵绵：南宋驸马"遗"脉相承

爆竹声中一岁除，春风送暖入屠苏。又是一年春来到，开平市塘口镇庙边村家家户户门前都贴上崭新的春联。不时传来的一阵阵远远近近的爆竹声，为这个华侨村落增添了浓浓的年味。

大年初二凌晨 3 点多，村民方珏富一家就准备好了果品，来到村中的驸马方公祠祭祖。这时，简陋古朴的祖祠也换上了红艳艳的

楹联，"姻联帝室，派衍莆田"八个大字尤其引人注目。祖祠比平日热闹多了，里里外外都聚满了方姓乡亲，他们烧香、拜祭、鸣炮，祈求新的一年阖家平安顺遂。

这座清顺治五年（1648）建立的驸马方公祠，370 多年来香火不绝，承载着庙边村源远流长的人文历史，也见证着方姓根脉的延续，更是无数海内外方氏宗亲的一处乡情寄托。

庙边村的村民，绝大多数为方姓。除了庙边村，附近的桑园村、兴仁里、石塘里、高咀村、岚咀村、黄村、旗岭村、自力村、祖宅村、东莲村、洞厚村、广陵里、塘口村、上塘村、荣桂坊、正龙村等数十个村落，都广泛分布着方姓。

《溯源月刊》副社长兼总编辑方建民介绍，开平的方姓，主要分布在塘口、百合、赤水三个镇，2017 年统计数据显示，全市方氏户籍人口 8200 多人。

在开平，百合镇茅冈地区为方姓的始祖居住地，后代陆续迁居至塘口、赤水、三合等地。

时至今日，塘口的古宅地区乃开平方氏聚居地之一。根据《中华方氏全族统谱·珍藏版》卷八记载，古宅仁岳祖下道盛公支系共有 3522 人（户籍人口数），分布在 19 个自然村。

《开平县志》关于方道盛有如下记载："（方道盛）宋进士御选驸马，取（娶）庄懿公主，由南海城西迁至茅冈（今开平境内），是为开平方姓始迁之祖。"它还记载："方道盛到开平后，先居茅冈，其后由于子孙众多，分居古宅，后又分居大岭堡。"

方姓是开平市人数比较多的一个姓氏，这些方姓人大多都自称是方道盛的后代。塘口镇自力村时年 80 岁的老村长方洪植讲述，开平茅冈方氏延续了宋室遗脉。随着方氏后世的繁衍，茅冈一分支迁往塘口宅群庙边村，清顺治年间在庙边村建了"驸马方公祠"祭祀祖先，公祠楹联曰"姻联帝室，派衍莆田"。由此可知，开平方氏的由来及与皇亲之血缘关系。

如今，提起开平方姓的聚居地，也许知道的人并不多，然而，若提起开平碉楼，不知道的人就寥寥无几了。

2007 年，开平碉楼与所在的村落以石破天惊的姿态，闯进了全世界人们的视野，那年 6 月，"开平碉楼与村落"被联合国教科文组织评定为"世界文化遗产"，成为我国第 35 处世界文化遗产、广东省第一处世界文化遗产，从此闻名遐迩。鲜为人知的是，这份荣耀后面，有着方氏的一份贡献。

据了解，被选去申报世界遗产的提名地一共有一座碉楼、四个村落。这唯一的一座碉楼，就是方氏灯楼，而四个村落中的塘口镇自力村，则由三个方姓自然村组成。

方氏灯楼是一座更楼，如一个威武的卫士，屹立在塘口镇塘口

2011 年清明节，濠涌村的方氏宗亲到位于开平市塘口镇庙边村的驸马方公祠缅怀开族先人方道盛。祖祠建于清顺治五年（1648），乾隆三十三年（1768）冬和咸丰八年（1858）腊月两次重修。宗祠的对联每年换新，而"姻联帝室，派衍莆田"八个字亘古不变（方浩桑　摄）

圩北面的山坡上，楼高五层逾18米，西式窗楣、挑台敞廊、拜占庭风格的穹窿顶亭阁……远远望去，整座碉楼雄浑挺拔，俨然成为周边村落的景观中心。

方建民介绍，方氏灯楼原名"古溪楼"，以方氏家族聚居的古宅乡和原来流经楼旁的小溪命名，由宅群、强亚两村的方氏家族于民国9年（1920）集资兴建。这座秀美的建筑，当年还肩负着守家安乡的防御重任。

20世纪二三十年代，方氏灯楼北面马冈土塘是有名的土匪窝，土匪四处烧杀抢掠，无恶不作，因此，古宅乡各村村民纷纷携手搞联防。由于海外侨胞资金到位迅速，村民行动果断，短短八个月碉楼就竣工了。碉楼建成后，由十多名团防队员长期驻守，他们负责打更、巡逻，还给乡民看守田地里的庄稼。他们配有当时较先进的枪械，有七九步枪、毛瑟枪、美国购进的马枪等等。楼顶设立了一盏探照灯和报警器，村民于是将此碉楼称为"灯楼"。每有匪情，探照灯光柱便射向土匪来袭的方向，报警器也立马发出响亮的鸣叫声，这时，尖锐的警报声就撕破夜幕的寂静，响彻天际，以此通知乡民匪情，同时也能震慑土匪。

由于灯楼一直守护着乡民的安全，其所在的岗坡也成了乡人心目中的福地。后来，土匪逐渐消失了，灯楼也完成了它的历史使命。凛冬散尽，星河流转，它一如既往地高高耸立在山岗上，年深日久，慢慢就成了乡民的一种精神皈依，也成了海外游子的一种绵绵乡愁。

乡民把故去的亲人埋葬在灯楼下的岗坡上。有些漂泊的游子身在异乡，故土难离，临终前交代亲人把骨灰带回家乡，原籍安葬，达成叶落归根的夙愿。年复一年，这片岗坡就成了方氏的家族墓地。如今，岗坡上1000多座坟茔，与灯楼日夜相伴。

2001年6月，方氏灯楼被国务院列为国家重点文物保护单位。

方氏灯楼北面约800米处，是声名鹊起的自力村。自力村"出

方氏灯楼（方建民 摄）

圈"，是由于它有着高度集中的碉楼群，见证着一段历久弥新的华侨文明。在周边众多村落的碉楼群中，自力村又显得别具一格。走入村中，只见水塘、荷塘、稻田、草地、竹林、河流散落其间，与众多的碉楼、民居相映成趣，勾勒出一幅田园诗意浓厚的农耕水墨画，既有中西合璧建筑的独特韵味，又散发着岭南乡村的气息，让人流连忘返。

自力村由安和里、合安里、永安里三个方姓自然村组成，近百年来，这里走出了一批批出国寻梦的乡民，是典型的华侨村落。与塘口方姓古宅乡相比，自力村建村较迟，但它也是开平古老的皇亲方姓人家扩展和延伸之地。

如今，方氏灯楼和方姓聚居的自力村，成了开平碉楼的典范。近年来，到自力村、庙边村的游人日渐增多，除了村民自晒的菜干、自制的凉粉等土特产，一种村民包的粽子名为"驸马粽"，相当受

旅客欢迎。这种粽子，广泛流传于塘口古宅地区及附近的村落。村民说，这是一种源自南宋宫廷的点心。驸马粽历史悠久，其前身可以追溯到南宋年间，相传是驸马方道盛发明的。

关于驸马粽的起源，村民中流传着一个典故。方道盛在被选为驸马后，常进宫朝拜皇帝，并常被皇帝留下参加宫廷宴会。在宴会上，有上百种宫廷点心，其中最令方驸马不能忘怀的就是一种酷似当今粽子的美点。在南宋被元朝取代后，方驸马带着公主来到开平定居。方驸马和公主想念南宋朝廷的同时，更是想念宫廷的美点。于是，方驸马在闲暇时间，凭着自己的记忆，叫下人用本地产的糯米、豆类、花生、肉等做成美点，在尝了点心之后，方驸马又叫下人改进。多次实践之后，点心风味大可与宫廷点心的味道相媲美。为了方便携带、存放，方驸马又叫下人到大山找来野生的大竹叶和萌古叶，将点心包裹起来。该点心味道鲜美，风味独特，鲜而不腻，暖胃益气，老少咸宜，很快就在古宅一带流传开来。因为该点心和粽子相似，人们就给它起了个名字——驸马粽。

经过了历朝历代，驸马粽留传至今，一辈辈方姓后人按照祖传做法，将这道来自南宋宫廷的美点延续了下来。

跟当地的方姓村民一样，方珏富的母亲陈姨除端午节外，平时也会包粽子吃，特别是老人生日、婴儿满月、逢年过节时，一定会包粽子，并且他们都称自己包的粽子为"驸马粽"。在传统做法的基础上，如今的家庭还会根据自己喜欢的口味添加各种食材，如五花肉、咸蛋黄、腊肠、栗子、瑶柱、虾米、花生、绿豆等材料，自由搭配。

大竹叶、萌古叶、糯米的缕缕清香，穿过了七百年的时光，影影绰绰，飘散在一幢幢亦中亦西的碉楼之间。传承至今的皇室糕点驸马粽，为南宋驸马公主的故事增添了一个鲜活的注脚。开族先祖方驸马，没有被后代忘记，以各种方式一脉相传，活在后人心中。

开平市的方氏，不得不提的还有一本近百年历史的家族刊物《古宅月刊》。《古宅月刊》创刊于1928年，是开平市塘口镇古宅地区方氏族人创办的家族刊物，后来因为战争爆发、侨汇中断和人员更迭而于1948年停刊。改革开放后，《古宅月刊》又得以"重生"，于1984年复刊。

《古宅月刊》拥有国家刊号，刊名由中国近代民族民主革命先驱、被誉为民国四大书法家之一的于右任题写。《古宅月刊》每期邮发至省内外、我国港澳以及美加、南美洲、东南亚和欧洲等地区的方氏族人，近年频频被评为各级优秀侨刊。2022年11月，《古宅月刊》举行了复刊100期庆典。

《古宅月刊》就如一根延绵百年的红线，串起了近百年间方姓家族的历史，也串起了散落世界各地的方姓宗亲的血脉情谊，促进了侨情乡情的互通共融。

700多年后的今天，在开平，在中山，在海外，南宋驸马"遗"脉相承。

第四章　中山方姓分布

前面篇章叙述过，南宋末年，濠涌村方族先祖驸马方道盛为了躲避战乱举家往南逃难，辗转到了开平茅冈居住，其孙龙凤一家从开平到香山谷都（三乡）平岚居住。至四世孙印生，迁龙眼都（后称隆都）濠涌乡（濠涌、敦陶、大同）定居，子嗣绵延昌盛。方氏子孙，除在濠涌、敦陶、大同村居住外，部分迁到石岐城区居住，部分旅居港澳，部分旅居海外。

此外，三乡镇平东村和平南村、南区街道月山村、坦洲镇联石湾村和沾涌村等，均有方姓村民聚居。

第一节　沙溪濠涌：中山方姓主要聚居地

中山的方姓聚居地，在沙溪镇濠涌村。偏居中山西隅的沙溪镇，是一方人文荟萃之地，历史可上溯到5000多年前新石器时期，原属于古伶仃洋上的香山岛，春秋战国时期属百越，秦朝属南海郡，东晋属东莞郡，宋代绍兴二十二年（1152）开始建制，称德庆乡，明代称龙眼都，清代中期称隆都，清代末期称隆镇。1959年4月改称沙溪公社，1986年12月改称沙溪镇，一直沿用至今。

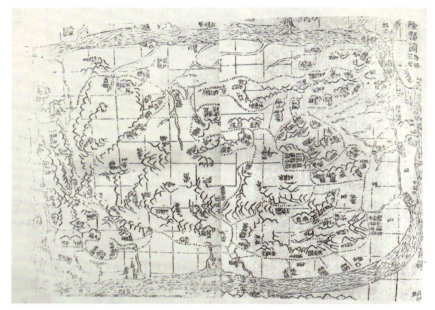

《香山县志·同治志》载《隆都图》（资料图片）

约 800 年前，沙溪镇已经有史迹可寻。香山先贤陈天觉倡导香山建县，龙瑞"探花及第"牌坊、"文昌塔"、"虎逊岩"石碑、圣狮"期颐偕老"牌坊、"升平人瑞"牌坊、豪吐"龙山书院"、散布于各村落的碉楼、西装屋……一处处文物古迹，一个个历史符号，记载了沙溪特有的人文风情。《香山县志》记载，宋末至明清，中原移民千里跋涉开拓了这方南方小镇。近一个世纪，沙溪人又大量移民海外。在

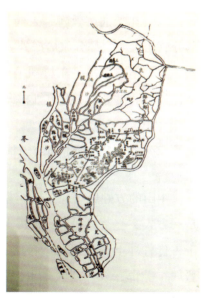

清宣统三年（1911）《隆镇图》（资料图片）

迁徙交流中，中原传统文化八百年来在香山一隅沉淀积累，与岭南文化水乳交融，再叠加近一个世纪农耕文明与海洋文明的百年交错，在文明的大开掉阖中，形成了沙溪区域独特深厚的地域人文现象。

今天所说的濠涌村，多指濠涌行政村，于21世纪初成立，设党委及村委会，下辖濠涌村、敦陶村、大同村、充美村四个自然村。除了充美村外，其他三个村以方姓村民居多，均为驸马道盛公后人。截至2024年6月，濠涌村共有户籍人口3957人。

濠涌行政村位于中山市西部平原，沙溪镇南部，依山傍水，始建于明代正德年间(1506—1521)，并于明代嘉靖年间录入《香山县志》。濠涌行政村清代先后归属隆都、隆镇管辖，民国时期分邑桂、东安、敦陶、溪头西、溪头南五堡，先后归属中山县第二区、西乡区管辖；新中国成立后，先后归属第二区、第十二区管辖；1958年成立人民公社，濠涌村、敦陶村、大同村三个自然村设大同生产大队，归属沙溪公社管辖；1978年大同生产大队拆分为大同生产大队、濠涌生产大队、敦陶生产大队（内含充美村）三个大队；1984年沙溪设区，1986年建镇。1996年沙溪镇下设管理区及居委会，大同村、濠涌村、敦陶村三个自然村归属沙溪镇管辖。敦陶村后再拆分为敦陶、充美两个自然村。

濠涌行政村属广府文化地域，汉族，闽语系之隆都话为主要语言。

濠涌行政村尚存百年以上老宅200余座，方人定旧居被列入中山市不可移动文物。

1. 濠涌村

濠涌村，这里指的是濠涌自然村。

明洪武二年(1369)，方姓定居于此开村立族。明嘉靖《香山县志》始有"濠涌"村名记载。当时村东南部濒临石岐海，须筑堤防潮水，

濠涌村全景图（资料图片）

所以村民居住海边如住在壕沟里，因"壕"与"濠"同音，故名为濠涌村。

濠涌村坐落于中山市西部的平原上，村落呈块状分布，西有凤凰山、牛眠山和黄蜂山，南有岐江河，依山傍水；明代属香山县龙眼都；清代先后属隆都、隆镇；民国时期先后属中山县第二区、西乡区；新中国成立后，先后属第二区、第十二区、沙溪区辖下的大同乡；1961年属谿角公社；1967年属沙溪公社大同大队；1978年，从大同大队析出，属濠涌大队；1984年属中山市沙溪区（1986年起称沙溪镇）。2001年，敦陶、大同、充美三村并入，至今属沙溪镇濠涌行政村。

濠涌自然村面积1.38平方公里，南临全国著名红木家具交易中心之新濠南路。

世代村民主要为方姓。截至2024年6月，该村户籍人口1430人，祖籍该村的香港同胞约500人、澳门同胞30多人。祖籍该村的华侨华人约1370人，主要分布在美国、澳大利亚、新西兰、斐济、秘鲁、巴拿马等国家。世代村民为汉族，通用闽方言隆都话，少数村民讲粤方言沙田话。

濠涌村的自然资源有凤凰山泉水，传统食品有沙溪年糕、煎堆、金钱圈、三捻包、五色粥、芦兜粽、"九大簋"等，特色农产品有槐枝荔枝（又名六月仔）、石硖龙眼、鸡心黄皮、乌榄、青梅。

濠涌村现存150座传统砖瓦木梁结构民居以及一座碉楼。村中代表性民居有建于民国时期、体现中山近代华侨建筑中西结合典型风格的方人定旧居。

濠涌村目前有市级文物三处，方人定旧居、濠涌码头、方氏家族墓群被列入中山市不可移动文物。此外，该村还有龙王庙、先锋庙、圣母殿各一座。

濠涌村主要有两部《濠涌方氏族谱》，一部为清朝二十二世孙重新抄录，记载从宋一世至明九世宗支系列，藏于中山市方志办；一部为方瑞忠于1983年纂修。其他族谱基本为衍生版本。

村中名人有现代著名岭南画派画家方人定（1901—1975）及其妻子杨荫芳（1902—1990），中山市荣誉市民、香港中山隆镇同乡会原会长、为中山改革开放做出重要贡献的香港商人方若愚（1930—2018），曾任美国旧金山市警察总局局长、美国联邦国土安全部助理部长的方宇文（1956—　），等等。

濠涌村牌坊（方嘉雯摄于2023年）

2. 敦陶村

敦陶村，始建于明永乐年间（1403—1424），方乔泉（又名方桥泉）从邻村濠涌分居于此开族。清道光《香山县志》始有"墼头"村名记载，因建村在濠涌村东边稍高的土墼上，初名墼头，后改墩头。"陶"与"头"谐音，1936年更名敦陶，又称"敦陶堡"，寄寓居民敦厚相处，其乐陶陶。

郭陶村坐落于中山市西部的平原上，南临岐江河，村落呈块状分布，清代先后属香山县龙眼都、隆都、隆镇，民国时期先后属中山县第二区、西乡区。中华人民共和国成立后，该村先后属第二区、第十二区、沙溪区辖下的大同乡，1961年属谿角公社，1967年属沙溪公社大同大队，1978年从大同大队析出为敦陶大队，1984年属中山市沙溪区（1986年起称沙溪镇），2001年，与大同、充美并入濠涌村，至今属中山市沙溪镇濠涌行政村。

敦陶村牌坊（方嘉雯摄于2023年）

敦陶村面积 0.92 平方公里，南临全国著名红木家具交易中心之新濠南路。

世代村民主要为方姓，与濠涌、大同村方姓同宗同源。据《濠涌方氏族谱》记载，南宋末年，方道盛躲避战祸，举家从福建莆田迁至广东开平。其四世孙方印生从开平再迁至香山谷都平岚（今中山三乡），明洪武元年（1368），因经商定居于濠涌，其七世孙方乔泉（又名方桥泉）于明永乐年间（1403—1424）就近分居于此开族，今已传至 27 代。

截至 2024 年 6 月，该村户籍人口 926 人。祖籍该村的香港同胞约 210 人，澳门同胞 135 人。祖籍该村的华侨华人约 1100 人，主要分布在秘鲁、巴拿马、美国、澳大利亚和斐济等国家。世代村民为汉族，使用闽方言隆都话。

敦陶村的传统食品有沙溪年糕、煎堆、金钱圈、三桷包、五色粥、芦兜粽、田艾包等。特色农产品有槐枝荔枝、石硖龙眼、乌榄、青梅。

敦陶村既是古村落，也是中山市著名侨乡，自 18 世纪开始，因村民到海外谋生，造就了众多特色民居，融合了中山民居特点与东南亚或其他国家建筑风格于一体，从现存的 100 座传统砖瓦木梁结构民居中，其风格可见一斑。建于 1912 年、占地 350 平方米、中西混合双层楼房布局的方成禧旧居最具代表性。村中现存北极殿、方族桥泉公祠各一座。北极殿始建于明代。北极殿匾额、对联"长居北极，永肃南天"书于明清时期；方族桥泉公祠之对联"桥泉方枝分桂岭，祖籍渊源溯莆田"书于 1907 年。农历三月初三为北帝诞，村民于当天到庙中拜祭。

敦陶村名人辈出，有曾任澳大利亚悉尼中华文化协会会长、悉尼华埠总商会副会长、澳大利亚中山同乡会会长的澳大利亚悉尼著名侨领方劲武；斐济首富，曾独资捐献一架飞机支持抗日，并发动侨胞捐献三架飞机共同抗日的方作标；等等。

3．大同村

大同村，始建于明正德年间（1506—1521），由邻村居民分村形成。因寄寓世界大同和人民安居乐业，故名大同村。

该村坐落于中山市西部的平原上，村落呈块状分布，西南有凤凰山，西有竻山，南有岐江河，依山傍水。

今天的大同村，跟半个世纪前的大同村，完全是两个概念。1949年，濠涌、敦陶、充美、秀山、沙平、大石兜、石门、新路、元亨里、庞头、岐亨和豪吐等乡合并成大同乡，属中山县第二区。1953年，大同乡划出秀山等村留下濠涌、敦陶、充美而保留"大同乡"之名，属第十二区。1957年，大同乡属谿角乡。1978年，大同乡再划出濠涌、敦陶、充美，将濠涌旧里地段独立为大同大队。1984年，大同大队属中山市沙溪区（1986年起称沙溪镇）。2001年，大同大队与敦陶、充美并入濠涌村，至今属中山市沙溪镇濠涌行政村。

大同自然村面积1.31平方公里，南跨中国红木家具之都牌坊，临全国著名红木家具交易中心之新濠南路。

世代村民主要为方姓，与濠涌、敦陶方姓同宗同源。据《濠涌方氏族谱》记载，南宋末年，方道盛躲避战祸，举家从福建莆田迁至广东开平，其四世孙方印生从开平再迁至香山谷都平岚（今中山三乡），后因经商于明洪武元年（1368）定居于濠涌，其后代在竹林街东堡和西堡繁衍生息，今已传至27代。

截至2024年6月，该村户籍人口1315人。祖籍该村的香港同胞约330人，澳门同胞约260人，台湾同胞5人。祖籍该村的华侨华人约2600人，主要分布在美国、澳大利亚、新西兰和斐济等国家。世代村民为汉族，使用闽方言隆都话。

村东安街门楼侧有一棵树龄130多年的苹婆树。大同村的传统食品有沙溪年糕、煎堆、金钱圈、三稔包、五色粥、芦兜粽等。

"濠涌旧里"
牌坊（方嘉雯摄于
2023年）

　　大同自然村既是古村落，也是中山市著名侨乡。自18世纪初开始，就陆续有居民到海外谋生。现存200余座传统砖瓦木梁结构民居以及三座碉楼，其建筑风格都融合了中山民居与东南亚、欧陆建筑风格于一体。村中代表性民居有建于清宣统三年（1911），中西结合之欧陆式建筑风格，占地面积250平方米的方若樵旧居。村中有北帝庙、慕榕方公祠、葆赤方公祠、东安堡水车馆。大同自然村现存方桂棉于2002年所纂修之《濠涌方氏族谱》等。

　　大同村的著名人物有曾任孙中山卫士、黄埔军校第一期学生、国民革命军陆军中将方日英（1894—1967），东海舰队副军级支队政委、少将方少穆（1916—2004），民国时期中山县县长方岳昭，等等。

4.充美村

除了濠涌村、敦陶村、大同村三个自然村，濠涌行政村还下辖充美村。

充美村，始建于清初，由移民聚居繁衍形成。立村之初名金钗宅（乾隆《香山县志》始有"金钗宅"村名记载），1936年更名涌尾，因涌尾与充美谐音，1960年改名充美，寄寓居民生活充实美好。

充美村地域上紧挨敦陶村和大同村，世系源流却完全不同于同宗同源的方姓三村，该村世代村民主要姓氏为余、杨、萧、罗、吕等。余姓为第一大姓，余姓族人于南宋时期从江西迁入广东，清初沙溪下泽村余姓始迁祖余集朝、余卓伟的后裔分支迁此，今已传至二十九代。杨姓为第二大姓，杨姓族人于明代从江西迁入广东，清康熙六年（1667），南朗翠亨石门村杨氏十四传孙杨尚忠迁于沙溪原坡文亭村，1956年国营中山华侨造纸厂择地建于坡文亭村村址上，数户杨姓居民被安排迁入充美村，坡文亭村遂消失。萧姓为第三大姓，萧姓族人于明代从江西迁入广东，民国时期沙溪秀山村四世祖萧云乔后裔分支迁入充美村。

截至2024年6月，该村户籍人口286人。祖籍该村的香港同胞约60人，澳门同胞约30人，祖籍该村的华侨华人约80人，主要分布在加拿大、美国、古巴、巴拿马、巴西、新西兰和澳大利亚等国家。世代村民为汉族，使用闽方言隆都话。

中山造纸厂是充美村内规模最大的厂企，也是当时中山市一家引人瞩目的大型国企。该厂于1956年7月选址于坡文亭村建厂，由于厂大村小，土地全部征用后，大部分村民迁入充美村。1961年造纸厂投产，因地处中山县，资金来自广东省华侨投资公司，初名广东省中山华侨造纸厂。随着国家投资力度的增大，该厂1966年改称广东省中山造纸厂。1988年被评为广东省先进集体企业。1990年，

其从业人员 1411 人，年产纸品 5.69 万吨，总产值 1.21 亿元，为广东省内同行中产销之首。半个世纪以来，濠涌行政村不少村民洗脚上田，进入纸厂打工。

第二节　南区月山：方姓为第一大姓

位于南区街道西部的月山村，东邻渡头村，南与曲涌村相接，北与沙溪镇濠涌村隔岐江河相望。清顺治元年（1644），方兆坤从县内濠涌（今沙溪镇濠涌村）迁此定居。因村所依老何园山曾称月山，村随山名，取名月山村。又有一说，村落呈半月形而名月山村。月山村曾用名"山寮村"。

月山村开村时属香山县良字都，清道光七年（1827）属香山县仁良都，2014 年至今属南区北溪社区。世代村民主要为方姓和刘姓。《中山乡情》记载，南宋末年，方道盛为躲避战祸举家从福建莆田迁徙至广东开平，其四世孙方印生从开平再迁香山平岚（今属三乡镇），元至正二十八年（1368）定居于德庆乡（今沙溪镇）濠涌村；清顺治年间（1644—1661）方兆坤迁此建村。刘姓于清道光年间（1821—1850）从县内谿角（今沙溪龙瑞村、云汉村）迁入。2015 年末，户籍人口 305 人，实际在村居住户籍人口 255 人，非户籍外来人口约 200 人。世代村民使用闽方言隆都话。

该村传统经济以农业为主，主要种植水稻，辅以养殖"四大家鱼"。丘陵坡地主要种植花生、荔枝、木薯等经济作物。1950 年后，村民大力改良荔枝种植技术，先后引进"淮枝""桂味""白叶仔"等荔枝品种并大规模种植。由于种种原因，现荔枝种植规模较小，多为村民自用。月山村后有一片林地，多为荔枝、龙眼等。

月山村风俗习惯与岐江河对岸的濠涌村基本一样。其中，婚俗颇有特色。结婚当日晚宴开席时，先燃放两串小爆竹，然后上菜。

上完"扣肉"这道菜后，燃放一串大爆竹，再上其他菜。燃放完大爆竹后，未入席宾客则不再入席。新娘出嫁后一个月内，其弟弟妹妹由一妇女带到新郎家做"细舅仔"（哥哥姐姐则不能去），新郎家以糕点、饼食、茶果招待。他们接过家翁、家姑派封的"利市"后才回家。过一段时间后，新郎宴请岳父岳母，兄弟姐妹皆可随去。丧俗方面，20世纪90年代前以土葬为主，"出丧"时人走在棺前，谓之带引逝者上山。现采取火葬，丧事简化。丧宴菜式以萝卜、白菜、豆腐为主，忌大荤大腥。

清明节期间，方姓族人与濠涌同姓族人一起到三乡白水林祭祖，也会与邻村渡头雷姓一起祭祖。

1. 月山村：濠涌先辈落户开族

时值六月，蝉鸣荔熟。笔者和几位族人来到月山村，一到村口就遇见了一位方姓中年妇女，说着一口纯正的"沙溪话"，大家按约定俗成的习惯称之为"家嫂"。虽然有几位族人与她都是第一次见面，一口乡音还是能马上拉近彼此之间的距离。

年近半百的家嫂快人快语，得知我们是濠涌村来的，就连忙招呼我们到她家坐，并热情地给我们沏茶，手脚麻利地从箩筐里掏出新鲜荔枝招待我们。

荔枝是刚刚从自家果树上采摘的，个头浑圆饱满，轻捏两端，果壳裂开一道缝隙，慢慢掰开，露出里面如凝脂般的洁白果肉，轻轻一咬，香气瞬间充满口腔，甜美汁水顺着喉间滑动，一路甜进心里。夏日炎炎，大家一边啖荔枝、一边拉家常，相谈甚欢。

家嫂是20世纪70年代从濠涌村嫁过来的，刚采摘的荔枝跟村里大部分荔枝树一样，都是上百年前从濠涌村引进的优良树种。

除了家嫂、荔枝树，上百年来，这个南区的小山村与相隔四公里以外的濠涌村还有着千丝万缕的联系。

　　方社华、方添胜两位老人回忆说，月山村的方姓，是清朝顺治年间体炯公的后代方兆坤迁居落户后开族的。月山村的方氏后人可以用"三灿十二玄"来概括，意即方兆坤膝下有 3 个灿字辈，生了 12 个玄字辈，如今月山村的方姓村民，就是他们的后代。

　　时年 82 岁的方继好老人，年轻时是月山村的生产队长，已经退休 20 多年了，是道盛公的 23 代传孙。从他的太公开始，世世代代定居月山村。老人精神矍铄，腰板硬朗，带领笔者一行人，一边绕着村子转悠，一边将月山村的历史故事娓娓道来。

　　月山村现在有七八十户人家，200 多人，大部分村民都姓方，除了方姓，还有刘姓、李姓、林姓、张姓等。村里的媳妇，20 世纪 60 年代以前多是环城人，说的是环城话。70 年代以后，逐渐有一些濠涌村的女子嫁过来，包括濠涌、敦陶、大同、充美等自然村的，这样的联姻，就亲上加亲，沙溪话在村里更普遍了。

　　上了年纪的人都熟知，旧时去环城必须"过渡"，就是坐渡轮，横跨岐江河。

　　方继好老人回忆，他小时候还没有渡轮，只有摇摇晃晃的木船。当时月山村附近没有学校，他要远到濠涌村的"书堂"读书，每天花一个多小时才能到学堂，中途还要坐船。艄公悠悠地摇着橹，一船能渡八到十人，等渡船的时间很长很长。

　　笔者一行人边走边聊，走走停停，跟随着方继好老人的足迹上山探寻先祖的墓地。据说，2006 年的时候，方兆坤的墓碑还在，现在已经无踪可寻了。兜兜转转，在一片果树林之中，拨开丛生的杂草，费尽周折才找到十八世祖朝芳方公墓。老人说，现在大家都拜"幼太公"，没人拜"老太公"了。

　　老人还依稀记得年轻时回到濠涌村凤凰山祭祖的情景，也能回忆起去开平拜道盛公的片段。近年，他们村也有年轻人跟随濠涌村宗亲去开平祭拜驸马道盛公，祭祖路代代相传，延绵不息。

在一片百年老荔枝林里，十八世祖朝芳方公墓淹没在荒草丛中（方嘉雯摄于 2015 年）

2. 百年老树荔枝"闹"枝头

岭南的夏天是从蝉声中穿过的，一声声蝉鸣，满山的荔枝次第由绿变红，远远望去，灿若红霞。

从三月到七月，三月红、六月仔、妃子笑、白糖罂、白蜡、黑叶、挂绿、胭脂红、桂味、糯米糍等品种的荔枝渐次成熟，肉若凝脂，汁水充盈，各有其美，丝毫不难理解苏东坡被贬谪广东惠州仍留下"日啖荔枝三百颗，不辞长作岭南人"的感叹。

月山村，至今还有一片百年老荔枝林。

荔枝树是月山村的风水树，也是村民的"摇钱树"。一到盛夏，整个小村庄掩映在荔枝老林中。沿着蜿蜒曲折的村道走街串巷，比小平房还要高的老荔枝树举目皆是。树上硕果累累，火红一片，伸手可摘，蔚为壮观。

不计其数的荔枝树点缀在村民的房前屋后，茂盛生长。山上还有成片成片的荔枝林，村在林中，林在村中。村民日出而作，日落而息。人来人往，花开花谢，人与荔枝树朝夕相伴，百余年来生命生生不息。

前人种果后人收。老太公种下的果树，岁岁年年福荫后人。由于品种好，口感上佳，荔枝成了昔日村民的主要经济来源。

60多岁的村民旷伯祖祖辈辈都生活在月山村。他告诉笔者，这些荔枝树自他出生时就一直在房前屋后，也不知道什么时候栽种的。爬树、捕蝉、摘果、追逐、嬉戏，旷伯从小在荔枝树下长大。60多年过去了，如今他已走入暮年，树却比以前更高大更茁壮了。旷伯的妻子方姑回忆道，30多年前，她从沙溪濠涌村嫁到月山村的时候，村里的道路坑坑洼洼泥泞不堪，房子几乎是黄泥屋。现在道路变成水泥路了，房子变成小洋房了，不变的是村里的荔枝树，还是那么多。

方继好聊起村里的荔枝，如数家珍。据介绍，月山村开村已经有三四百年了，很久很久以前村民就开始种荔枝。我们现在看到的荔枝老树都是老太公栽种的，有上百年的树龄了。数十年前，村里有800多棵荔枝老树，后来因为种种原因，很多都被砍伐了，现仅存400多棵。近年来，村民又补种了很多新的荔枝树，不计其数。"我们村的荔枝特别好吃，真的特别好吃。隔一条山坑产的荔枝，味道都不一样，你信不信？夏天卖荔枝，以前是村里的一大经济来源，周边的人都慕名来我们这里收购。"老人家语气里充满了自豪。

说罢，方继好老人又继续带领笔者到村里转悠。绕过民居，穿过一条条蜿蜒曲折的小巷，小巷的尽头视线豁然开朗，一片百年老荔枝林出现在眼前。一棵棵百年老树犹如一把把撑开的墨绿色巨伞，红彤彤的荔枝挂满枝头，可热闹了，沉甸甸的，把枝丫都压弯了。岭南佳果荔枝，中山有部分镇街的人称之为"火山"。远远望去，真有点"火山"的意味。

村民介绍，这些荔枝都准备以"一棵树"为单位卖出去，每棵树的产量不等，丰收的树可采摘数百斤果实。周末，亲朋好友相约摘荔枝，现摘现吃，是夏日一种休闲方式。

濠涌三村的荔枝、龙眼等果树种植自古远近闻名。

《沙溪镇志》记载，濠涌、敦陶盛产荔枝，漫山遍野都是荔枝树，仅风吹岭上就有近1000亩。其中，成熟于六月的槐枝，是濠涌、

百年古荔树下，前
人种果后人收（方嘉雯
摄于 2012 年）

敦陶一带的特色品种。20 世纪六七十年代，沙溪一带盛传着一句俚语——濠涌母猪也吃荔枝。

关于荔枝，中山还流传着一个古老的故事，这个故事就发生在南区沙涌村，与月山村咫尺之隔。相传，南宋末年，宋军不敌蒙古铁骑节节败退。端宗赵昰在忠心的将士护卫下，退至香山沙涌村，乡绅马南宝献粟千石饷军，并率义兵护帝，号召乡亲勤王。年仅八岁的赵昰见到满树的荔枝，很想品尝，奈何时值阳春三月，距离六月荔熟时节还远。"如果明天成熟就好了……"年幼的宋帝感到可惜。没想到，次日一早，荔枝青绿的果壳就初染红晕了。味道半酸半甜，这就是全国独有的最早熟的荔枝品种"三月红"。"三月红"荔枝就是为宋帝一夜之间变红的。

月山村的大街小巷，老荔枝树比比皆是（方嘉雯摄于 2015 年）

除了荔枝，龙眼也是濠涌的名优特产。大同村的矮杆龙眼是 20
世纪 80 年代引进的，曾作为中山特色水果参加全国农业博览会，摘
得奖牌。沙溪文人萧文敬曾赋诗歌颂当时农业盛况。优质的龙眼品种，
同样很快传到了一河之隔的月山村。

如今，除了荔枝，月山村里比较多的树种还有龙眼树、乌榄树、
黄皮树，果期相近，味道迥异。夏秋时节"你方唱罢我登场"，枝
头好不热闹。

此外，月山村的村民，几乎家家户户都种有栾樨树，而栾樨叶
是栾樨饼 ① 的主要材料。采摘下来的栾樨叶，村民会拿到市场上售
卖，是经济来源之一。

在沙溪镇，农历四月初八当天吃栾樨饼是一种传统习俗。慢慢

---

① 栾樨饼是以一种叫作栾樨的植物的叶子和糯米粉、澄粉、粘米粉、冰片糖
等为主要材料蒸制的糕饼，是珠江三角洲一带的特色小吃。

月山村中许多果树都是从濠涌、敦陶、大同三村引进的优质树种。图为月山村房前屋后的黄皮树（左图）、龙眼树（右图），正值挂果时节（方嘉雯分别摄于2015年和2024年）

地，栾樨饼演变为日常糕点。栾樨叶跟大米混在一起打粉，就成了制作栾樨饼的主要材料——栾樨粉。出生于20世纪70年代的方健文回忆，小时候他经常到月山村亲戚家取栾樨叶、打栾樨粉。20世纪八九十年代，环城有一条"米机街"。"米机"是把稻谷去皮变成大米的机器，也可以把栾樨叶打成栾樨粉。附近村庄的村民常常到月山村买栾樨叶、打栾樨粉，顺便走走亲戚。

可以说，月山村的一草一木、一花一果，都承载着中山方姓的迁居史。细细品来，有百年历史的味道。

第三节　三乡平东平南：中山方姓开族之地

清明，潇潇暮雨寄哀思。每年这个时节，总有来自中山多个镇街的人扶老携幼坐上三乡泉林山庄的缆车攀上山顶。他们不为踏春

赏景，不为郊游远足，只为登上白水林山拜谒先祖，慎终追远，缅怀先人。

这片土地，古称"金钱地"，古人认为该地为"龙穴"，有"天子睡龙床"之象，是中山方姓先祖的长眠之地。距离"金钱地"几公里开外的村落，就是当年方姓先祖来到香山后最先落脚的地方。

族谱记载，中山方姓的发源地为谷字都，后称谷都。"谷字都""谷都"今为三乡境域。三乡镇，在香山置县前属东莞县文顺乡，南宋绍兴二十二年（1152）属香山县丰乐乡，明洪武年间（1368—1398）属谷字都，清道光初年（1821）属谷都，清光绪初年（1875）属谷镇。后经多次建制设置，到了1986年改称三乡镇。如今三乡镇的平东村（今属平岚东行政村）、平南村（今属平南行政村）一带，旧时统称平岚，也是香山方姓族群的发源地。两村的开村年代久远，宋代已有人烟，属于典型的古村落。

据《中山乡情》一书记载，位于三乡镇南部的平东村，北宋年间立村开族，原为平岚村一部分，因地处平岚村东部，故名平岚东村，1986年更名为平东村。平岚村初建村时分平、岚两村。平村地处马迳（地名），因地势平坦而得名；岚村地靠佛仔迳，因村常为山林雾气笼罩而得名。后两村合并为平岚。

平东村坐落于五桂山北麓、古金斗湾北部冲积平原上，地势较为平坦。世代村民主要有郑、黄、周、陈等姓，方姓属于小姓。第一大姓为郑姓，北宋天圣年间（1023—1032），郑姓开村始祖从福建莆田迁至香山榕树埔，后世分支至雍陌，再分支至此。元明之际，广东方姓一世祖方道盛的孙子岐鸣（龙凤公）一家从开平迁至香山谷都平岚村。到了明朝洪武年间（1368—1398），四世孙印生又迁到如今的沙溪镇濠涌村定居。平东村世代村民为汉族，通用闽方言三乡话。而与平东村紧紧相依的平南村，乡情跟平东村大同小异。

据统计，现在平东村有方姓110多人，平南村有方姓20多人，全为同姓族人，两村均没有方姓祠堂。

　　每逢清明节，以濠涌方姓村民为首的中山方姓族人，去开平拜祭完驸马公之后，总要回到三乡白水林山拜祭三世祖，也即中山的方姓开族先祖。据《中山地名志》记载，白水林山，又名竹篙岭，在石岐南23公里、圩仔西南4.2公里处。南麓至坦洲镇荔枝埔，西及西南麓至神湾镇古宥。面积5平方公里，主峰海拔473米，为三乡镇的最高点。青山不老，族群繁衍，薪尽火传。

　　族谱另有记载，三乡镇平岚村的方姓，是十世祖鹤侣公下南洲公下体炯公的后代迁徙过去的，以前该地方姓后人每年都要回濠涌大祠堂祭祖，其于三乡的分堂号为"光耀堂"。

　　族谱所载，在三乡镇平东村村民方兆良的口中，一一得到了印证。

　　2023年盛夏的一个清晨，在濠涌村委会的牵线搭桥下，笔者来到方兆良的家中走访。一幢建于20世纪80年代的两层水泥钢筋结构房子，颇有年代感，一方干干净净的小庭院，墙根下，扁柏、蒲蓉、月季沐浴着晨光在微风中轻轻摇曳，荔枝树、黄皮树、柠檬树高低错落，树影斑驳，枝干悄悄地伸出了墙外，洒下一地阴凉。院子围墙之外，是兄长的家。

　　"平东村的方姓大约有20户人家，百余人，散居在村中，是一个家族，至今已传至26代。老人家说，平东村的方姓开族后，由于谷都地少人多，为了生活，陆陆续续迁居周边村落，一直到了18代，大概两百年前，又陆续从濠涌村迁回三乡定居。"刚到花甲之年的方兆良，是方氏23代孙，对家族历史了解颇深。"新中国成立之前，父母还很年轻，每年都会回到濠涌村领取烧猪肉。新中国成立后，我的兄长也常常随母亲回到濠涌走亲访友。"1963年出生的方兆良，对于20世纪70年代跟母亲坐船回濠涌村祠堂拜谒先祖的情景还留有印象，后来，随着老一辈的渐渐离去，与濠涌村房亲的交往也渐

渐减少了。"30 多年没有回濠涌村了。"方兆良说。

热情爽朗的方兆良，从小就喜欢听长辈讲故事，长大后也乐于跟长者交流。这些年他没踏足濠涌村，但是很关心族亲的近况，对于村中近年发生的事情，他较为了解。

闲谈之间，无意中发现客厅茶几的桌面上，珍藏着一份 2011 年 5 月 29 日出版的《中山日报》，全版刊载一篇《宋驸马后裔沙溪落地生根》的报道。经历了 12 年的光阴，报纸有点褪色泛黄。"报纸为偶然得之，当年一位邻居订阅了《中山日报》，看到这篇文章后，就把这份报纸送给了我，让我了解家族的历史。我如获至宝，看完之后就压在茶几的玻璃下，一直没动过，一晃 12 年就过去了。"方兆良感慨道。

除了报纸，方兆良家中还珍藏着两本族谱。一本为线装版的《方光耀堂辉麟公遗存家谱》，简单记录了家族从隆都濠涌迁居谷都平岚两百余年间的世系资料。这本钢笔手抄版的家谱，是方兆良的父亲方国（字富嘉）于 20 世纪 90 年代誊抄的，资料取自濠涌村伯父家，保存了约 30 年。另一本为复印版的《方氏中山三乡平岚支系族谱》，这本厚重的钢笔手抄版族谱，从中华方氏始祖到香山方氏的开族、繁衍、迁居等情况，都做了详细记载。《方氏中山三乡平岚支系族谱》是方兆良的旅港堂兄方观博记录的。前些年，他从香港回乡，把这本厚厚的族谱复印了多份，送给每一位族亲兄弟，一户一本，寄语他们要好好保存，饮水思源。

如今的三乡镇，除了平东村、平南村有方姓聚居以外，圩仔村、大布村、下涌村、乌石村等自然村，都有方姓散居。此外，在毗邻三乡的神湾镇定溪中心村，也有为数不多的方姓。两镇的方姓，估算共有两三百人。

除此之外，在三乡的新圩、乌石等村，还有数户方姓人家，他们并不是世代生活在三乡的香山方姓后代，而是 20 世纪 80 年代陆

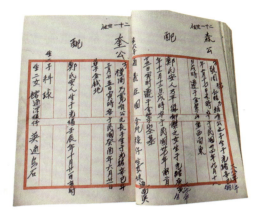

左图：方国于 20 世纪 90 年代续写的光耀堂家谱（方嘉雯摄于 2023 年）
右图：方兆良家谱记载了家族近代的族系概况（方嘉雯摄于 2023 年）

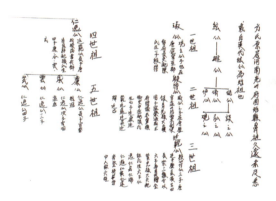

左图：旅港乡亲方观博续写的《方氏中山三乡平岚支系族谱》（方嘉雯摄于2023年）
右图：方兆良关心族系历史，家中珍藏了一份介绍家族源流的报纸十多年（方嘉雯摄于2023年）

陆续续从广东省阳春县搬迁过来的代耕农。按族谱溯源，这一支阳春来的方姓，亦为方道盛后裔。俗话说，"同姓三分亲""五百年前是一家"，在日常交往中，这些阳春方姓代耕农与三乡方姓村民自带亲切感，以族系辈分相称。

笔者经过长时间的查阅资料及田野调查发现，平东村、平南村、圩仔村、濠涌村等村落第一大姓的先祖，均由福建不同地方迁居而来。故而不难理解，无论是平东村、平南村、圩仔村讲的三乡话，还是濠涌村讲的隆都话，都属于闽方言。在岁月的河流中，语言也经过了与当地环境融合演变的过程，如今各村方言听起来虽然不尽相同，但同属闽语分支，源同一脉，口音颇为接近。乃至在中山，许多人以为两地讲的闽语是一样的。

方言是研究民系民俗的活化石，村落与村落之间的姓氏渊源，由此可见端倪。

第四节　坦洲沿涌联石湾：方姓"靠山吃山"

对于不少中山人而言，坦洲是一个偏远的镇街，更多的时候，谈起坦洲的话题，总会带上珠海。位于中山市南端的坦洲镇，地处珠江三角洲西南部，西江磨刀门出海口东岸。东南与珠海市前山镇、南屏镇相邻，西南隔磨刀门水道与珠海市斗门区白蕉镇相望，西北接神湾镇，东北连三乡镇，距离中山市城区 38 千米。

坦洲镇两个有方姓聚居的自然村——沿涌村、联石湾村，地理位置相邻，今均属新前进行政村管辖。沿着坦神北路一直驾驶，道路两旁是连绵起伏的群山，鳞次栉比的民居，连片林立的厂房，还有大片正待开发的地块，数分钟车程都在新前进行政村的地域范围之内。这是坦洲镇的边沿地带，再往前走，就进入神湾镇了，珠海市斗门区近在咫尺。

新前进行政村下辖七个经济社，12 个自然村，包括申堂、沿涌、联石湾、埔顶、荷塘、荔枝埔、长埔、龙塘、月环、琪环、宝鸭山、新村。这一带属于坦洲镇成陆时间较早的区域。

早在南宋绍兴二十二年（1152）香山设县时，坦洲尚是县境南部一片海湾。明末清初，沙洲淤积，形成滩涂。因当地人称滩涂为"坦"，水中陆地为"洲"，故得名坦洲。

坦洲地势西北高东南低，西北属低山丘陵区，东南为冲积海积平原，主要山岭有五指山、白水林山、佛仔迳山、狮子山、孖洲山、灯笼山、铁炉山等。坦洲是传统的农业大镇，曾被称为中山的大粮仓，有"金斗湾"的美誉。

坦洲先民源流分陆居、山居、水居三类。陆居为中原种族转徙而至，山居多为客家人，水居则为疍民。坦洲疍民原以舟为家，以渔为业，形成了特有的疍民文化——咸水歌。坦洲是中山咸水歌的发祥地。

坦洲镇成陆时间较晚，主要文物古迹多在丘陵的新前进村一带。20世纪90年代在月环宝鸭山、牛胝山等地发现了北宋、南宋、明代、清代的墓葬。可见，这一带是坦洲人文历史积淀深厚的地方。

1. 沾涌村：方姓传至25代

沾涌村东邻宝鸭山村，南邻红丰村，西邻联石湾村，北靠白水林山。明成化十六年至嘉靖二十五年（1480—1546），有人在大沾涌上游三夹水处种植水稻和茶叶，并在此居住，逐渐成村。该村初名为詹涌，清道光初年（1821）改称沾涌。

世代村民有陈、廖、高、许、方等九个姓氏。第一大姓为陈姓，元天历三年（1330）从福建宁化迁入广东嘉应兴宁，后代子孙于清康熙二十一年（1682）再迁广东广州增城，清雍正二年（1724）从增城上棚迁此。第二大姓为廖姓，1980年从五华县迁入。第三大姓为高姓，清雍正八年（1730）从县内沙溪迁来。世代村民为汉族，属客家民系，通用客家方言。方姓在沾涌村不算一个大姓，却是一个历史悠久的姓氏。

2023年初，笔者在坦洲镇政府工作人员方伟华的带领下走访沾涌村。沾涌村与联石湾村紧紧相连，沾涌村村委会就位于坦神公路旁。车子停下来，"沾涌村"三个大字跳入眼帘。远远望去，村庄

沾涌村坐落于山间盆地（文波摄于 2019 年 11 月）

沾涌大庙桥下，流水淙淙（叶劲翀摄于 2013 年）

航拍沾涌村（叶劲翀摄于 2013 年 3 月）

后面是嵯峨黛绿、迷迷蒙蒙的群山，雾霭缭绕，氤氲缱绻。

　　沾涌村三面环山，坐落于山间盆地，村内有坦洲镇最高的铁炉山，最高峰达 474 米，此外还有白水林山、大望斗山、小望斗山以及铁炉山水库。铁炉山峰峦叠嶂，险峻雄奇，上有银坑，下有龙潭。龙潭水平如镜，青山倒影，让人心旷神怡。相传，此美景吸引了云游四海的仙人铁拐李到此一游，并留下了"脚印"，故"龙潭仙迹"的传说流传甚广。沾涌村有一片原始的天然林——沾涌风水林，凝望着村子几百年的繁衍生息。土沉香、五味子、龙眼树和荔枝树等漫山遍野，草木蓊郁葱茏。

　　沾涌村的村委书记陈少辉说，陈姓是村中第一大姓，而他的母亲就姓方。他介绍，沾涌村有村民 720 人，加上外来人口，常住人口 1200 多人。如今方姓人家有十余户，人口接近一百人。近年许多方姓人口已陆陆续续迁居坦洲镇及中山城区。

　　时年 62 岁的沾涌村村民方镜波，出生于 1961 年，是熟知家族历史的热心老人。方镜波虽刚踏入花甲之年，可他的辈分不小，是家族的 22 代后人。他介绍，现在家族已传至 25 代。族中没有存世的谱牒，村中也没有方姓祠堂。在他还很小的时候，村里曾经有过一座方氏宗祠，后来在 20 世纪 60 年代的"四清"运动时被拆毁。

　　方镜波把前辈口传心授的家族历史跟笔者分享。家族二世祖的其中一个儿子，从开平迁居香山谷都（今三乡镇），膝下有三个儿子，大儿子就是现在濠涌村的开村先祖印生公，而二儿子和三儿子由于种种原因，跟随着父亲一路长途跋涉回到祖居地福建，从此在福建定居。繁衍了十代人之后，后代又辗转迁徙到沾涌村开族。为此，沾涌村的方姓是从十四代开始定居的。刚来坦洲的时候，坦洲尚为一片海湾，山岭逶迤，于是先祖就"靠山吃山"，在山脚下落户安家，繁衍生息，以务农为生，一直代代相传至今。

这可以称得上一部简单明了的"口传家谱"。方镜波口中的二世祖、三世祖，就是提岗公、龙凤公，而印生公的兄弟，分别就是贤生公、康生公。沾涌村虽然没有留传下来的族谱，口口相传的故事却跟纸质族谱记载的如出一辙。

从40多岁开始，方镜波也加入了清明节宗族拜祭先祖的队伍，和三乡平岚、沙溪濠涌、坦洲联石湾的宗亲一起前往开平茅冈村、三乡白水林山、沙溪凤凰山拜谒各个年代的先祖。

2. 联石湾村：宗族亲情一脉相连

位于坦洲镇北部的联石湾村，东邻沾涌村，南邻群丰村，西邻神湾镇，北靠大望斗山。村落位于山区，村后有大望斗山、小望斗山，村南有联石湾涌。因地处联石湾山南麓，沿海岸弯曲，且地多散石，初称散石湾，后改称联石湾。

联石湾村于1952年曾并入沾涌行政村，属中山县第三区五岳乡沾涌村。2015年，该村户籍人口402人。世代村民为汉族，属客家

联石湾村立开方公祠（方嘉雯摄于2015年）

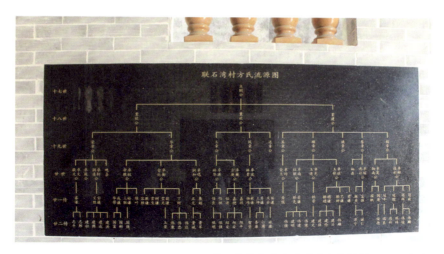

联石湾村方氏流源图（方嘉雯摄于 2015 年）

民系，通用客家方言。世代村民主要姓氏有陈、吴、方、夏、梁、叶等。第一大姓为陈姓，元天历三年（1330）从福建迁至广东嘉应兴宁，清康熙二十一年（1682）迁至广州增城，清雍正二年（1724）由增城迁到沾涌村，后从沾涌移居该村；另有部分陈氏人家由顺德、新会、斗门、沙溪等地陆续迁徙而来。方姓在联石湾村属于第三大姓。

关于联石湾村的方姓来源，有沾涌村的老人说是从沾涌村迁居而来。

2014 年，坦洲镇联石湾村新建了一座"立开方公祠"，宗祠大门口的对联是"莆公飘粤基业兴，田沃苗壮子孙旺"。寥寥几字道出了宗族的来龙去脉——从福建莆田而来，在广东大地开族，枝繁叶茂。

宗祠不大，香炉、盘香、蜡烛、牌位等整齐陈列，墙壁上有石刻的"联石湾村方氏源流图"，从十七世祖立开公到二十二传孙，以族系支脉的形式清晰展示。此外，公祠内还有历代祖宗神位，时刻提醒着后辈不要忘本，饮水思源，发愤图强，光宗耀祖。

坦洲镇位于中山版图的最南端，与珠海接壤，距离中部偏西的沙溪镇，有三四十公里之遥。

这小山村在合并行政村前，方姓占一半以上人口，合并后，2022年数据表明，该自然村人口有95户共406人，其中方姓人口23户共77人。总人口不多，方姓占比仍然很大。该村拥有山地2000多亩，特色经济不明显，村民以外出打工居多。

2015年夏天，笔者在坦洲镇联石湾村见到了时年84岁的方志平老人。方志平及其父亲都出生于联石湾村。跟大部分村民一样，志平老人讲的是客家话，按他的话说，祖辈都已经"入乡随俗"了。

在交通及资讯都并不发达的年代，三四十公里的地域距离可谓长途跋涉了。然而，时空的遥远并没有隔断亲情，逢年过节、扫墓祭祖、红白之事，散居各地的方姓族人总会紧密联系，重聚一堂。方志平老人认为，大家身体里流动的都是方家的血脉，血浓于水，并不会因为时间和空间的距离而改变。

方志平老人拿出一份从民国24年（1935）珍藏至今的《讣告》给笔者看。这份收藏了80多年的资料早已泛黄，多处有虫蛀的痕迹，然而却平平整整，里面的字也完整清晰，显然是几代人精心保存下来的。《讣告》写的是族中一位德高望重的92岁长老方秀琚逝世的消息，内文详细介绍了逝者的生平，落款是"广东中山县第二区豪冲乡方敦义堂"。方志平老人回忆，此《讣告》是当时濠涌村的亲戚送到他们家来的，通知他们参加方秀琚老人的丧礼。方秀琚是濠涌乡彦方柱辰的父亲，也是一位有名望之士。

方志平老人回忆，年少时几乎每年都跟叔伯兄弟去濠涌村的凤凰山拜四世祖印生公，再拜六世祖南逸公、八世祖平田公。由生产队中队长带队，一行十多人浩浩荡荡从码头坐"花尾渡"出发，一直到濠涌码头上岸。

"'花尾渡'好靓哦，很大很结实的木船，一船可以坐一两百人。小时候每次去濠涌村祭祖都好期待，和亲人们欢欢喜喜去坐船。到

了之后，和濠涌的乡里团聚，场面热闹极了，感觉十分亲切。祭完祖，就'太公分猪肉'，大家一边聊天一边吃烧猪肉。"回忆起十五六岁光景时的事情，老人如数家珍。

让方志平老人记忆深刻的"花尾渡"，又名花尾艓，是19世纪末到20世纪80年代珠三角地区主要的水上交通工具。此种木船本身无动力，靠前面的机动船拖行，所以又叫拖渡（又写拖艓），因为船身装饰得好看，是昔日广东特有的河上风景，所以叫花尾渡。

此种船木造巨大，类似画舫，船上楼高三层，上层是餐楼，为一等舱；中层叫公舱，为二等舱；下层与船头为货舱。船的装饰很华丽，雕栏画栋，尤其船尾装有彩光灯管，夜晚亮灯时格外夺目，因此叫花尾，可谓当时的河上宫殿。花尾渡曾经是珠江航运的主力，后来被钢壳动力船取代。

当时，濠涌码头经常有"花尾渡""澳门渡"等船只靠岸，汽笛声声。花尾渡人来人往，"澳门渡"货物上上下下，码头附近还有旅店、商店，四处有小商贩叫卖，熙熙攘攘，烟火气息浓郁。

除了濠涌，三乡的白水林也是方志平一家每年必去的祭祖之地。位于白水林的墓地，山高路远，群山陡峭，林海茫茫，杂草丛生，山路要走两三个小时。"还好啊，当时年轻，不觉得怎么辛苦，我几乎每年都去。许多体魄不好的人是不敢轻易上山的。"虽然路途艰辛，但是这并没有削弱方氏后人祭祖的热情。"每年都有很多乡里去拜祭，有来自濠涌、三乡、坦洲、石岐……子子孙孙都一起去，年年去。"

如今有了缆车，上山就方便多了。

方志平老人有两个儿子。大儿子方桂冬，生于1961年冬天，曾任联石湾村村长，近年接过父亲的"接力棒"，一如既往地热心宗族事务。他跟濠涌村的长老方桂棉，以及方剑兴、方树平等宗亲保持紧密联系，连续十多年组织联石湾村村民去开平、三乡、濠涌三地拜谒先祖。

每年清明节前，方桂冬积极组织人员到三乡白水林把墓地杂草清理干净，有时还父子兵齐上阵，带上锄头、镰刀，亲力亲为，提前把墓地打点妥善，待四面八方的宗亲来参加一年一次的祭祖活动。

"时代变迁，现在很多人不再注重这些古老传统了，对宗族文化一天天淡漠。祭祖需要很多钱吗？不需要。需要花很多时间吗？也不需要。虽然拜的是年代久远的老太公，但是，这彰显的是一种孝道。中国人的孝道需要传承，代代相传下去。"方桂冬语言朴实无华却难掩真挚。

濠涌村民中也有不同的声音。有人查阅过两地方氏的族谱，发现坦洲联石湾方氏跟濠涌道盛后裔的方氏同姓不同源，迁徙路线不一，字派（又称字辈）也对不上，因此对两地方氏同宗的说法存疑。

村民方伯把小时候听来的故事跟笔者分享：新中国成立前，联石湾村的方姓村民很少，势力弱小，常受当地人欺负。为了强化自己的宗族背景，他们就找到了濠涌的方姓长老，以100亩地的代价"认祖归宗"。有了宋室驸马后裔的族系渊源加持之后，联石湾方姓从此在坦洲立稳了脚跟。

这种说法在坦洲遭到了否认。沾涌村老人方镜波认为，沾涌村、联石湾村跟濠涌村同宗同源，只是迁徙时间及路线不一致，联石湾的方姓是从沾涌村分出的支脉。沾涌村的第十五代太公有八个儿子，其中一个儿子过房①给了堂兄弟，从而有了现在的联石湾方姓家族。现在，每年的清明节，两村方姓各自祭祖，而每当有红白丧喜之事，族亲就会相聚。

真实的历史如何，已无法考证，但是，无论是否同宗，所谓同

---

① 过房，亦称"过继""过嗣""继嗣"。指本人无子而将兄弟之子或他人之子转为己后。

姓三分亲，濠涌村、联石湾村、沾涌村三地的方氏如今联系紧密，乡情浓浓，堪比兄弟。

第五节　南朗左步：寥寥几户方姓人家

位于南朗镇东部的左步村，得益于得天独厚的人文资源及政策春风，近年成了远近驰名的"明星村""网红村"。历史名人群像、古建风物、稻田书屋、水车、稻田音乐节……构成了左步村一个个鲜活的标签。

左步村始建于明永乐年间（1403—1424），袁廷英从南朗村迁此居住，逐渐形成村落。后有欧、孙、林、陈、阮、方诸姓人迁入定居。因位置处于丰阜湖古涌南岸码头（俗称"埠头"）左侧，地势平，故名平埠头，又写左埗头。清道光七年（1827），始称左步村。

该村坐落于中山市东部平原上，呈扇状分布，"扇柄"处是村中有600多年历史的风水林。世代村民主要为欧、孙、阮三大姓，康熙年间（1662—1722）还有方、袁两姓，后来人口越来越少。如今，左步村只有屈指可数的几户方姓人家。世代村民使用闽方言南朗话。

左步村有丰富的旅游资源，地处工业化的珠三角地区，保留难得的田园风光，同时是孙中山旁系先祖的祖居地、革命家欧初的故乡。村中有多座宗祠，保留较为完整，匾额、碑刻众多。建有左步历史展馆，为中山红色旅游线路主要景点之一。村中主要历史建筑有中共左步村支部活动旧址、中兴里闸门、古码头、方成祖居等。其中，中兴里闸门始建于清代，是从海上进村的唯一出入口，少年时代的孙中山常在此出入；古码头，古称左溪，孙中山由此古码头上岸回左步祭祖。

左步村名人荟萃，是中山著名的"风水村"。除了中国无声电影时期著名影星阮玲玉，著名漫画家方成（原名孙顺潮），中山抗日游击大队大队长、中国人民解放军粤中纵队副司令兼参谋长、广东省政府秘书长、中共广州市委书记欧初以外，不得不提的，还有著名的民族资本企业家方举赞（1820—1906）。

方举赞是中国第一家民族资本企业"上海发昌机器厂"的创办人。他的一生，为发展中国民族机器做出了重要的努力。15岁，方举赞离开家乡远赴上海，到了一家小打铁铺当学徒。从一个"流动的打铁匠"，到赫赫有名的中国第一家民族资本企业的创始人，方举赞的奋斗史，是中国民族资本近代工业发展史的一个缩影。

现在国内大学、中学的通用教材，大多都会提到最早的中国民族资本企业"发昌号"。方举赞这位被载入史册的人物，祖籍就是中山。史料上多记载其乃"香山（今中山）南朗镇左步村人"，"左步村与孙中山故里翠亨村相隔只有几里路"。乡间有一种声音：追溯到更早的时候，方举赞祖辈是沙溪镇濠涌村人，明清时期举家迁居南朗镇左步村。

鲜为人知的还有方举赞之子方逸侣（1856—1930），"上海发昌机器厂"的第二代少东家。1876年，在方逸侣的主持下，上海发昌机器厂制造了排水量115吨的轮船"淮庆号"。1877年，发昌造出了中国第一台脚踏车床。此时，在两代人的努力下，上海发昌机器厂已担当了"机器母厂"的角色，成为中国民族资本主义工业发展的一个重要里程碑。至19世纪80年代，上海发昌机器厂成为上海民族机器工业中规模最大的一家。

更鲜为人关注的是，方逸侣与近代著名小说家、广东佛山人吴趼人（1866—1909）是莫逆之交。熟悉中国近代文学史的人，相信对晚清四大谴责小说之一的《二十年目睹之怪现状》不会陌生。该书描述了日益殖民地化的中国封建社会的政治状况、道德面貌、社会风尚以及世态人情，揭露了晚清社会和封建制度行将灭亡、无可挽救的历史命运。这部由晚清文学家吴趼人创作的带有自传性质的

长篇小说，与方逸侣渊源颇深，方逸侣就是小说人物"方侉庐"的原型。如今，透过吴趼人的传世之作，后人还能一睹方逸侣的音容笑貌。

今日左步村，方姓多迁居海外，在村中居住的只有寥寥几户人家，老人稀少，族谱散佚，熟知家族史者难觅。笔者虽多方奔走，尚未能寻得相关史料佐证左步村方氏与濠涌村方氏之渊源。

第二篇

时代印记

　　就在中山市博物馆新馆刚对外开放的时候，笔者在排队进场之时听到游人一句话："香山立县区区八百年，北京、洛阳、西安街头随便一块砖头一片瓦都比中山的历史悠久。"此话一出，让人觉得如鲠在喉。

　　走进博物馆，新石器时代的饼形石器，色彩绚丽的彩陶盘，造型各异的砂陶、泥陶、圈足盘……20世纪八九十年代从南朗龙穴沙丘和白水井遗址出土的5000年前的遗留物静静地陈列在展厅里，散发着悠远而古朴的气息，无声昭示着这片土地的久远。

　　中山的历史可以追溯到5000年前。

　　5000年前的中山，是孤悬于珠江口外伶仃洋上的岛屿。据《中山市志》（1997年版）记载，中华人民共和国成立后，考古工作者先后在石岐马山岗、南朗龙穴村等9个镇区共28处新石器时代文化遗址，出土了不少石器、彩陶、夹砂陶等器物，表明了早在5000年前，已有土著古越族人在香山岛上渔猎和居住。这说明，在华夏文明的初始时期，岭南珠江口岸的人类古文明已在这里发祥。

　　中山古称香山。据宋《太平寰宇记》载：东莞县香山在"县南隔海三百里，地多神仙花卉，故曰香山"，即今石岐以南、澳门以北的丘陵地带。

　　"香山秀出南海壖，四围碧水涵青天。"被誉为岭南诗派领袖的明代香山大儒黄佐，在《石岐夜泊》的首句就刻画了香山的前世。

明嘉靖《香山县志》所载香山全景图（资料图片）

"秀出南海"，水清沙白，碧海蓝天。"壖"，这一个字就点出了香山是一个水边之地。"四围碧水"，又点出了香山是四周环水的岛屿。

清朝学者屈大均在《广东新语》里记载："古时五岭以南皆大海，故地曰南海。其后渐为洲岛，民亦蕃焉。东莞、顺德、香山又为南海之南，洲岛日凝，与气俱积，流块所淤，往往沙潭（滩）渐高，植芦积土，数千百晦膏腴，可跰而待。"

自唐朝开始，随着潮起潮落，珠江水流挟带大量泥沙在这一带不断沉积，香山岛不断向外扩展，从海面向海滩、沙田陆地变迁，逐渐形成广阔的冲积平原。经过宋、元两代，由大海变为冲积平原的土地约占原陆地面积的三分之二，人们把它称为西海十八沙，即今小榄、东升、坦背、横栏等地。至明朝，冲积平原继续扩大，此时形成的陆地被称为东海十六沙，即今东凤、南头、黄圃、阜沙、三角、民众、港口等地。至清朝，形成了今港口以南、磨刀门水道以东的板芙、神湾、三乡、坦洲一带的西南部平原。光阴荏苒，岁月更替，慢慢地，石岐以北与顺德和番禺大陆连成一体，成为珠江三角洲冲积平原的一部分。

史料记载，沙溪地域大面积成陆始于南宋，明清两代成陆的速度尤其迅猛。昔日的沙溪，是香山县下辖的一个都。明洪武十四年（1381）起为11个坊都之一，称龙眼都；清道光七年（1827），11

个坊都合并为 9 个都，龙眼都易名隆都；以后又先后改为区、镇。

沧海桑田变化，一方水土孕育着一方人文。

隆都地域早于宋末已开始有人定居，除了本身人口繁衍之外，移民不停迁入，逐渐形成村落的雏形。由于中国的乡土性，村落的原始形态往往是聚族而居，血缘与地缘，宗族的迁徙、流变，从遍布各乡村的庙宇祠堂便可见其端倪。

民国《香山县志》中的《舆地·氏族》篇所载香山境内各宗族迁徙与流变。香山县创置于宋，其土著之族不可考，大概金元之际，有中原人士避乱南来，慕县境之肥沃，移家斯土，亦有高宦、军流而留居者，子子孙孙、繁衍生息、绵延不断。为考宗族之世系、支派之流源，乃以姓氏为纲，以入境先后为序，著其分居支派，详其世次，纪其丁口，纂次为表，可考者志之。

一个村子，一个宗族，一个家庭，中间有无数故事。

以姓氏为纲考证，家谱往往为寻根谒祖提供第一手资料。家谱，又称族谱，是同宗共祖的血亲集团以特殊形式记载本族世系和事迹的历史图籍，内容包括姓氏源流、家族迁徙、世系图录、人物事迹、风土人情等。

中国家谱由来有缘，溯其端绪，几乎与中国进入文明社会同时。在中国最早的甲骨文、金文中，就已出现某些家族世系的零星记载，这实际上是家谱的雏形。绵亘数千年的修谱活动，贯穿于整个中国历史，从一个侧面展示了中国社会的发展轨迹，是中华民族特有的历史文化现象。

家谱，不仅对家族制度、婚姻制度、人口兴替等研究有着不可替代的资料价值，对历史学、民俗学、社会学、教育学等都能提供许多重要资料。同时，家谱中的"家训""族规""家法"等内容具有教化功能，对凝聚中华民族发挥过巨大作用。可惜的是，在历史的长河中，由于天灾人祸、社会动荡等各种原因，家谱经受着一轮又一轮的劫火。尤其是进入 19 世纪中叶以后的百余年中，灾难深重的中国饱经风霜，宗祠、家庙、谱牒等也随之遭受破坏。为此，许多方氏宗支谱牒无存，世系失传。

濠涌村于明洪武二年（1369）开村立族，距今 650 多年。方氏的一世祖为宋驸马方道盛，为此，该村的村史可追溯到 700 多年前。七百年村史，也是濠涌村一种约定俗成的提法。

位于中山市西部的沙溪镇濠涌村（行政村），除充美村外，濠涌、敦陶、大同三村同宗同源，村民绝大部分为方姓，他们有一本共同的家谱。在世事的流变中，濠涌方氏族谱大量散佚，几经劫难，劫后余生。

睹乔木而思故家，考文献而爱旧邦。地方文献承载着人们对故乡的记忆，涵养着千百年地方文化的根脉。除了地域文献、典籍，一座城市的历史、文化、精神，往往浓缩在古旧建筑、宗祠、名人故居、历史遗存里。如今，跟整个中国文化之根堪忧的情况一样，随着时代的发展，濠涌村的古建风物不少已被历史所淘汰，日渐消失，许多只能从历史资料里挖掘只言片语的记忆碎片，或从老人家的回忆中追溯昔日景象，缅怀那个已消失的时代。

可喜的是，近年，村民也做了很多努力以保护方氏的宗脉。本篇将一一展现濠涌村古今的历史风物及遗存，从这些历史印记中，试图唤起读者的文物保护意识，呼吁人们保护村史、村景及祠堂文化，保护古旧建筑及一切见证时代发展的物品，留住家族文化的根。

游走在濠涌村，从现存的古老遗存中，从古建筑雕刻精美的窗花里，我们依稀可以窥探昔日的繁华。

庄严的宗祠，斑驳的码头，仿佛在跟后人诉说，这是一个有故事的村庄。方氏的后裔，有的已定居海外，有的一再迁徙，有的留守于斯，茫茫岁月长河，方氏家族的百年荣耀与兴衰，在这个村落里，在异国他乡，一天天书写着。

第五章　宗族祠堂

　　濠涌村长老方桂棉、方北祥介绍，最鼎盛的时候，村里曾经有10多座大大小小的祠堂，20多座庙社。由于历史的原因，许多祠堂、庙社都相继遭到毁坏。幸而，由于村民的奋力保护及维修，还是有一些文化遗产躲过了浩劫，比较完整地保留了下来。

第一节　明清古墓群：穿越六百年烟云

　　在岐涌公路凤凰山，有一片始建于明清时期的古墓群，被列为市级不可移动文物。这是许多谙熟历史的濠涌村村民引以为荣的事情。

　　从20世纪六七十年代到21世纪之初，安躺于凤凰山数百年的古墓群经历了三次考验，所幸均化险为夷。

　　数百年风云流散，沧海桑田，这片古墓群得以保存下来，跟方氏世世代代后人奋力保护有着莫大的关系。若不是方家族人一次又一次地挺起脊梁，一次又一次地联名"上书"，这片象征着方氏根脉的古墓群，很有可能湮灭在时间的烟尘之中。

1. 第一次考验："文革"时期的浩劫

古墓群由八个明清时期的墓葬组合而成，其中，最大的要数方平田墓。关于平田公墓，村子里还流传着一个感人的故事。

相传"文化大革命""破四旧"期间，许多地方的古墓都遭到了不同程度的破坏。当时，有邻近村庄的村民想把平田公墓的围石拆走，用于建设水坝和堤围。此举触怒了村里的方姓族人，他们为了保护古墓，不惜挺身而出。其中，有一位村民名叫方北祥，他二话不说，撸起袖子卷起裤管扛着锄头就来到古墓地，对欲拆石的人说："如果你们想动古墓，就先摆平我吧！只要有我在这里一天，你们就别想掘！"方北祥手执锄头，义愤填膺，字字铿锵，让掘墓人知难而退。那段时间，为了保护这份先祖的"遗产"，方北祥甚至日日夜夜守护，白天在墓地上蹲守，晚上在墓地里睡。就这样，有了他的以命相护，古墓才幸免于难，得以保存至今。

这片古墓一共有六座，分别是方氏四、五、七世祖合葬墓，六世祖方南逸墓，八世祖方平田墓，九世祖方榕涧夫妇合葬墓，十世祖方溪侣、方鹤侣合葬墓，方乐静墓。

方氏四、五、七世祖合葬墓位于凤凰山山腰处，该墓葬面宽约8米，纵深约18米，占地面积（连后土）约160平方米。始建于明代，经清代、民国及1998年重修。现墓除墓碑、石刻对联等为花岗岩石构筑外，堆土、拜埕等均为水泥建筑结构。墓内仅存姅黄氏太君之遗骨，其他主要以先祖纪念物为主。现墓碑为始建时遗物。

六世祖方南逸墓位于凤凰山（土名牛眠地山）南坡，始建于明代，坐北向南，经清代、民国及1998年多次重修。现存裸露石棺及墓志铭为明代遗物，虽经多次重修，但未有起棺出骨，为原墓葬。黑色大理石墓碑上刻有"六世祖孝南逸公之墓"。1998年重修时，拜埕、堆土等均改为水泥沙石混合结构，但保持原裸露石棺。石棺长约1米，宽约45厘米，高约60厘米。从石棺遗物判断，为明代中期遗物。

八世祖方平田墓位于凤凰山山腰处，建于明成化二十年（1484），于民国4年（1915）12月15日重修。墓室坐北向南，封土堆前呈环形构筑，堆土及拜埕均为灰砂三合土夯筑而成。现墓葬面宽约12米，纵深约23米，占地面积约330平方米（连后土碑），刻有"明显八世祖考号平田方公墓"，碑额雕有"福禄寿"三字，墓碑上刻有对联"瑞狮朝圣地，彩凤□佳城"。墓碑前置有墓表。

九世祖方榕涧夫妇合葬墓位于凤凰山南坡，为合葬墓，始建于明代，经清代、民国及1998年多次重修。现墓葬面宽约7米，纵深约15米，连后土占地面积约130平方米。墓堆土、拜埕均为水泥沙石混合结构。墓的碑文，中为明显八姚黄氏太君、左为九孝榕涧方公、右为九姚刘氏太君同墓。墓前面置有石刻对联，横批为"子孙昌盛"；石刻对联为"牛眠宝地旺，哺育宗枝盛"。

十世祖方溪侣、方鹤侣合葬墓位于凤凰山山腰处，建于明万历四十三年（1615）。该墓葬呈环形，面宽约8米，纵深约15米，连后土在内，占地面积约150平方米，紧靠乐静公墓。墓碑上置有花岗岩石雕成单檐牌坊式门额；两边有石刻对联"祖德流芳远，世泽永源长"。经清嘉庆己未年（1799）、民国时期及1998年多次重修，现除石刻碑文等石构筑外，墓葬堆土、拜埕等均为水泥沙石混合构筑。

方乐静墓，坐落于凤凰山脉的黄蜂山山腰处。始建于明末，清康熙丁亥年（1707）、清道光辛卯年（1831）及1998年多次重修。除墓碑等石刻构筑外，均为水泥混合构筑。墓志铭文上款为"康熙丁亥年重修原葬于凤凰山坐壬向丙之原今于道光辛卯年十二月十三日卯时重修"；中间碑文为"明显十世祖孝乐静方公墓"；下款为"十七世孙达德爵超等同立石"。墓碑上石刻三个"寿"字。石刻对联（阳刻）为"龙山千载发，福地万年兴"。现墓葬面宽约8米，纵深约15米；连后土在内，占地面积约150平方米。

2. 第二次考验：殡葬改革的席卷

斗转星移，时间来到了21世纪初。

2003年8月，一封名为《关于保留方氏祖墓的申请》的联名信发到了中山市文化局。

中山市文化局文物科：

　　濠涌行政村(包括敦陶村、濠涌村、大同村)方姓太祖墓——琼公，号平田太祖墓，位于濠涌村凤凰山(今称黄蜂山)，是三村方姓村民的始祖墓，该墓始建于明朝，距今近700年历史，至今保存完好。每年清明节，三村方姓子孙村民均前往拜祭，对始祖深表怀念。

　　琼公之先祖道盛太祖是广东地区方姓之始祖，乃宋朝驸马，勒授金紫光禄大夫，其妻乃赵氏庄(庄)懿公主，宋度宗长女。

　　道盛公生于宋理宗淳祐乙巳年，卒于元朝成宗丁未年，享年六十三岁，时因宋末迁居开平县肇庆府(今开平市)，卒时御葬于开平县茅冈山榄树脚。后由其子孙印生公于明朝迁居濠涌乡，至今方氏子孙三千余人，另侨居海外数以万计，曾出现方人定等名人。

　　近政府进行殡葬改革，移风易俗，我等村民和我村海外华侨、港澳同胞宗亲十分关注，情牵先人，情牵家乡，情牵祖国，深表拥护。唯鉴于濠涌开村始祖墓历史悠久，实属历史文物，嘱笔申请给予保留原状，是否可以，请垂察批示为荷。

　　此致

敬礼

中山市沙溪镇濠涌村委会

2003年8月12日

函件言辞恳切，村民的期盼跃然纸上。

21世纪之初，各地掀起了移风易俗墓葬改革新风尚。濠涌村村民以及部分关心家乡发展的海外华侨、港澳同胞闻讯后，十分关心祖宗墓地的"命运"。

他们闻讯而动，多方奔走，屡屡登门拜访有社会名望的族人及在各级政府部门供职的人士，听取各方意见，共同出谋划策。其后，村中长老方桂棉、侨胞代表方侠云、村委会代表等一行人到沙溪镇政府，与侨办相关负责人交谈。随后，沙溪镇侨办遂把诉求及相关申请向市一级部门呈交。濠涌村村民的诉求得到了市相关部门的重视。2004年，经中山市政府同意，方南逸墓公布为中山市不可移动文物。在中山市第三次全国文物普查中，也将其列入了不可移动文物名录。

至此，古墓群得到了政策的保护，村民长长地舒了一口气。

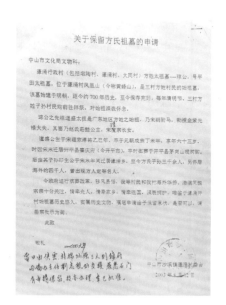

2003年方氏宗亲上书上级主管部门，请求保留方氏祖墓（濠涌村委会提供）

2003年中山市文化局向沙溪镇人民政府回复"关于濠涌村古墓调查情况及意见"的函（濠涌村委会提供）

3. 第三次考验：国家建设的征地

随着改革开放的深入开展，我国经济驶入了高速发展的快车道，交通路网日夜铺就，连贯南北东西，打通经济大动脉。21 世纪的第一个十年，广珠西线公路的规划也应运而生，按照施工蓝图，该公路在凤凰山横贯而过，正好需要征用到方氏的古墓地，之前被评为"中山市不可移动文物"的方南逸墓，完全处于建设工程征地红线范围之内，为工程的填方区。方氏海内外族人得知消息后，一度不解，并写了多封《护祖表达信》《致海外方氏乡亲》等联名信函，设法保护祖墓。

关心祖坟命运的村民及侨胞，积极奔走，想方设法保护根脉，其间找到了在市里相关职能部门任职的宗亲方炳焯。方炳焯在石岐城区出生长大，但对村里的事务一枝一叶总关情。他对乡里们的急难愁盼感同身受，并积极了解国家政策，了解古墓情况，提出了一系列行之有效的建议。

方氏家族的表达，也得到了相关部门的重视。后来经过省考古研究所调查、勘探等多番周折，并在方炳焯的提议及努力下，村民终于理解，并达成共识，以实际行动积极支持国家建设，主动迁移古墓群，把"不可移动文物"以另外一种方式保护起来，达到了共赢。

在后续古墓群修建上，该村也尽最大的努力去保护这份祖先的遗存。新墓群于 2011 年 9 月竣工，其中，最老的古墓四世祖印生公墓距今已有六七百年的历史，方印生是濠涌的开村始祖。六世祖方南逸墓上的明代石棺也被小心翼翼地移到了新址，兴建了新墓。

新的古墓群位于黄蜂山，包括四世祖印生公墓，六世祖南逸公墓、之秀公墓，八世祖平田公墓，九世祖榕涧公墓，十世祖溪侣鹤侣合葬墓、乐静公墓，十一世祖怀榕墓，十二世祖肖氏墓共九个古墓。

濠涌方氏祖墓群入口处树立石碑，刻字"濠涌方氏开族祖先古墓群，荣获中山市文化局批准为历史文物"（方嘉雯摄于2011年）

六世祖方南逸墓的明代石棺（方树平摄于2011年）

明代石棺里出土的阴阳瓦，上面的墓志铭字迹仍然依稀可见（方浩燊摄于2011年）

第二节　四座祠堂：述说一部家族史

在中国有两件事在家族中异常重要，一是修建祠堂，二是创立族谱。祠堂作为民间宏伟的建筑，如一卷绵长的历史画轴，浸润着一个家族。对于一个家族而言，祠堂以特殊形式记录族裔随血脉流动而流淌的历史与文化，辉煌与传统，是一部神圣的史书。

在城市化进程日益加快的今天，走进村落或隐身城市之中的宗祠，就像翻开一部尘封已久的书，认真端详，仿佛能穿越时光，看见一个个姓氏族人的前世今生。

　　从明朝四世祖方印生从香山谷都平岚（今中山市三乡镇）迁徙而来至今，濠涌村立村已有六百余年，从一世祖算起，足有七百年历史。悠久的村史，造就了本村丰富的祠堂文化，现存的祠堂有四座，分别是位于大同村的慕榕方公祠、葆赤方公祠，敦陶村的桥泉公祠，濠涌村的方氏大宗祠。现存的方氏老祠堂没有富丽堂皇的气派，没有雕龙画栋、奇珍异兽的木石装饰，也没有古代名人雅士留下的墨宝，却也古朴庄重，恢宏肃穆。

　　慕榕方公祠始建于明代，占地面积 250 平方米，蚝壳墙体，顶柱抬梁架构。慕榕方公祠匾额书于明朝，对联"祥开桂岭呈独秀，泽衍莆田冠群芳"书于清光绪十九年（1893）。该祠堂于 2010 年重建，改造为濠涌方氏名人馆，里面供奉着一世祖驸马方道盛以及众先祖，有大理石刻濠涌村世系图谱。

　　葆赤方公祠始建于清光绪十九年（1893），占地面积 301 平方米，现为颐老院娱乐场所。十二世祖葆赤方公祠匾额书于清朝末期，对联"忆昔辛劳传后代，喜今逸乐度颐年"书于清光绪年间（1875—1908）。

位于大同村的葆赤方公祠（方嘉雯摄于 2012 年）

桥泉公祠保存完好，目前为敦陶村老人活动中心，婚嫁设宴场所。其对联"桥泉方支分桂岭，祖籍渊源溯莆田"书于1907年。门前的抱鼓石，呈半月形凹状，是无数孩童儿时乐于骑坐的"石马"。农历三月初三为北帝诞，村民于当天到庙中拜祭。桥泉公祠旁边的墙壁上，还有民国年间敦陶村立下的96字"乡规民约"。

门前曾有一棵老树凤凰木，叶如飞凰之羽，花若丹凤之冠，不知古人是否取自"凤凰来仪，祥瑞之兆"寓意而栽种。每年春夏之交，凤凰花绚烂绽放，远远看去，红彤彤似火，灿烂若云霞，为灰调的古朴宗祠增添一抹亮色。常有骤雨倏忽而至，一阵雨水过后，落红无数，更添一番意趣。

近年，老凤凰树已消失了踪影。

位于敦陶村的十一世祖桥泉公祠（方嘉雯摄于2011年）

桥泉公祠对联"桥泉方支分桂岭，祖籍渊源溯莆田"（方嘉良摄于2022年）

　　"追远溯本,莫重于祠。"中国祠堂起源于原始社会末期的祖先崇拜,诞生于周代宗庙。"祠堂"一词最早出现于汉代,到宋代已形成完备的建筑体系。明清两代,各地大规模建造祠堂。

　　濠涌村的祠堂,跟华夏大地上大部分祠堂一样,主要用于供奉和祭祀祖先,是族亲商议族内重要事务、各房子孙办理婚、丧、寿、喜等事的活动场所,也是宗亲社交之地,有寻根问祖、联络族亲、加强家族凝聚力的功能,是家族的圣地。在老人家的讲述中,得知在一些特定的历史事件中,濠涌村各祠堂在凝聚村民力量抗击外来列强的侵略与蹂躏中曾发挥过重要的作用。

　　从 1965 年到 2017 年,屹立了 52 年的大同小学,是三代人的共同回忆。被拆之前,无数校友自发组织回到母校,戴上红领巾,在校门前合影,依依惜别(方嘉良摄于 2017 年)

濠涌村原本有一个远近瞩目的方氏大宗祠，相传是当年隆都地区规模最大、造型最辉煌的祠堂，里面曾有一副道出方氏源流的古对联：婚联宋室，谱溯闽邦。由于历史原因，该祠堂于 20 世纪 60 年代被拆毁，在原址上新建了大同小学。

大同小学在历史的长河中，走过了半个多世纪。一代又一代的莘莘学子跨进校门，走向社会。濠涌村许多村民，父母和子女两代人都是大同小学的学生。大同小学的刘宝桥校长、何淑娟老师、方杏希老师等，既是孩子的老师，也是孩子父母的老师，让人肃然起敬。

老校友戴红领巾告别"大同小学"

这所昔日的小学校位于沙溪濠涌村，旧址计划拆除修方氏祠堂

2017 年 6 月 27 日《中山日报》报道《老校友戴红领巾告别"大同小学"》

1954 年中山县第十二区大同小学褒奖状。当年的大同乡，包括濠涌、敦陶、充美、秀山、沙平、大石兜、石门、新路、元亨里、庞头、岐亨、豪吐等自然村。彼时的大同小学校址，有别于 2017 年拆除的大同小学（方炳焯供图）

到了 20 世纪 80 年代末 90 年代初，大同小学在数十载风雨的侵蚀下，面临校舍破旧、瓦顶漏水、墙体破裂等一系列问题，方卓鲲、方华安、方俊英、方妙乐、方若愚、方锡喜等热心华侨纷纷带头慷慨解囊，滴水成河，集腋成裘，崭新的濠涌小学拔地而起。随后，大同小学校舍作为村级物业出租，作厂房仓库之用。

　　重建方氏大宗祠一直是村民翘首以盼的大事。2016 年时机成熟，重建方氏大宗祠筹建组成立，各项筹备工作有条不紊地进行。在选址上，村里决定将原大同小学校址拨予兴建工程。在原址上动工，村民惊讶地发现，挖地基的过程中，居然清晰地挖出了古老方氏大宗祠的地基，其布局及方位一清二楚。为此，为了尊重先辈的智慧，村民决定在资金允许的范围内，最大程度地还原老宗祠的布局。在资金上，以发动村民及厂企、港澳乡亲、海内外乡亲募捐为主。

　　长老方桂棉介绍，作为侨乡的濠涌村子孙如今已繁衍至 27 世。方氏后裔繁昌，除了村里的三四千人以外，海外人口远比村里多，数以万计。美国、加拿大、澳大利亚、东南亚各国……处处遍布方氏的血脉。在筹建组的大力发动之下，社会各界善长仁翁鼎力支持，踊跃奉献善心，来自国内外的一笔笔善款如雪花般飘然而至。对此，宗祠里专设了一面大理石墙篆刻芳名永世铭记。

在原址按原布局重建的方氏大宗祠（方嘉雯摄于 2023 年）

方桂棉说，方氏大宗祠于 20 世纪 60 年代被毁，今国泰民安，重建方氏大宗祠，借以怀念先祖，弘扬先祖于国于族之功德。此后，无论是近在咫尺的方氏子孙后辈，还是远在海外的方氏侨胞宗亲，都有了崇敬先贤、寻根问祖之地。

第三节　四百岁宗祠：嬗变方氏名人馆

在濠涌大同村一条曲折幽深的小巷里，坐落着一座拥有 400 多年历史的祠堂——慕榕方公祠。年久日深，这座 400 多岁祠堂早些年曾是一片颓垣败瓦。2010 年，村民发动海内外方氏宗亲，集资重建修缮一新，成了颇具特色的"濠涌方氏名人馆"。

新祠堂的一砖一瓦都十分素净，没有神龛香炉的踪影，也没有袅袅香火。祠堂正中央端放着十一世祖方公慕榕的画像，茶几上鲜花供奉，祠堂周围则挂满近现代 35 位方族名人的肖像和事迹，有抗日将军，有商界名流，有文化名人，有爱国华侨，有媒体界人士，也有近年成绩优异闯出名堂的年轻人。年龄最小的一位名人，时年仅仅 19 岁，是一位清华学霸。族人希望通过祠堂设立的"方氏名人馆"，激励更多对国家对社会有贡献的族人涌现。在村一级的祠堂里，用这种方式来崇尚贤德、勉励后人，且做到一定规模，当时在国内也是不多见的。

2010 年，随着慕榕方公祠的落成，这条原本幽静的小巷，人迹渐渐多了起来，远远近近的男女老少都慕名前来，一睹名人事迹。

濠涌村长者介绍，从古至今，村里人才辈出，孕育了许多让人景仰的杰出人物。其中，有勇于献身、投身革命的志士，有潜心科学艺术、学有大成的学者，有心系家乡、造福桑梓的侨胞，有勤奋好学、自强不息的学子，为濠涌人树立了楷模。村里希望通过弘扬他们的事迹，以教育和启发后人。

旧慕榕方公祠古朴的脊饰灰塑（方浩燊摄于 2010 年）

旧慕榕方公祠外墙精美的花鸟灰塑（方浩燊摄于 2010 年）

位于大同村的慕榕方公祠，始建于明朝，今为濠涌方氏名人馆（方嘉雯摄于 2023 年）

村民在濠涌方氏名人馆参观，了解本村名人事迹（吴飞雄摄于 2011 年）

祠堂里展示的名人有：著名画家、书法家、岭南画派大师方人定，美国联邦国土安全部助理部长方宇文，教育家方一谦，香港实业家、中山市荣誉市民方若愚，美国溯源总堂顾问方卓鲲，爱国华侨方俊英……

如果你以为入选的名人都是已经仙逝的前辈，或者全是德高望重的长者，那就错了。在名人馆落成的时候，最小的一位名人只有19岁。他就是1991年出生于敦陶村的方镇澎，曾夺得全国高中数学联赛一等奖、中国奥林匹克数学竞赛二等奖，并被保送到清华大学，属于免考直招生。此外，还有一名22岁的女子方嘉莉，曾夺得泛太平洋世界中学生运动会 200 米跨栏亚军、省运会冠军，是刘翔教练孙海平眼中的好苗子。据介绍，选取年轻人当典型，是为了让后辈更有亲切感，激励他们见贤思齐。

"如何确定入选的名人呢？"许多热心的乡亲不禁问起。据组委会介绍，为了确定"名人"的标准，三村长老曾开会讨论，最后确定以下准则：公职人士要市级以上的职位，文化艺术界人士要看他的艺术成就，商界和华侨要看他对国家对家乡的贡献，学术界和学生要看他的学术成就和学习成绩，等等。

2010 年以前，慕榕方公祠由于日久失修濒临倒塌。当年，重建慕榕方公祠成立濠涌方氏名人馆的工程，得到了旅巴拿马华侨方伯祺的鼎力支持，发动旅居巴拿马的宗亲共同捐助 23,500 美元。同时，香港同胞方炳胜也发动旅港宗亲捐助 18,000 港元。此外，广大村民得知要重建方公祠后，也自发地纷纷慷慨解囊，集资约 80,000 元。族中长老介绍，日后，他们将不断完善慕榕方公祠的资料，使之成为一个爱国爱家乡的教育基地、历史文化传扬的基地。

第四节　蚝涌"蚝宅"：古人靠海吃海智慧结晶

在《香山县志·嘉靖志》及其后的《香山县志》中，多处有"县海旁蚝涌"的记载。"蚝涌"就是今日的濠涌村，昔日地处香山县"海旁"。濠涌村名取自"壕沟"之意，至于濠涌村古时是否盛产蚝，史料没有记载，但可以肯定的是，蚝在当时的"蚝涌村"乃至隆都地区、香山地区，都是极为寻常之物。

说到蚝，就不得不提濠涌村历史上曾经广泛存在的蚝壳屋、蚝壳墙，堪称"蚝宅"。"蚝宅"曾遍布岭南地区，蚝壳在建筑上的应用，充分体现了先民"靠海吃海"的特点，可谓古人智慧的结晶。鲜嫩肥美的蚝，除了让人一饱口福之外，其外壳还可以物尽其用，

旧慕榕方公祠的墙体为蚝壳墙，透过剥落的外墙，可见到整齐垒砌的蚝壳（方浩燊摄于 2010 年）

充当"廊庙之材"。有学者称，在砖窑不多、经济自给自足的古代，先民此举堪称一个了不起的发明创造。

拂去岁月的尘埃，把眼光探进历史的纵深，有学者在研究隆都居住史时发现，沙溪先民脱离巢居野处之后的居所，是极其简陋的窝棚。中山的考古工作者曾经在隆都的全禄、安堂等处，挖掘"出土了古代窝棚的木料及灰坑，从出土的木桩炭化的情况经碳十四测定，为五千年前的人类居住窝棚用料"。在后来的年岁中，逐渐出现了以竹木结构为框架，以禾秆、茅草做墙及顶的"寮"；采用石头做墙基或泥秆混合的挂墙屋；以简陋的茅草泥浆混合的茅草房、稻草房、黄泥屋之类的棚屋；砖木结构的民居及其他建筑……经历了千年的风雨，绝大部分都倾圮殆尽了。其间，曾出现一种建筑"蚝壳屋"，它承受着历史的风霜，屹立数百年而不倒。

蚝壳屋的历史始于何时，文献不足证，难以确考。蚝壳墙是岭南建筑中一种独特而别致的工艺。明清之初，番禺学士屈大均在《广

新慕榕方公祠（濠涌方氏名人馆）至今保留着两面 400 多年前的蚝壳墙（方嘉雯摄于 2020 年）

东新语》中记载："蚝，咸水所结，以其壳垒墙，高至五六丈不仆。"

老人方达明说，蚝壳凹凸不平，古人多用蒸熟的糯米、红糖、盐、醋、谷壳等搅拌成黄泥浆之后，再把它一层层堆砌起来，坚固耐用，据说能抵挡枪炮的攻击。岭南地区民间素有"千年砖，万年蚝"的说法。

蚝壳质地坚硬如石，含有丰富的钙质，除了可当墙体之外，把它碾成粉末后，就相当于现代的水泥，可充当筑造墙体的黏合剂。文献记载，沙溪地区的建筑业自明清以来已相当发达。由于建筑业的发展，带动了与之相连的行业，如搭棚，烧灰，烧制砖块、瓦片、瓦筒及木工等。旧时沙溪地区建筑极少用石灰，而是以蚝壳灰为主。隆都地区过去为浅海，自然生长的蚝不少，后由于在沉积与冲积共同作用下，浅海成陆，过去生长在浅海的天然蚝的蚝壳被覆盖。由于埋在地下的蚝壳资源十分丰富，农民挖蚝壳烧制成灰，所以沙溪地区遍布灰厂。蚝壳经烧后成灰，灰经筛后成灰粉。灰头掺以红壤（隆都人称为黄泥），可用于舂地基。灰粉加水后称水灰，可作砌墙与粉白之用。灰粉加水、加禾秆舂成的灰，称为"二灰"，用作批墙、批网底。

昔日在南粤沿海地区，蚝壳寻常，成本低廉，坚固且不易腐蚀，表面粗砺可以防盗，防台风性能好，兼具冬暖夏凉等优点，因此成为人们喜爱的造墙材料。尤其乡村祠堂，使用蚝壳更是常见。

珠三角一带的蚝壳墙散见于广州、深圳、珠海、中山、江门、东莞等几个沿海城市，其中以祠堂的蚝壳墙保存较为完整。古香山地区，今珠海南门村的赵氏祖祠，菉猗堂65厘米厚的"蚝壳墙"已经走过了600多年，仍旧屹立不倒，完好无损，是我国现存最大、最完整、历史最悠久的"蚝壳墙"。在中山，也存在过很多的"蚝壳屋""蚝壳墙"，后逐渐消失在人们的视野之中。当年，很多清末的民居及祠堂以蚝壳墙作为承重墙，西区长洲村黄氏大宗祠、小榄镇积厚街舜举何家祠等至今都保留着蚝壳墙。沙溪濠涌大同村始建于明朝的慕榕方公祠，就是一座典型的以蚝壳垒砌而成的古建筑，外墙批蚝壳灰。宗祠沐风栉雨屹立了400多年，直至2010年重建的时候，透过剥落的外墙体，依然能清晰看到几堵蚝壳墙。为了给后人留下纪念，新建的慕榕方公祠特意保留了两面蚝壳墙，修旧如旧，透过小小的蚝壳一窥四百年前的老时光。无独有偶，2017年清拆大同小学，在原址重建方氏大宗祠时，建筑工人在地下也挖掘出一批旧宗祠的建筑材料——蚝壳，经过数百年的日晒雨淋，数十年被泥土埋藏地下，坚硬如旧，洁白如初。

除了作为承重墙，还有些清末民初古建筑用蚝壳墙作为装饰，成为当时一种建筑特色。蚝壳墙凹凹凸凸，层层叠叠，阳光斜射在

透过玻璃窗内一面小小的蚝壳墙，窥见了四百年前的旧时光。图为刚落成的慕榕方公祠（濠涌方氏名人馆）内景（方嘉雯摄于2011年）

墙面上，极具线条感和雕塑感。2012年被中山市人民政府评为市级不可移动文物的方人定旧居，三楼阳台就运用了蚝壳装饰，镶嵌在外墙上的蚝壳像一片片鱼鳞，整整齐齐，重重叠叠，面积虽不大，片片蚝壳却具云母光泽。朝曦、赤轮、斜阳，在阳光不同时刻不同角度的照耀下，天然蚝壳折射出七彩光华，隐隐约约，古雅而精致，极具欣赏性。这种低调古朴的美，也彰显着方人定、杨荫芳这对艺术家夫妻的审美意趣。

旧时光中，动辄数十万百万的小小蚝壳，构筑出一座座古宅古祠堂，氤氲着香山古城的秀气。今天，绝大部分的"蚝宅"已淹没在时光之流，只有极少数还在默默地经受着岁月的洗礼，默默诉说着香山古城旧事。抚今追昔，这是香山海洋文化的一部分，假如偶然遇见，请温柔以待，把这份独特的香山记忆留在心头。

第六章　古建风物

650多年的光阴如白驹过隙，经历了六个多世纪的岁月洗礼，如今的濠涌村古风犹存，三个自然村里仍然散落着不少的历史文化遗产。在濠涌村的街巷阡陌里走走停停，祠堂、庙社、码头、路桥、名人祖居等文化遗存一一在镜头下定格，散发着古朴而厚重的风韵。

第一节　濠涌码头：坐看岐江风云百年

唐文宗开成二年（837），进士郑愚返故乡香山游览，赋诗《泛石岐海》，诗中写道：

> 此日携琴剑，飘然事远游。
> 台山初罢雾，岐海正分流。
> 渔浦飔来笛，鸿逵翼去舟。
> 鬓愁蒲柳早，衣怯芰荷秋。
> 未卜虞翻宅，休登王粲楼。
> 怆然怀伴侣，徒尔赋离忧。

相传，"石岐"一词最早从这首诗中见端倪。

自古以来，人们逐水而居，生存赖河流而繁衍；经济因河流而繁荣；城市依河流而建立；得水利而兴盛。据史料记载，岐江古称"石岐海"，因唐代石岐以南，是一片海岛，归属伶仃洋海域。到了明代，邑境泽地逐步脱海成陆，邑民百年耕耘，已见物阜民丰景象，岐江河为当时香山县的交通河道，其人流货流很畅旺。至清代，又名"石岐水"。千百年来，岐江河北往广州，南达澳门，又与东江和西江相连，西至江门，东到东莞。这片土地被岐江滋养着、浸润着，因水路辐射而万商云集，欣欣向荣，成为远近闻名的"鱼米之乡"。

曾经的香山，城乡之间鲜见车马，交通几乎全靠水路，舟楫来往，渔火连绵。岐江河，沉淀了很多中山人的集体记忆，是中山人的"母亲河"。他们曾在这里赛过龙舟、撒过渔网、游过泳、洗过衣服，还曾开船在岐江畔进行各种产品的采购与销售。

千百年之后的今天，岐海记忆仍保留在中山风土俗语中。

中山本土民俗画家邓振铃曾创作出逾 20 米《故园忆旧图》、逾 10 米《岁晚趁圩图》等画作，生动细致地重现了旧时岐江周边的风貌街景，被誉为中山版"岐江上河图"。耄耋之年的邓振铃回忆道，儿时石岐人仍称岐江为"海"——与玩伴相约到岐江玩耍，要向家人报备"去海边"；与父亲乘"花尾渡"到广州出差，也是"出海"。

这种说法，跟濠涌村村民的俗语如出一辙。古稀之年的方达明回忆，小时候外出，水上交通必经岐江河，凡是坐船，就叫"出海"。一河之隔的南区渡头村周边村落，虽然与濠涌村之间只相隔区区几百米的河宽，到对岸村庄，村民却名之为"过海"；去岐江边玩耍、游泳前，要跟母亲说"去海皮玩、游水"，直到今天，这种约定俗成的叫法都没有改变。

这是一种超越江河界限的理解，也是融入岐江河的独有地域文化。

　　岐江河濠涌段，至今依然静静地矗立着一个斑驳的老码头。斗转星移，如今这个老码头已告别了它的通商功能，迎着猎猎江风，仿佛在述说着岐江百年风云。

　　建于清末的濠涌码头，至今已经有 100 多年的历史。由于中山水路直通港澳，清末民初，许多华侨都通过水路把建材运回家乡建造豪华的华侨大屋碉楼，濠涌码头也是在这样的背景下建造起来的。据村中长老方桂棉介绍，濠涌码头原为木结构。民国 16 年（1927），码头的木板逐渐腐烂，损毁严重。华侨纷纷捐资，乡长方凤波（归侨）主持将码头改建为钢筋水泥结构，民国 26 年（1937）竣工，这是当时一个非常重要的交通中转站。整个码头都是用英泥和钢筋建造而成，这才使得其历经百年风雨而不倒。英泥也就是今天的水泥，

岐江水潮起潮落，濠涌码头完成了历史使命，繁华不再（方嘉雯摄于 2023 年）

"濠涌码头"四字相传由濠涌村清末乡贤方柱辰题写（方嘉雯摄于 2011 年）

当时多为英国制造，故称为英国佬水泥，简称"英泥"。

码头建好后，来往船只泊岸者渐多，渐渐成为沙溪往返港澳地区的一个重要码头。"当年石岐往返澳门的'花尾渡'都要经过濠涌码头，沙溪百姓也可以于此上船前往珠海、澳门等地。最重要的是，整个沙溪往返澳门的货物都在这里上、下船，可谓港澳物流重地。码头附近商贾云集，人来车往，一派繁华景象。除了濠涌码头，周边还有渡头码头、沙平码头、大涌码头……"方桂棉娓娓道来。

另据《隆都沙溪文化丛书·沙溪访古问俗》一书记载，抗战时期，岐江河上时有日军游弋，濠涌码头也成了炮轰的目标。1940 年，日军的炮口对准了濠涌码头，炮弹击毁了码头一角，码头从此衰落了七八年。如今，码头上仍遗留着许多子弹孔。抗战胜利后，船只又来往如昔。

今天，这个曾经店铺林立、招幌飘飘、川流不息的老码头，随着陆路交通的发展，已经停渡货物，仅余墙根零散堆放着的一些杂物。

同时，因为长期临水，水气湿重的缘故，码头墙面的油漆已经斑驳，悄悄长出了青苔野草，唯有墙头上的"濠涌码头"四个大字依然清晰可见。相传，"濠涌码头"四个大字是村内清末举人（另一说为"佾生"）方柱辰所题。

潮起潮落忆繁华，从"石岐海"到"石岐河"，悠悠的岐江水见证着历史的衰盛起落。萌草苍苍，烟水茫茫，穿越百年风云的濠涌码头也见证着这片土地的沧桑变迁。

第二节　濠涌炮台："活"在清朝外销画里

早些年，时年 83 岁的方北祥老人接受笔者访问时，曾一边抚摸着濠涌码头斑驳的墙壁，一边娓娓谈及濠涌炮台的历史。据说，当年曾由村中武举人方赞良下令，击沉了一艘满载"红毛贼"的英国海盗船，成为后人传颂的佳话。"濠涌村民炮台抗击红毛贼"的故事在村中广为流传。

当年的濠涌炮台所在地就是现在的濠涌码头一带。始建于清代的老码头默默地伫立于岐江边，早已完成了它的历史使命。墙壁上依旧弹迹斑斑，那是十四年抗战时期日军炮弹留下的时代印记。除了"物证"，在历史文献中也有迹可循。

《香山县志·同治本》之《忠义列传》记载："方康，濠涌人，县学生，性廉谨。咸丰四年，红贼四扰，乡绅募勇守永固炮台，以康能抚其乡族齿，且长延董战守事，屡却贼。冬十二月十二日，以劳病卒……"

《沙溪镇志》（1999 年版）记载：清咸丰四年（1854）三合会曾数次猛攻濠涌村炮台，守军人多船众，三合会无法攻破。竹林仔（今属大涌镇起凤环村）和濠涌对岸金角环等村，均被三合会数度攻入，抢掠一空。

濠涌炮台是濠涌村历史一个重要的组成部分。随着岁月的更迭，如今，炮台已悄然退出了历史的舞台，连残垣断壁也难觅，更多的时候，只活在老人的回忆之中，活在代代相传的故事里。当年经历腥风血雨的濠涌炮台形象已变得越发模糊。濠涌炮台到底长什么样，鲜有人能描述出来。

广州市国家档案馆珍藏的一本清道光年间的彩绘本《广州至澳门水途即景》中，收录了一组当年的外销画。图中所注记地点，皆为广东香山协水师辖境，生动展现了广州至澳门水路沿途乡村、集镇、庙宇、炮台等景观，保存了弥足珍贵的岭南风情。随着这绘本，思绪恍如坠入时光隧道，重回清代广州至澳门行船旅途，重温旧时记忆。

这一系列外销画皆为工笔画，笔触细腻写实，一路呈现了水途两岸的旖旎风光。有大门头炮台、马岗渡头、寨尾—文昌庙、木头海—北帝庙、小榄渡头—车公庙、横荡口—洪圣庙……其中，中山人熟悉的画面少不了"香山城接官亭"。接官亭相传为明朝所建，

濠涌炮台（来源：画册《广州至澳门水途即景》，原画作现藏于大英图书馆）

香山城接官亭（来源：画册《广州至澳门水途即景》，原画作现藏于大英图书馆）

位于如今中山城区烟墩山下。《香山县志·同治本》记载，"旧水寨送迎使客于此"。山上有"阜峰文笔塔"（又名烟墩山塔），此乃古香山著名的地标。此外，系列画作还给读者呈现了100多年前的长洲乡（今西区长洲社区）以及濠涌炮台等景观。

只见巍峨恢宏的濠涌炮台雄踞在岐江边，被高高的城墙包围，雄视江面。围墙内，隐约见到置炮台、望楼（望塔）、药局（弹药库）、官厅和兵房（人员掩蔽室）等建筑物。炮台周围草木蔓生，远处稀稀疏疏几户人家，房顶升起袅袅炊烟，一艘小渔船轻轻在江面划过。画面清新唯美，意境静谧，遥想当年，这里可曾是时时刻刻肩负着防御坚船利炮重任的军事设施。

据了解，清代广州外销画题材广泛，内容丰富，包括广州及周边地区的自然景观、城市风貌、劳动生产、社会生活以及花鸟虫鱼等，堪称18至19世纪广州社会生活的"百科全书"。18至19世纪期间，从广州到澳门主要依靠水路交通，沿途风景自然成为外销画的重要题材。透过画面，濠涌炮台的形象顿时清晰了起来。

当年侵犯村民的"红毛贼"到底是什么人呢？村民口中的"红毛贼"，在口口相传的故事里，一般被绘声绘色地描述成"红须绿眼"

的英国人。史料记载，鸦片战争前后，外国人常被蔑称为"红毛贼"，其对珠三角地区的百姓时有侵扰，乡人时常自发组织反抗斗争，以保卫家园。这说法，从该村方桂棉、方北祥、方凯凡等老人口中也得到了佐证。

关于"红毛贼"，村中还有另一种说法。据本村历史爱好者方浩燊考证，咸丰四年（1854），广东天地会（洪门）起义，起义军以头戴红巾为记号，后来被称为"红头贼"。而《沙溪镇志》记载的"三合会"，指的就是天地会，乃洪门组织。因此，村民口中的"红毛贼"是红巾军。

2014年，方惠池老人接受采访，回忆其先祖方赞良及濠涌炮台。记忆中，濠涌炮台有六七口大炮，而方赞良因击退"红毛贼"对濠涌炮台的进攻而立下了汗马功劳，曾获得清廷三个牌匾的褒奖。

《中山村情》一书记载，20世纪80年代于濠涌炮台附近出土一门清道光二十二年（1842）由生铁铸造的古炮，重2400斤，炮铳长2米，直径40厘米。另有史料记载，铁炮铸造于清代道光二十二年（1842），炮身长215厘米。

早有耳闻，濠涌的铁炮仍存于世。笔者经过多方打听，得知沙溪镇大兜村的著名风景名胜"观音岩"下有一铁炮遗存，遂前往一探究竟。天然古迹"观音岩"又名"虎逊岩"，相传有猛虎为高僧所驯服，故名。宋时已名传于世，《香山县志·道光本》有记载。古铁炮今存放于景区附近的"高亮原儿童康乐园"内。

只见铁炮尚且完整，但由于在户外经年烈日暴晒风雨侵蚀，表面已锈迹斑斑。炮身铸有数行大字，"钦命""砲重式千勐""靖□将军""黎□大臣"等字依稀可辨。此外，还铸有"梁荣昌"等五位"大炉铁砲匠"的名字。

接近知天命之年的大兜村委会刘姓工作人员回忆，在她很小的时候，这口铁炮已经存放于这个公园里了。据此推测，铁炮遗存在

大兜村至少 40 年了。

濠涌村方树平、方永立、方良锋等几位村民异口同声地告诉笔者，这口铁炮就是当年濠涌炮台的遗存。那么，重达一吨的铁炮，怎么会从濠涌村运到几公里外的大兜村呢？据说，20 世纪 80 年代，村民把这铁炮转售给大兜村的乡彦高亮原，从此就成了"高亮原儿童康乐园"的一景。

经现场测量，古炮的炮口内直径 15 厘米，外直径 38 厘米，炮身长度为 215 厘米，与史料的记载基本吻合。

2023 年 8 月，得知铁炮遗存的下落，热心的濠涌乡贤方炳焯、方泽源牵线搭桥，笔者也多方奔走，希望将铁炮送至中山市博物馆，请专业人士做专业保护处理，给文物安一个最好的家。

据中山市博物馆专家到现场鉴证后认为，该铁炮是迄今为止中山境内保护得比较完整的铁炮，铸文清晰，品相俱佳。专家介绍，广东南临大海，海岸线漫长，海岛众多，清代广东海盗之患始终存在，"广州海势浩渺，盗寇靡常"。其中嘉庆年间（1796—1820）海盗最为猖獗。濠涌炮台即在这一时期设立。清嘉庆年间，粤洋盗匪横行，成为武装集团，其中势力最大的当属张保仔为首的海盗集团。为抗击海盗，两广总督张百龄采取了坚壁清野的封港政策，海盗集团以侵入内河、劫掠岸上居民作为回应。清嘉庆十四年（1809），海盗张保郑氏集团从外海经内河侵入县城。为加强防御，"总督百龄巡抚韩崶行令各乡添置台栅碉卡，以资防堵。知县彭昭麟与绅士设立附城公所，会众筹划经费，于县治出入河道各依村庄筑台栅、设炮位"（清同治《香山县志（卷八）》）。香山县内河炮台有七处，曰"港口、上闸、下闸、威远、永固、犁头嘴、叠石"（清道光《广东通志》卷二十四）。其中"永固"炮台，即位于濠涌。"濠涌者，下闸旧栅所在，仍其址而筑台名曰永固。"清代炮台的配置，包括作战炮台、望楼、营房、火药库、演武厅、围墙、神庙、堑壕和障碍物等。

铁炮炮身铸有铭文（方嘉雯摄于
2023年）

清朝铸造的铁炮，如今已锈迹斑斑
（方嘉雯摄于2023年）

永固炮台的设施，包括"厅房三间，小房、厨房共三间，望楼一座"。后来海盗集团相继投降，嘉庆年间的粤洋海盗问题告一段落。

道光以后，鸦片走私问题严重，广东沿海又进入新一轮添修炮台的高潮。海盗问题虽继续存在，不过主要防范对象已转为洋船。道光二十二年（1842）的濠涌铁炮当是在这一背景下铸造的。

铁炮犹在，当年濠涌炮台重兵屯守隔岸交火的情景如在眼前。

截至本书交稿之日，由于种种原因，铁炮依旧留在大兜村。这是目前所能发现的濠涌炮台存世的唯一实物，弥足珍贵。

第三节　鱼子桥：隆都古地图上的老地名

翻开《香山县志·同治本》，一幅隆都古地图展示了濠涌周边百年的沧海桑田，一个个既熟悉又陌生的地名跃入眼帘：鱼子桥、抱鸭石、濠涌炮台、墼头、港尾……

曾几何时，鱼子桥是隆都濠涌地区一个响当当的地名，也是敦陶村民引以为豪的交通要道，被称为敦陶（古称墼头）一宝。这座载入《中山县志》的鱼子桥，相传状如鱼卵，由于其由两块天然的巨型半月形石块组成而得名。当年，鱼子桥肩负着三村村民出入的重任，桥上行人如织，桥下流水淙淙。

70岁的老人方达明回忆，鱼子桥两块巨石均状如"猪腰"，长四五米，宽一两米，石头的厚度达一尺（1尺＝0.333米）多，十分稳固。70岁的老人方瑞群回忆，鱼子桥状如"夹杯"（一种流行于民间的求神占卜器具），是当年外出的必经之路，前往城区石岐、大涌镇等地，一定要经过这座桥。村民办婚丧嫁娶红白之事，都必经这座桥。

方瑞群老人小时候，经常和姐姐一起在鱼子桥边用竹竿钓蟛蜞。乡间，素有"蟛蜞满田走，落雨落到够"的气象谚语。老人回忆道，蟛蜞生长在禾田里、河堤下，长着两只圆溜溜而突出的大眼睛，走起路来"横行霸道"，"身手"敏捷。夏天，白天毒花花的太阳炙烤着大地，似乎要把泥土晒裂，这时候蟛蜞都躲在洞里"避暑"，

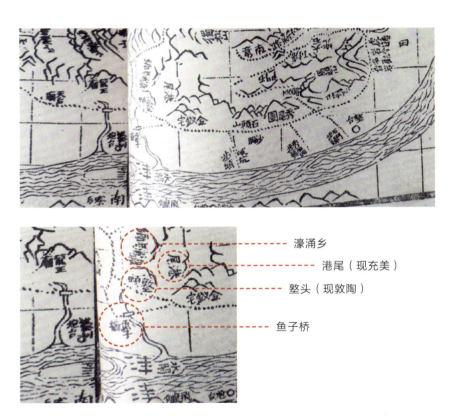

濠涌乡

港尾（现充美）

墅头（现敦陶）

鱼子桥

《香山县志·同治本》关于隆都地区濠涌一带的古地图（组图，资料图片）

到了日落时分暑气消退，无数的螃蜞就从洞中爬出来，这是钓螃蜞的最佳时机。

先准备一钓竿、一麻线、一铁桶，以螺头肉做钓饵。晚饭之后，孩子们就三三两两相约到田边河边螃蜞出没的地方，钩好诱饵后就把它垂吊到螃蜞面前。这时，螃蜞就会伸出双钳把钓饵死死地钳紧，说时迟那时快，立马抽起钓竿，螃蜞便乖乖地束手就擒，不得不落到铁桶里去了。由于铁桶光滑，此时，无论螃蜞怎么使劲爬，都无法逃出这座"五指山"了。

几个小时下来，垂钓收获颇丰，姐妹两人就用小铁桶提着螃蜞回家。螃蜞大小不一，小的可以喂鸭子，鸭粪可当农田肥料，大的可以把爪子去掉，洗净，加上豆豉蒜蓉酱油蒸熟之后，撒一把葱花，就成了餐桌上一道鲜美的家常菜。钓螃蜞也是农村小孩子一项趣味盎然的夏日娱乐活动。

民间关于鱼子桥的传说很多。相传孙子携着公公过桥，会有好命运；还有传说，由于鱼子桥呈"孖子"状，因此，村中的"孖仔（双胞胎儿子）"很难抚育成人，如果"孖仔"长大，会有菩萨送来一塔金、一塔银。当然，村里也有"孖仔"健康成长，也没有得到传说中的"金"和"银"。

随着路况的改变，鱼子桥早已完全被水泥板压在了脚下。2013年，笔者走访时俯身透过桥底窥视，纵然荒草萋萋，仍然"可见一斑"，如今已无踪可觅。同行的村民深感遗憾。这是当年天赐塱头村的一宝，再也没有这样一座由两块状如鱼卵的巨石构筑的天然石桥了，惜哉！

跟鱼子桥遭遇相似的，还有抱鸭石。抱鸭石，又称宝鸭石，也是一块形状奇特的天然石头，状如宝鸭，位于先锋庙对面。村民方凯凡口中的抱鸭石，惟妙惟肖，且带着几分神秘。相传，当年无论如何发大水，也不会淹没那块石头，乡民们都相信，是因为抱鸭石

鱼子桥终究被时光湮没在地下。2013年，村民带领笔者造访鱼子桥，试图从古老的鱼子桥原址寻得一点时光遗留的印记（方嘉雯 摄）

当年闻名遐迩的鱼子桥如今被掩盖在一片水泥森林的夹缝中（方浩燊摄于2015年）

坐镇，濠涌村才从来没有发生过水灾。村民还认为抱鸭石十分灵验，尤其是外出经商的人，回乡总要拜两拜。20世纪60年代中期，随着航运业的发展，经相关部门评估，认为巨石阻碍航道，于是就人工引爆，从此这块村民心中的灵石被淹没在茫茫烟水之中。

无论是鱼子桥、抱鸭石，还是本书不断提到的一个个古老地图上曾经出现的老地名：濠涌、鳌头、金钗宅、南章、港尾、龙王庙、天后庙、濠涌炮台、水关、飞鼠角、三家村、南堡、风吹岭（又名"凤栖岭"）……有的永远消失在时间的荒野里了，有的一度消失后又奇迹般重生，还有的凭借顽强的生命力一直延续至今。

一个古地名，述说着一段老故事。如今，这些消失的老地名、老地方，不仅出现在泛黄的老地图里，也活在热爱这片土地的人们心中。

第七章　人文记忆

十年"文化大革命"期间从废纸堆里抢救回来的族谱、承载着鲜明中原移民特征的独特方言、代代传承的民风民俗、淳化人文风气的乡规民约、反映民生国事的乡村报刊、散落各地的金石碑刻等等，这些遗珍无一不是一个时代的缩影。它们如遗世的瑰宝，剥去岁月的蒙尘，融入了这座村落的人文记忆，成为城市不可磨灭的一部分。

第一节　《方祗敬堂》：几本劫后余生的族谱

族谱，又称家谱、宗谱、家乘等，是记述血缘世系的载体，是中华民族的根脉文化核心，也是中国人心灵的归依。然而，濠涌的方氏族谱在"文化大革命"期间却险遭损毁，差点被作为"四旧"付之一炬。本节记述方氏宗谱被从废纸堆中"抢救"回来的故事，从这个历史的偶然，展开古文化保护的思考。

梁启超在《中国近三百年学术史》一书中说："我国乡乡家家皆有谱，实可谓史界瑰宝。将来有国立大图书馆，能尽集天下之家谱，俾学者分科研究，实不朽之盛业。"可见谱牒在中华文化中的分量。

从炎黄五帝到 21 世纪，从结绳记谱到现在的互联网族谱，族谱

发展到今日，已经有几千年的历史。族谱是和我国国史、方志并称的三大历史文献。

古代司马迁、班固、陈寿等史学家，在其史学著作《史记》《汉书》《三国志》等著作中，参考引用了不少谱牒的珍贵材料，才使史书更加完备与准确。宋代大儒朱熹曾为家谱题词"家宝"，足见其对家谱的重视。

家谱，是同宗共族的血缘家族用来记载本族世系事迹的历史典籍。对历史沿革、世系繁衍、居住迁徙、人口流动、族产名绩、科举仕宦、传记艺文、婚丧祀典、族规家法等等，都有详尽的记载。

族谱的外在呈现方式随时代发展一直在变化，有人不禁发出疑问，里面的内容经过几千年的增删修补，还可信吗？

史料记载，族谱作为古代的"身份证"，是一个人身份信息的重要考察来源。魏晋南北朝时期，国家实行"九品中正制"的选官制度，即通过门第高低决定官位大小，相当于按照个人的出身来评定他的官位，家族以前是做大官的，那么就继续做大官；家族以前是小吏，就继续做小吏。"九品中正制"只为拉拢士族子弟的选官制度，导致寒门子弟连入仕的机会都没有，自然而然，就出现了一系列伪造家谱、冒充士族的事件。后来，还衍生出专门替人伪造家谱世系的"谱匠"。

唐朝时期，重门第、修家谱的风气达到了顶峰。唐初，封建统治者为了巩固统治政权，于唐太宗、武则天、唐中宗复位时期分别实行了三次大规模的官方修谱，主要目的在于扶持朝廷开国勋贵，此举进一步削弱了族谱的真实性。唐代后期，谱牒之学逐渐衰弱。唐末五代时期，战乱频繁，门阀制度遭到毁灭性打击，大批旧士族成员被杀，在这一过程中，大量谱牒也遭到焚毁，荡然无存。

宋代以后，门第地位不再那么重要了，世族新贵和有识之士也开始私修族谱，纠正了很多官方修谱的不实信息。许多著名的士大

夫如范仲淹、欧阳修、王安石、司马光、苏洵、黄庭坚、文天祥等
都曾亲自主持家谱的纂修。

到了明清时期，统治者鼓励老百姓编修族谱，族谱数量得到了
空前提升，对族谱的传承和保存也起了很大的作用。走街串巷，查
阅资料，在有识之士和老百姓的自发努力下，族谱有了进一步完善，
真实性也提高了。

然而，半个多世纪以来，中国家谱的命运，却是跌宕起伏。"文
化大革命"被损毁的文物不计其数，特别在"破四旧"时期，惨遭
浩劫。传藏数千年的家谱，被扣上了代表"封建族权"的帽子，不少
被付之一炬，或运至造纸棚，化为纸浆，无不令人痛心疾首。据统计，
从 20 世纪 50 年代到 70 年代，全国大约有两万种家谱被人为毁掉。

被篡改，被伪造，被损毁……族谱可谓历经艰辛。在一路发展
过程中，族谱的真实性逐渐削弱。

有学者认为，要从源头开始，追根溯源，证明族谱的真实性，
无疑是一件很庞大繁杂的工程。但族谱的主体内容是什么？无外乎

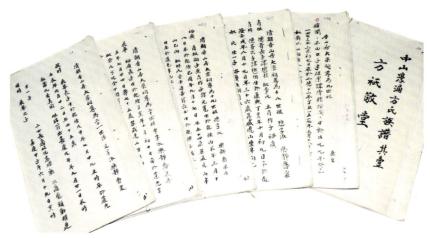

"文化大革命"期间，方庆江"抢救"
回来的族谱（方浩燊摄于 2006 年）

这几个：是什么被族谱记住？是谁被家族遗忘？这个家族在数百年编写族谱的过程中添加了哪些故事？这一切是因为什么？这记忆和遗忘的过程，本身就是这个家族数百年历史的重要部分。而且，就目前来说，一大批族谱数据库都相继建立起来，各种文献、资料也越来越完整，考察族谱真实性还是有据可依的。

濠涌村的家谱跟中国家谱一样，在"文化大革命"中，绝大多数已经灰飞烟灭，然而，有那么几本家谱，有幸逃过了被毁灭的命运，劫后余生幸存于世，并被后人一代代续写，直到今天。

其中最有故事的要数方庆江版家谱了。"文化大革命"时期，大同村一位收破烂的村民，经常在村民手中收购到许多"废纸"，这些"废纸"当中，常常夹有许多古籍。一个偶然的机会，一位名叫方庆江的知识分子在废纸堆里发现了一本《中山濠涌方氏族谱·其一·方祇敬堂》。这是一本成书于清朝咸丰年间（1851—1861）的传统族谱，记录了濠涌方氏的由来以及迁徙踪迹，一共6卷、254页，清晰记载着乐静乔公泉（又作"桥泉"）支脉下一世祖到二十一世祖的世系繁衍情况。方庆江如获至宝，冒着风险，毅然从村民手中以不菲的价钱悄悄买下，"抢救"了这本族谱，并小心翼翼地珍藏了多年。

有人说，细数历史皆偶然，历史是由无数个偶然组成的。若不是方庆江先生偶然从废纸堆里发现这本清朝族谱，今天的濠涌村民很有可能对"自己从哪里来"这个问题缺乏可靠的印证，从而对自己的祖先知之甚少。

这是濠涌村目前为止发现的最早最完整的族谱。此孤本一直默然无声地躺在阴暗的角落里，直到"文化大革命"结束后，才得以重见天日。20世纪80年代至90年代，方庆江开启了续写家谱的工作。他基于祇敬堂族谱而手绘驸马道盛公下全族世系图，并对部分房支的二十一到二十六世进行添加。如今，村里留传的多本家谱都是庆江版族谱的衍生版。

除了方庆江版族谱以外，村民里还有几个版本的族谱，分别是方瑞忠版的《方氏族谱》、方观博版的《方氏中山三乡平岚支系族谱》、方建民版家谱。如今，村民家中大多都有先辈留传下来的族谱，历史爱好者方浩燊通过对目前收集到的族谱资料进行分析，推断有以上四种主要版本，其他房谱均为此四种版本的衍生版。

2021年，方浩燊通过十多年对村史的收集整理及补充，集各个版本之大成，侧重于敦陶村角度，续写了一本《中山濠涌敦陶方氏祗敬堂族谱》，比较完整地阐述记录了濠涌方氏这一支脉的开宗及繁衍，至本书交稿之日，该族谱还在不断修缮完善中。

第二节　《豪冲月报》：民国时期的乡村报纸

初夏时节，竹林街一户人家的老石榴树开花了。"微雨过，榴花开欲燃"，一树火红火红的石榴花花开正艳，微风轻拂，花枝轻颤，树下落红无数。在古朴的老街映衬下，这一抹明艳艳的亮色尤为打眼。一老妪闲坐在门前的小竹椅上，看着几个小孩追逐打闹，家狗也跑过来，上蹿下跳好不热闹。

百年商业老街竹林街，岁月褪去了其昔日的光华，老街上烟火气依旧。来来往往的行人，没多少人会知道那幢红窗蓝门两层高的老骑楼，就是《豪冲月报》编辑部的旧址。

民国时期的"豪冲乡"，拥有一份属于自己的乡村报纸。这份32开、每期近百页的拓印报刊，比巴掌大一些，在今天看来，就是一本反映当时国计民生的掌中百科全书，记录了时代的足音。

轻轻翻开发黄发旧的《豪冲月报》，有一种看老电影的感觉。几份月报均为20世纪30年代初期出版，设有《社论》《行情》《专载》《本乡要闻》《华侨消息》《个人消息》《本报征信录》等栏目，从内容上看，包罗万象，大到时事政治，小到乡间琐事，均见诸报端，可谓家事国事天下事，事事关心。

这幢中西合璧的两层洋房，就是《豪冲月报》编辑部旧址（方嘉雯摄于2023年）

受印刷技术及篇幅所限，文章大多短小精悍，但这并不影响读者的视野。小报纸，大视角——有《总理遗嘱》《中国重男轻女论》《国民之劣根性》等高屋建瓴的文章，有《码头上应有救生器具的设备》《巨雷发作损及民居》《番茄价跌农家损失》《砍伐榕树纳凉无所》《雨水浸没街道 发起修筑井栏》《濠涌学校鸣谢》等乡风乡情的文章，有《旅美邑籍航空学生最近训练消息》《旅檀华侨对取消洗衣业之挣扎》《欢送华侨放洋盛纪》等报道海外华侨的文章，有《长命百岁之研究》等健康养生类的科普文章，还有《魂断斜阳》《良心与虚荣》《侠女姻缘》《记济南趵突泉》等怡情悦性类的文学作品。《行情》版块，详细刊登了物价信息：大金壹百贰拾玖元肆、龙牙占米每石六元三、松柴每担壹元肆、生油每斤肆毫、生盐每斤壹毫半、猪肉每斤五毫半……柴米油盐酱醋茶的价格一清二楚，市井风情跃然纸上。

除了社论、消息、资讯、副刊，这份乡间报刊还开设广告业务。一则"光华印务"的广告：本号承印族谱会规、讲义数簿、书籍单张、结婚礼帖、书报杂志。图文并茂，言简意赅。小小的乡村，商业气息、文化气息弥漫。

一份报纸，将近百年前的民生百态呈现得活灵活现。

几篇社论引起了笔者的深思，反复品读后，心潮澎湃，久久不能平静。

社论《国民之劣根性》，载于《豪冲月报》第四十五期五月号《主张与批评》栏目，中华民国 20 年（1931）出版。开篇即对华侨在荷兰与墨西哥两国遭受到的排华政策鸣不平，对华侨们身受的虐待深表痛心。"自九一八事件发生，迄今东北四省丧失后，该二国之对待华侨，尤加倍虐待。此事已屡见报载，并非记者虚言。按今日中国，不过受强邻欺压，非唯并未亡国，且犹并未屈服，而我国侨民，已被他国人轻视虐待如此，使果为亡国之民，则足迹所至，将不齿我于人类可知矣。"记者欲通过此文，让国内的民众也感同身受，从而唤起国民的爱国情感。话锋一转，记者把话题引申到国民的劣根性上，对部分国民的种种汉奸行为为之不齿，贬斥其"眼光短浅，只图目前，而不顾将来"，还分析了汉奸的心理，并为之唾弃："人生福祸无常，朝不保暮，乐得今朝有酒今朝醉，暂图目前之安乐为愈""然在甘为汉奸者，必自以为人皆愚而彼独智，私心以为手段秘密""此辈心中所拘者，无非此一片侥幸之心而已"。最后，面对国内国外的形势，面对身边的汉奸，记者发出了无奈的呐喊——"此种劣根性，真可谓亡国民所独具，苟不除去，我国真无可救药矣"。

文章字字力透纸背，透过泛黄且有虫蛀痕迹的报纸，我们仿佛回到 90 多年前那个血雨腥风的年代，看见豪冲乡一个忧国忧民的记者在奋笔疾书，在痛心疾首，在捶胸顿足，在力竭声嘶地呐喊。

《码头上应有救生器具的设备》一文，从二区豪冲乡一村民在渡溪海面溺毙之事谈起，指出了救生圈残旧、安全设施不足等隐患，否定了民间神权邪说、溺亡者命运多舛等荒谬说法，进而建议沿海住户和各码头的主持者急谋补救救生设备。文章言辞犀利，字字千钧，针针见血。

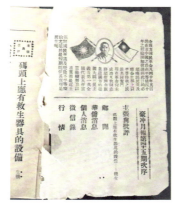

村民家中珍藏的《豪冲月报》（2007年肖耀钦提供）

码头上应有救生器具的设备

试把邑报记载的新闻加以探讨，危害及人类生命的事实几占了许多篇幅。中如炼油厂之发生大火，汽车之突然失事，和老妇之自□生命种种，都足以骇人听闻！不过凡此种种，非本文需要讨论的范围，自可改天为文再行论列。

缘上诸端，虽出诸本文讨论范围外，然记者著述本文的动机，也不能不说由此感觉而发生的。记者至是未尝不有慨于近代科学昌明而使人类生命逾受极端的危险！深信一般留心于邑闻记载者，当亦不能加以否认的。今以二区豪冲乡以忽在渡溪海面溺毙而言，虽由于一己之失慎而自堕，有多数人于事后投身入海为之救治，惜以逾时过久，生机告绝，无复生望了！然而观众能于目击其自堕时即行以救生器具援救之，又哪有误却一命的道理？

□渡溪当筑坝时，固有救生圈之设，但以历时过久，原圈既已腐坏，且不复置备，以故该乡每于三年内必有一人因溺水而牺牲。而迷信者流，多为神权邪说所蒙昧，每遇一度惨案之发生，只咎诸被难者之命舛而已，这岂不是荒天下之大谬吗？

本来当惨事发生后，自有急谋补救之必要，如沿海木坝之设备为轮船湾泊之所，交通上当感极端便利，而危险事情，也是很容易因此发生的。那末，设备救生圈和其他拯溺的器具，自不能任其缺乏了。愿主持渡溪乡政的人们，对此足以□贼人类生命的危险所在，自应设法严防其随时多所发生。设备救生圈和其他救生器具，我们深信其为轻而易举的事情，还望沿海住户和各码头的主持者今后急而补救吧！

《目前最低的一个希望》一文载于《豪冲月报》第二十二期，该文直面乡中治安环境问题，探讨应对良策及解决之道，呼吁青年们献计筹策行动起来，打击劫案等犯罪活动。

一个世纪前乡里人办的一份报纸，尚且有此等的视野和情怀，实在让人感动。

从极其匮乏的史料中得知，《豪冲月报》于民国18年（1929）9月20日，由濠涌村创办。创办人是方肇华、方守恒、方凤波、方懿荣、方涤非、方子文、雷宜群、方社灿、方润昌、方炯来、方半农、方兆洲、方荫川等乡贤。

方涤非为《豪冲月报》主要创办者之一，被乡人选举为《豪冲月报》社社长。其时任敦陶乡公所主席委员，为濠涌方氏二十二世，桥泉祖下绍恭公下继康公下。方嘉良版家谱中有记载："讳社道，字涤非，生于光绪二十五年（1899）六月初八巳时，卒于民国三十八年（1949），娶陈氏，生忠泽，五岁死亡。"上文提到的敦陶乡《乡规民约》，就是方涤非所提倡。现存于世的报纸上，《豪冲月报》第二十二期重要版面尚有《涤非留别乡人书》一文，读罢，让人感慨万千。

躲过了岁月的大浪淘沙，《豪冲月报》现存四本，一位肖姓的村民珍藏于家中，弥足珍贵。它浓缩了时间，浓缩了社会，浓缩了百年前的整个世界。

第三节　乡规民约：96 字碑刻教化乡众

传统中国，家国一体，"家"是缩小的"国"，"国"是放大的"家"。正如有一首歌的歌词所唱："一玉口中国，一瓦顶成家。都说国很大，其实一个家。一心装满国，一手撑起家。家是最小国，国是千万家。"因此，小至一个家庭，大至一个家族，家风家教在岁月的积淀中自然而然地成为文化的缩影，文明的延续。

走进敦陶村，桥泉公祠门口有一块不甚显眼却影响深远的《乡规民约》碑刻。《乡规民约》铭刻在一块石碑上，全文只有 96 字，却影响了村民将近一个世纪。

《乡规民约》石碑保存相当完好，灰麻石上赫然刻着一篇红字告示。据悉，《乡规民约》由时任敦陶乡公所主席委员方涤非在民国 19 年（1930）十一月公布，乃村民的日常行为规范。全文如下：

> 告我乡众，老少咸知。
>
> 敦陶建设，起由涤非。
>
> 任劳任怨，用尽心思。
>
> 扫除恶劣，始奠新基。

石街市亭，报社阅书。

贫民义学，穷则教之。

运动场所，体育尤宜。

消防队部，灭火无虚。

街灯洁净，标语新奇。

凡此种种，皆为要需。

各宜保护，勿损毫丝。

为此布告，切切遵依。

20世纪末，《沙溪镇志》的编辑萧文敬曾说，碑文中所提及的"任劳任怨，用尽心思""运动场所，体育尤宜""消防队部，灭火无虚"等规定，对村民有着深远的影响。无独有偶，濠涌村民在田径项目上一直保持自己的优势，曾有多位村民在省级、国家级、世界级运动会上获得名次，濠涌小学还是中山市田径项目重点人才培养学校。

中国人有句老话：无规矩不成方圆。国有国法，家有家规。有了规范，才能更好地约束人、教化人，更好地共建家园。方涤非是这样倡议大众的，自己也是严于律己、身体力行的。

2017年3月，笔者赴香港，寻访到方涤非的侄子方龙标。方龙标出生于敦陶村，年少时离开家乡赴香港谋生，时年已是一位白发苍髯的耄耋老人，行动不便，不能自理。他躺在养老院的病床上，忆述了他的叔叔方涤非。

在方老的印象中，叔叔是一位清廉耿介的村官，这从他当年的住宅可见一斑。方涤非虽然贵为一村之长，但自己的房屋却甚为寒碜。房子是在一方小小的宅基地上建起的，在当时，一般的人家都有17坑以上①，可方涤非的房子宽度仅有15坑，没有书房也没有"耳座"

① 以前，村民习惯以"坑"为单位衡量房屋的宽度，金字顶结构，一瓦一梁为一"坑"。

敦陶村乡规民约（方嘉雯摄于 2018 年）

（即耳房^①），门前连个庭院也没有，既窄又短。这样的小平房，在村子里是很不起眼的。

　　如今，穿过敦陶村牌坊直入不到百米，就是方涤非的居所故地。这条街道叫共和下街，家家户户的门口都挂着蓝底白字的门牌。方老说，街名是近年新起的，"田岩"才是这老街昔日的名字。记忆中，"田岩"街畔，延绵的稻田从敦陶村一直延伸到濠涌村，禾苗青青，满眼一片葱绿，蛙声阵阵咕鸣，嘴巴红红的禾虾（学名稻蝗）、一身绿衣的草蜢，在田间欢跳。稻谷一年两造，到了收获的季节，风吹稻浪，沉甸甸的稻穗一浪接一浪地翻滚着，乡民有的头戴斗笠，弯腰挥镰割稻；有的推着小木板车，在稻田与晒谷场之间来来回回奔忙。"田岩"和稻田的交界处，是一条清澈的小溪，春夏秋冬，鱼翔浅底。孔雀鱼、天堂鱼、水毛……还有许多不知名的小鱼小虾，每天摇头摆尾，成群遨游嬉戏。

---

　　① 耳房，汉族建筑中主房屋旁边加盖的小房屋。正房的两侧还各有一间或两间进深、高度都偏小的房间，如同挂在正房两侧的两只耳朵，故称耳房。

20世纪90年代之后，方老回家乡时发现，稻田和小溪已消失在人们的视野中，取而代之的是鳞次栉比的红木家具商城。

"田岩街"是一条新月形的街道，方涤非的居所故地大约位于街道的中央，左边靠近"猪仔巷"。至于方涤非的故居，20世纪80年代中期已被拆除重建。由于土地的限制，新建的房子在周边一众房屋中，也显得特别小巧。

方老依稀记得，在他孩提的时候，有一条大路从村里横贯而过，对村里孩童存在着莫大的安全隐患。在新一轮规划村道工作时，为了消除风险，保障村民安全，叔叔扛着压力连夜向上级打报告，力求把道路移往村子外面，此举赢得了乡民们的交口称赞。

《豪冲月报》中，《涤非留别乡人书》一文记载：方涤非曾是敦陶公所分治的主要倡议者之一。根据实际乡情，他提出敦陶从濠涌分出来独立管理，并厉行建设。在他的提议下，敦陶公所分治，形成了今天的敦陶自然村。这影响不可谓不深远。按时间推测，《乡规民约》为敦陶公所独立成村后方涤非所发的布告。

其间，蒙乡民推选，方涤非还曾担任《豪冲月报》的社长，兢兢业业为本村服务。《豪冲月报》尚存方涤非的亲笔文章，纵然相隔近一个世纪，尚且透着温热的气息。通过极为有限的历史资料，可以隐约感受到，方涤非是一位敢想敢当雷厉风行的村官。可村务繁杂，也曾让他心力交瘁。

70岁的方达明、方瑞群夫妇是方涤非的房亲，同是土生土长的敦陶村族人。88岁的方社爱老人的爷爷是方涤非的亲兄弟。三位老人讲述了他们小时候从老人家口中听来的故事。

方兆洲是方涤非的亲弟弟，也被推举为敦陶堡的堡长。方兆洲在任的时候，把敦陶村的道路规划得非常出色。敦陶村的街道几乎都是青石板街，宽敞平坦，三条石板宽三尺余，合今天一米多，美观大气且经久耐用。下雨天，村民再也不用遭受泥泞路滑之苦了。

在交通极不发达、村道多为黄泥路的年代，这样的村道可以说是凤毛麟角，是村子经济实力的象征。当时，敦陶村的青石板街让周边村庄的村民羡慕不已。乃至于，邻村的姑娘在挑选对象的时候，敦陶村的村道都为小伙子加了不少分，很多姑娘都是因为看中敦陶村的青石板路而嫁过来的。

百年前的乡规民约，字字句句教化乡众明大德、守公德、严私德。在今天看来，这都毫不过时，影响深远。

作家马伯庸曾写过这样一段话：

> 一个家族的传承，就像是一件上好的古董。它历经许多人的呵护与打磨，在漫长岁月中悄无声息地积淀，慢慢地，这传承也如同古玩一样，会裹着一层幽邃圆熟的包浆，沉静温润，散发着古老的气息。古董有形，传承无质，它看不见、摸不到，却渗到家族每一个后代的骨血中，成为家族成员之间的精神纽带，甚至成为他们的性格乃至命运的一部分。

第四节　省岐隆：隆都的"独家记忆"

少小离家老大回，乡音无改鬓毛衰。乡音，是归乡游子寻根谒祖时的感情纽带。每一种方言，都积淀着久远的岁月印痕，流淌着中华文化的血液，饱含着民族记忆。

作为珠江三角洲城市群中的中山市，是一个地方语言十分繁杂的乡邑，广东省三大语系广府话、闽南话、客家话都在这里广泛使用，可谓"十里不同音"。其中位于西部的沙溪、大涌两镇，俨然是一个有别于周边粤语文化的"岛"，这里的居民讲着一种独特的闽方言——隆都话，这是一种"粤语化的闽方言"，与毗邻的横栏、东升、石岐、南区、板芙所讲的语言有天渊之别。近些年，来这里考察的语言学者络绎不绝，他们称这种语言现象为"方言岛"。

有趣的是，这座"闽方言岛"上，还扎根着一种专门用于文教场合或与外人打交道的"省岐隆"方言。这种独一无二的方言，成为隆都地区的"独家记忆"。而这份"独家记忆"，在沙溪镇濠涌村敦陶自然村、申明亭村有着古老而天然的土壤。

1. 有趣的方言岛现象

清代中期，沙溪镇与大涌镇合称"隆都"，也称"龙眼都""西乡"，两地居民所讲的方言即为隆都话。隆都话，俗称西乡村话，它以闽语为基础，夹杂福州话部分单音词，是典型的闽语系方言。

语言是交际的工具，隆都话作为闽语的一个分支，它与广东粤方言的差异揭示出它的"移民"特色。据语言学家考证，即使受到周边粤语的强烈冲击，隆都话至今还保留着闽语的核心特征，从其语音、词汇、语法上皆可体现。其还保留了许多古汉语元素，如把"吃"称为"食"、"锅"称为"鼎"、"晒"称为"曝"、把"筷子"称为"箸"、"人"称为"侬"、"钱包"称为"荷包"，古音古词余韵尚存。

隆都话，尤其是老一辈讲的隆都话，常常让咫尺之隔的中山本地人都听得一头雾水。

关于隆都话，坊间流传的有趣故事一箩筐。听得最多的是，20世纪60年代，有一位初来沙溪的领导下村参加会议，会议中途忽闻有人大喊"着火啦，着火啦"！领导立马宣布暂停开会，动员大家去救火。谁料村民面面相觑，随之哈哈大笑起来。原来这个村子讲的是闽语系方言隆都话，村民喊的并不是"着火"，而是"助货"（音译），意思是"天下雨了"。原来，村民在晒谷场见天色骤变，便疾呼大家快去收谷子，免被雨水淋湿。几近相同的发音，却有着截然不同的含义，对于外乡人来说，真是丈二和尚——摸不着头脑。

早期的隆都人只会讲隆都话，但一旦走出"家门"，去到外地做生意或学习，又或者面对外乡人，他们就必须学习一种可以跟外人交流的语言。于是，在隆都话"主宰"的隆都地区，慢慢就衍生出一种特殊的方言——省岐隆。

2．独一无二的"省岐隆"

关于省岐隆，濠涌村乡间流传着一个有趣的故事。传说，濠涌村17世祖方世瓒（字在中），官至贵州省铜仁府正堂，是乡中的名望之士。他娶了一位外地的夫人。夫人回乡后，既听不懂当地的隆都话，更不会讲隆都话，本地人也不会讲"省城话"（即广州话，白话），于是，"鸡同鸭讲眼碌碌"，彼此无法沟通。方在中看来，这是有失体统的事情，于是，下达了一个啼笑皆非的官令，限定老百姓一个月之内要学会讲"省城话（广州话）"，不然就要行杖刑，俗称"打屁股""打屎板"。于是，百姓们都不得不硬着头皮学"省城话"，用于对外交际。

这个故事，也被录入了众多地方历史文献中。《中山村情》第二卷记载：

> 敦陶村祖辈流传"打屎板"的喜剧故事。清同治年间（1862—1874），祖籍敦陶、在外为官的方世瓒回乡访亲，与乡亲们在祠堂里交谈。因乡亲们不太会说粤方言，都是用隆都话交流，方世瓒和随从人员均听不懂，于是对乡亲们说："不许再说隆都话，谁说打谁屁股。"最终，乡亲们为避免打屁股，夹杂着粤方言和隆都话一起说，逐渐形成地方独特的"省岐隆"话。

关于这个故事，版本众多，除了细节略有差异外，整体情节如出一辙。

由于西乡村民的隆都话辈辈相传根深蒂固，一开腔就是浓重的

"村佬"口音，乡音难改。此外，从地图上看，沙溪虽然紧挨着城区石岐，然而，两地所讲的语言却大不相同。石岐话，与"省城话"相近，只是音调上有略微差别，属于广府话。为此，久而久之，乡民们讲出来的"省城话"，就夹杂着广州话、石岐话以及隆都话的口音，这就是延续至今天的特色方言"省岐隆"。后来，随着时间的流逝，"省岐隆"慢慢地流传到同是讲隆都话的大涌地区。

在隆都地区，"省岐隆"特别有底蕴流传特别盛的地方，当数敦陶村。敦陶村有一种在外地人看来很有趣的独特现象，今天在年长一辈日常交流时仍然偶尔能目睹。

村里的小卖店，隆都人称之为"铺仔"，"铺仔"门口常常摆着几张窄窄的长凳，乡亲们三五成群地坐在那里聊天，家长里短，天南海北，无所不谈。用村话聊着聊着，敦陶的老人就不知不觉地转成了"省岐隆"。这常常被周边村落的村民调侃道："敦陶佬，打屎板。"一句话就把此情此景拉回到"省岐隆"的故事中。

深究敦陶佬爱讲"省岐隆"的原因，老人家说，是因为当年敦陶村的经济条件比较好，经济发展水平属于"大佬"级别，上下三村乃至周边乡镇的姑娘都乐意嫁过来当敦陶媳妇。于是，村里讲隆都话以外方言的人就渐渐多了起来，而"省岐隆"作为一种交际语言，就自然而然地普及开来。

方在中故事的真实性有多少已不得而知，然而，直至今天，"省岐隆"仍然扎根于沙溪镇及大涌镇这片古老的土地上。每当接触到异乡人，老人们还是很自然地用"省岐隆"与之交流，仿佛这是一种约定俗成的"外交语言"。受普通话及白话"入侵"影响，相对老一辈而言，如今的年轻人基本都能够说一口比较标准的白话及普通话，但已不怎么会说"省岐隆"了。

3．鹤歌鹤舞与"省岐隆"

流行于隆都地区沙溪申明亭一带的鹤歌，作为极富沙溪特色的民间艺术形式，就是一种典型的以"省岐隆"方言演唱的民歌。

鹤歌具有悠久的历史，在清同治十二年（1873）编纂的《香山县志》中有这样的记载："元宵灯火，装演故事，游戏通衢。舞者击鼓，以三为节，歌者击鼓，以七为节。又春宵结队，彼此酬酓，曰唱灯歌，又曰唱鹤歌。"

鹤，在中国传统文化中，是道教中的仙禽，是长寿的象征。松鹤延年、龟鹤遐寿、凤翥鹤翔寓意着吉祥、美好。与敦陶村相隔五公里的沙溪镇申明亭村，是鹤歌鹤舞的诞生地。

申明亭村自古出文人武将，向学之风甚盛。古时候，申明亭后门山上栖息着许多野生白鹤，被视为吉祥之物。鹤与"学"谐音。古时童生经考试录取后入府、州、县学读书，谓之"入学"（亦称进学），这是进身仕途的起点。鹤舞发展至清代为鼎盛时期，当时，鹤舞大多在村内游舞，家家户户都要求"入鹤"（入学）。

鹤歌鹤舞相伴而生，鹤歌源于学堂歌。申明亭村的村民跟沙溪原生居民一样，讲的是隆都话，又因沙溪临近石岐，村民常常也学讲石岐话与城区人打交道，而当地学童上学堂读书诵读诗文时又往往用广府语（省城话）。因此，三种语言互相交织，"熔于一炉"，就形成了独特的"省岐隆"音调。专家研究发现，这种现象在我国的民歌中是极少见的。

鹤歌就是以"省岐隆"特殊语言演唱、以锣鼓敲击乐作过门、以富有特色的腔调为旋律的民歌。歌词不乏幽默诙谐，充满生活情趣。音乐以唢呐为主，配以《得胜令》《赛龙夺锦》《雁落平沙》等广东音乐，来烘托鹤舞的意境，是我国民歌中的一朵奇葩。

"海阔天空鹤飞至，沙滩草坦觅虾鱼。食饱鱼虾岩石企，修身擦羽歇须臾。""哈哈笑咯笑哈哈，农村近日好繁华。电掣一揿抽满水，耕田唔使用牛耙。"这是传统鹤歌《出鹤》《歌唱农业机械化》的歌词，生活气息满满，趣味盎然。

鹤歌初始时伴随着鹤舞而演唱，后来发展到日常在田间劳动休息时，在老榕树下、晒谷场等空旷地歌唱，闲聊时也唱起来，后来还发展为"斗歌"。

由于鹤歌以"省岐隆"乡音演唱，所以其流行地域不广，只是集中在沙溪的申明亭一带，却是一种极富地域特色的民间艺术。

4．只要年轻人还讲，方言就有生命力

沙溪、大涌两镇地处广府，被粤方言区域包围，在长期的发展中，隆都话不可避免地融汇了粤方言词汇的色彩，吸收了不少粤方言词，如称"宰"为"㓥"、称"美"为"靓"、称"东西"为"嘢"等。又由于华侨众多，隆都话也吸收了外语元素。隆都话中有一些词语来自英文单词的直接音译，比如扳手（spanner）被称作"士巴拿"，西红柿（tomato）用"都马打"表示。

如今，年青一代说的隆都话，已逐渐夹杂了许多粤语、国语等外来语言的词汇，跟老一辈说的有点不一样了。然而，隆都话依然是两镇本地人交流的主流语言，而很多年轻人对母语隆都话都有强烈的认同感与亲近感，延续着这门母方言，日常生活中也跟子女们讲隆都话，自然地代际传承。老人也会教孩子唱隆都话童谣，讲隆都谚语。

然而，在一些家庭中，普通话、白话不知不觉地取代了隆都话成为家庭语言的，也大有人在。

有语言学者认为："只要年轻人还愿意讲、还在讲，隆都话就会有顽强的生命力。"

每一种方言，都有其独特的魅力，是几代人共同的回忆。年青一代，除了"听懂、说好"，能做的还有很多。

以下收录几首流传于濠涌村的隆都话经典童谣。

行渡渡

行行行，行渡渡，阿婆买豆腐。买唔到，跋跋倒（跌倒），执个金鸡姆。

摇嬉嬉

摇，摇，摇嬉嬉，把饭炊。动炊饭，把未完。一对鱼，一对肴，安在阿婆嘅栊（仔）头。衔鹰叼了去，雀仔叼转来。无茶无水给个雀仔吃，走去后门山喊肚赤。肚赤姑，嫁豪吐，嫁个老公孤孤努。喊伊买酒买到醋，喊伊烧香捺烂裤，喊伊煮饭煮成糊，喊伊吊水吊到黄泥水，喊伊倒垃圾，将个蟾蜍当黄蛤。

眯觉觉

眯觉觉，肚皮巢，斟杯烧酒夹地肴。肴有骨，蹲灶窟；灶窟有火，煨芒果；芒果有皮，吃沙梨；沙梨猛挣，吃花生；花生有壳，吃菱角；菱角有尖，吃冬梣；冬梣有瓤，吃黄糖；黄糖有砂，吃西瓜；西瓜有核，吃蒲达；蒲达苦苦，吃猪肚；猪肚韧韧，咬断阿婆的大牙根。牙根长又长，搭到上去大屋梁；屋梁上面藏有一把大关刀，斩甩日本鬼子个死人头！

打查查

打，打，打查查①，茶果仔，恋油麻，油麻淡，吃乌榄；乌榄甜，乞个大铜钱，籴谷籴米做新年。煎堆汤圆，白糍糌扁，安在神楼拜祖先。你又拜，我又拜，拜到出年好世界。捞埋新抱嫁阿薖②。阿薖唔肯嫁，捉佢涉灶镬。

（以上民谣收录于《隆都沙溪文化丛书》）

---

① 打查查：拍手掌。
② 薖：方言，广东、福建一带称老年所生幼子为薖。

第五节　风雅印记：金石有声　岁月留痕

金石存千古。碑刻是一种艺术，也是一种城市记忆，一种时代印记。它镌刻着旧时文人的风雅印记、大事印记，默默诉说着往昔岁月，折射出当地的民风，供后人铭记、欣赏、研读。

金石碑刻，一撇一捺中有大乾坤，延伸时空轴线，将目光落在数百年的遗存之上，顿觉翰墨氤氲，这份深厚积淀给予了一方人文丰厚滋养。

全国各地有方氏印记的存世家祠、庙宇、石刻、石雕等，为我们打开了一扇穿越时空的大门，从中触摸到一个远去的时代。以下所搜罗的濠涌方氏文人墨客遗留的墨宝，如艺海拾贝，纯属有心人偶得。徜徉于或清晰或模糊的墨迹之间，我们惊讶于濠涌方姓后裔的足迹之广远，也惊叹于方家后代涉足社会各领域之广泛。他们犹如一个个水滴，与千千万万的华夏子孙一起汇成洪流，在滚滚时代大潮中笃行不息。

1. 石刻"万兴岳庙碑"

硬山顶，青砖墙，在石岐区莲新社区柏桠直街尾，有着一座始建于宋代、清代重修的古庙宇——东岳庙。东岳庙较好地保存了清代建筑的特点，在四周林立的现代化高楼掩映之下，尤显古朴庄重。

东岳庙坐东北向西南，三间两进带左右偏殿，右殿为"观音堂""牛王祠"，左殿为客堂，门额挂"东岳殿"木匾。据《香山县志》（光绪志）记载："在东门外，乾隆乙卯年（1795）重修。"其后多次重修。庙内有黑麻石阴刻楷书的东岳庙碑记一块，名曰"万兴岳庙碑"，碑中落款为"嘉庆十二年方绳武所撰"。

方绳武，乃濠涌方氏中一位以诗文及书法名传后世的文人墨客。据考证，方绳武，字显谟，一字竹孙，邑诸生。为溪侣房下文峰公第十八世祖,著有《七峰第一峰堂诗集》。《香山县志》记载:绳武性峭直,好面折人过,而其实无城府。少与从兄天根,以文行相切劘。雅嗜酒,年五十卒。诗笔豪健,所学成就于天根者为多。

如今,方绳武仍有存世的诗词,如《十四夜月寄香》:

　　　　闲轩得月多,妙处在叶缝。
微风一以吹,叶动光亦动。
　　　　依依入我室,悠悠发冷讽。
蝼蚁亦何知,缘枝快游踪。
　　　　万物各有安,即事多所中。
之子处迢远,良夜谁与共。
　　　　寸心托清光,照我美人梦。

　　　　奉怀刘朴石先生,藉示胡玉山,刘三山,黄香石。
　　　　古贤今何人?吾师子刘子。
质如金玉精,品复岱华峙。

此诗为绳武纪念其师刘彬所作。刘彬,字朴石,广东著名诗人。

此外,方绳武还有部分书法手迹留传至今。

石岐东岳庙"万兴岳庙碑"中方绳武的手迹(方嘉雯摄于2015年)

方浩燊在东岳庙(方嘉雯摄于2015年)

2. 石刻"幽处"

肇庆鼎湖山,奇山伟岳称雄峻,更被誉为"北回归线上璀璨的绿洲",这里草木苍翠,飞瀑直泻,奇石遍布,三伏如秋,是游人避暑探幽的好去处。半山腰,有一清朝石刻,上书"幽处"二字,左侧落款"铁城方世杰题"。

题字者方世杰,何许人也?经族谱考证,方世杰,字汉中,为乐静公云川祖下第十七世祖,是濠涌方族又一被载入县志的人物。《香山县志·同治本》卷十一记载:直隶候补盐运使司运判署长芦运判沧州运同。其父增公,字省馀,其叔发公,字肇馀。其兄世

鼎湖山上铁城方世杰题字的"幽处"石刻(方浩燊摄于 2010 年)

方绳武书法作品
(方浩燊供图)

瓒，字在中，为官一方，俱有佳绩。

何谓铁城？铁城是一古地名。古时候，现在石岐西山至扒沙街、月山旁、上河泊、方塔街、治安街、弓箭巷再回西山，是铁城古城墙的位置，在这个范围以内的地方，叫作"铁城"。而现在的石岐孙文西路、大庙下、上基（凤鸣路）、下基（安栏路）、青云桥、大较场、天字码头等地称为"石岐"。所以，当时"铁城"和"石岐"指的是不同的两个城区。直到 1921 年后拆城筑路，才将"石岐"和"铁城"两个城区合一，统称为"石岐"。

"铁城"之名何来？据说，在 800 多年前，即南宋绍兴二十四年（1154），由于要择地建城，当时乡绅争论得非常激烈。有人主张在石岐（当时称文顺乡）建城，有人主张在中山环城镇库充和中山三乡镇雍陌建城，众议纷纷，一时不能解决。当时主持筑城的陈天觉进士，因他身居石岐，故一力主张把城建在石岐。各方最后协商，采取称土做比较的办法来决定，即在体积相同的一堆土中，以泥土重的为贵，取其坚实之意。各地取土时，陈天觉乘人不觉暗将少许铁砂混入了石岐的泥土中。结果称起土来，石岐的泥土最重，最后大家同意把城址定在石岐，所以后人称石岐为"铁城"。

至今，城区仍然有一段铁城东门城墙遗址，位于中山石岐的扒沙街，即月山公园门口的对面。虽然现在城墙仅存数十米，但这里蕴含着中山许多的故事。

城头盘踞着几棵古榕树，盘根错节，根如蟠龙，皮若裂岩，像个耄耋老人，一边捋着长须，一边凝望着这座城市在沧海桑田中缓缓走过。古榕树绿荫如盖，古城墙砖缝长满了小草和青苔，这都是岁月留下的痕迹。

3. 仙翁祠

《濠涌祇敬堂族谱》记载："储公，字圣明，汉歙人，讲孟氏易，精通图识，建初举贤良，为天下第一。累官太常卿兼洛阳令，后追尚书令，封黟县侯。兄侪弟俨，俱有学行。储公能役使鬼神，卒，乡人立祠祀之。称仙翁，三子，赞之，弘公，观之。"

另外，濠涌村方氏的历代各地族谱都有记载："仙翁祠，在浙江严州府淳安县，祀汉黟县亿储公，元大德年间虚谷方回重修。"

在浙江省杭州市淳安县文昌镇富山村，有一座方氏家庙——方仙翁祠。这座方氏家祠，历经数百年风雨飘摇，依然屹立不倒。

富山村位于千岛湖侧一座小山丘上，成村于东汉年间，历史悠久。据清光绪《淳安县志》记载，东汉年间歙东（今淳安）有方储、方侪、方俨三兄弟，俱讲授《孟氏易》，尤方储特聪颖博学，知天文五行，精占卜吉凶。章帝元和初年（84），举贤良方正，对策第一，拜授议郎，转为洛阳令，升迁太常。

方姓系淳安大姓，不仅富山村建有方氏宗祠、方仙翁庙，而且在全县各地方姓村庄均建有方仙翁祠庙，有关方仙翁的庙会活动也昌盛。

饱经沧桑的方仙翁祠（方浩燊摄于 2015 年）

1457 年（明朝）的进士牌匾（方浩燊摄于 2015 年）

1958 年修建新安江水库水湖，富山村连同周边方姓村子一并被湖水淹没。大部分村民外迁，余下的村民搬到仙翁祠所在的小山丘上居住，即今天的富山村。而原来的富山村及周边县城的多座方氏祠堂、牌坊亦一同没入水中。

仙翁祠中有众多文物，包括明朝嘉靖二十年（1541）的"重修方仙翁祠碑刻"、明朝景泰八年（1457）进士牌匾、世泽堂牌匾（年代不明），皇帝圣旨石刻（年代不明），"东□堂"牌匾（年代不明），老石狮两座。其中，"重修方仙翁祠碑刻"内容与濠涌族谱相印证。

重修方仙翁祠碑刻（方浩燊摄于 2015 年）

第八章　烟火人间

　　汪曾祺先生说，家人团坐，灯火可亲。

　　岁暮，中国人延续世世代代的风俗回家团年，亲朋相聚，把盏
言欢。背负满满的行囊踏上归途，行行重行行，跨越万水千山，只
为看看故土那熟悉的一草一木，还有亲友热切的脸庞。春运，每年
一场几十亿人次的人口大迁徙，充分说明"家"在国人心目中的分量。

　　费孝通先生在《乡土中国》里写道："从基层上看去，中国社
会是乡土性的。"还有专家说，当代中国人往上数三代，多数来自
农村，来自泥土。当城市文明和全球化席卷一切，空心化的失落老
村不断涌现，我们的生活节奏也变得一天比一天快，遍地都是躁动
的无处安放的灵魂。久居城市，望着高楼大厦伸向天际之时，人们
常常会遐想"暖暖远人村，依依墟里烟。狗吠深巷中，鸡鸣桑树颠"
的恬淡意境。青山绿水包裹着乡愁，承载着记忆，游子远行，望不
穿的是青山重重，放不下的是思念浓浓。

　　"铺仔"门口，村民坐在长长的老旧木凳上，操着一口让异乡
人不明就里的隆都话扯着家常。顺着街巷一路蜿蜒，不时隐约飘出
几支粤剧名角演唱的经典粤曲，咿咿呀呀，粤韵悠扬。村头巷尾屹

立着拥有数百年树龄的古榕树、古樟树，浓荫蔽日，树影斑驳。凉风送爽，叶子沙沙作响。祠堂里、庙社前、树荫下，老人坐着竹椅子，摇着大蒲葵扇，或纳凉闲聊，或闭目养神，或打盹小憩。旁边，一条慵懒的家狗也闲适地闭上了眼睛。只有那走路还摇摇晃晃的淘气小孩静不下来，哗然追赶正在啄虫子的小鸡。这是一幅幅典型的隆都地区农村写照。

春暖花开，田艾包散发着田野的味道；四月初八，家家户户围坐品尝栾樨饼，金吒、角仔、茶果等各式糕点摆满桌子；五月端午、七月中元节，数斤重的芦兜咸肉粽在沸水翻滚的大锅里蒸煮，满屋飘香；年终岁末，古法蒸隆都年糕，层层叠叠的景象蔚为壮观……隆都人对家乡的印象，大抵如此。

百年前的濠涌，同样烟火气弥漫。街市亭小贩叫卖声此起彼伏，商业街每天喧声盈耳；当社会动荡时，邻里之间守望相助；还有乡民送孩子蹭上舟乘，开启一段跨越山海的旅程，点燃生活的希望……

岁月不居，时节如流。无论身处何种境地，濠涌乡民总能在柴米油盐里寻回对生活的热忱。

文明城市要有烟火气，有烟火气才有人间情。家乡，是充满烟火气、乡愁味的地方。"家"的味道，隐藏在青砖黛瓦的老房子间，隐藏在千家万户的楹联上，隐藏在冬月晾晒的腊味里，隐藏在稻田边儿童疾跑的脚步声里，隐藏在翱翔于天际的风筝上，隐藏在村民代代相传的故事中，隐藏在那些"山山而川、人生海海"里。

一串"后门山"林间清脆的鸟鸣，一缕屋顶上的袅袅炊烟，一盘热气腾腾的年糕，一对具有隆都年味的"开门大吉"，一阵集市上讨价还价的喧哗……声音所起，目光所触，思绪所致，回头望一眼，无处不是"牧乡"。

对许多一辈子种田劳作的农民来说，村子就是他们的家；对拥挤在钢筋混凝土森林中的人们而言，对背井离乡的游子而言，乡村又何尝不是他们精神的归宿?

近年,国家提出乡村振兴,提出看得见山、望得见水、记得住乡愁。只有保留乡村独有的功能和风貌,保留传统的在地文化,保留寻常的烟火气,让乡村有文化、有风景、有诗意,唯其如此,才能守护乡愁留住根。

炊烟袅袅绕乡愁。岐水轻流,五桂风淡,每个人心中都有一场不灭的人间烟火。

让烟火不灭,乡愁不老;让农情不变,根脉永存。

第一节 留澳幼童:一段被遗忘的民国香山纪事

中国向西方学习的留学潮,始于中国近代洋务运动时期。自那时起,广东,尤其是珠江三角洲各市县,就一直是这一留学潮的领先者。

随着"师夷长技以制夷"之理念在中国生根发芽,向外国学习已成为中国社会变革的一股动力。自晚清起,中国人赴外留学渐成浪潮,如清末的留学日本热、民国初期的赴法勤工俭学、北伐时期的苏联留学热、民国时期的官派赴欧美留学等等,一拨接一拨,延绵不绝。上述种种留学热潮,多为官派性质。实际上,在上述过程中,还有大批的赴外留学,是属于自费性质的。民国时期,这种自费性质的赴外留学,虽已遍及全国,但仍以广东省为最。其中,许多家庭送去国外留学者,都是幼童,亦即现在所说的小留学生。有国内学者研究发现,民国初期(1912—1927)广东赴澳留学之人数不在少数,达上千之众,俨然形成第一波中国赴澳留学潮流。这些赴澳留学的年轻人,大多来自珠江三角洲。从澳大利亚现有的档案所显示的留学生籍贯来看,他们以来自香山(中山)县、新会县和开平县者最多。这批留澳的珠三角少年儿童,跟19世纪中叶澳大利亚的淘金热以及后来推行的歧视和排斥华人移民的"白澳政策"①有密切关系。这批档案因为散落在澳大利亚国家档案馆及多个州的档案分馆，资料零星分散残缺，翻译、核实难度大，至今未为学界所关注。

这是一个被历史遗忘的群体，也是民国时期中国人留学澳大利亚历史的空白。

中山日报社原社长方炳焯，祖籍濠涌村，几十年如一日深耕中山文化宣传领域。近年，他把关注的目光投向了中山留澳幼童，笔耕不辍，陆续发表了《被遗忘的民国香山留澳幼童纪事》系列文章，揭开了那段百年前侨乡中山对外教育交流的历史轨迹。以下，收录其中关于濠涌村留澳幼童的纪事文章。

　　我的家乡在广东省中山市沙溪镇濠涌村，史籍记载南宋末年崖山之战后，一位驸马的后裔在这里落籍开村，村庄至今已有 600 多年历史。小时候，我常常在节假日里跟随奶奶回到乡下的祖居小住。祖居小院的门外就是大片大片的稻田，从稻田往外望去，一条东西走向，横亘村边的河流蜿蜒而过。河岸边还有一个建于清末民初的濠涌码头。

　　听村子里上了年纪的老人说，村边的大河就是石岐水，也就是流经濠涌村的岐江河段。清末民初一直到解放前夕，村民往返城乡之间几乎都是靠水路和行走其中的花尾渡。沿石岐水往东连通内河，可直抵县城石岐和省城广州甚至上海。往西，可直抵澳门、香港，然后再往更遥远的南洋、金山等地。也因

---

① 白澳政策（英文：White Australia Policy）是澳大利亚联邦反亚洲移民的种族主义政策的通称。1901 年，白澳政策正式确立为基本国策，只许白人移居。在此政策下，大部分华人忍受不了欺压，被迫离开澳大利亚。1972 年，澳大利亚工党政府取消了白澳政策。

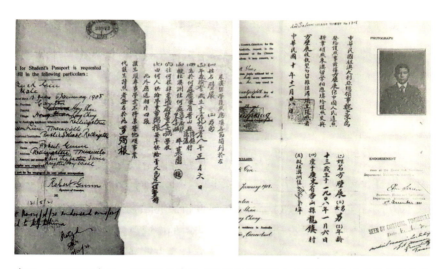

左图：1921年下半年，罗弼根为其子方壁展来澳留学向中国驻澳大利亚总领事馆申请护照和签证所填写的申请表（资料图片）

右图：1921年11月28日，中国驻澳大利亚总领事魏子京为方壁展签发的中国护照。右边有澳大利亚政府内务部于12月1日签发的入境签证印章（资料图片）

为这个原因，在长达百年的历史中，这个并不显眼的码头一度帆来樯往，渔火连绵，商贾云集，乡民走南闯北，热闹非凡。无论是走投无路还是怀揣梦想的乡民，只要走近濠涌码头，它都会给你点燃起生活的希望。有一条大河守望的村庄，总让人看到远方和希望。

如今，岐江水依然潮起潮落，濠涌码头却已繁华不再。不知何时开始，这条大河已经被一排排一望无际的家具商铺围挡，如果没有当地人给你指路，你根本不可能知道这里曾经有一个盛极一时的码头，流淌不息的岐江河也被挡在了视线之外。码头上一座形单影只的建筑物，除了墙体上"濠涌码头"四个字依然清晰可见外，周围的一切都显得斑驳和颓败。

我在翻阅100多年前的香山幼童档案时，发现有至少6位濠涌赴澳留学幼童，他们都是从濠涌码头出发，沿着大河一路南行，见识了更加广阔的世界，这让我心生无限感慨。一百年前，这些幼童的家长就知道，大河连通着外面广阔的世界，走出去就有希望。

澳大利亚国家档案馆至今仍完整保留了几位濠涌幼童的入境资料。简单抄录几位幼童的档案并记录如下：

方赐，1921年7月11日由父亲方生为其向中国驻澳领事馆递交申请赴澳留学护照和签证。当年12月27日，14岁的方赐只身一人抵达汤士威炉，注册入读南汤士威炉公立学校，1927年3月学习后回国。

方壁展、方壁崑兄弟，1921年初，他们的父亲罗弼根专程从澳大利亚回国，为在乡下生活的13岁的方壁展、11岁的方壁崑办理了赴澳留学手续。兄弟两人分别于1922年5月、1923年6月赴澳。方壁崑入读当地一所公立学校一年之后，由于父亲的去世，在一年半之后便结束了留学生活回到国内。而方壁

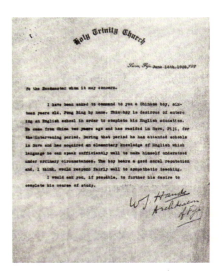

1928年6月14日，苏瓦三一教会主教为方炳来澳留学所写的推荐信

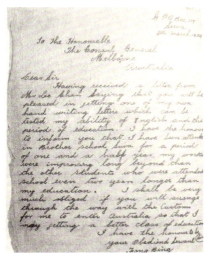

1929年3月，方炳手书给中国驻澳大利亚总领事之信函

1929 年 6 月 22 日，方三为其子方炳申请来澳留学向中国驻澳大利亚总领事馆申领护照和签证所填写的申请表

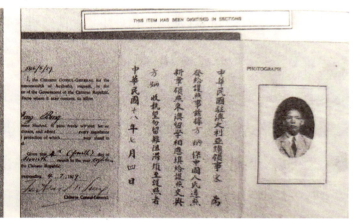

1929 年 7 月 4 日，中国驻澳大利亚总领事宋发祥为方炳签发的中国护照

展则在 1926 年 12 月圣诞节前夕回到家乡。至于方壁展归国的原因是回乡完婚，还是当时广东正处在大革命的滚滚洪流当中，风云变幻急遽，和当时许多热血青年一样被感召回国，目前没有找到更多有说服力的证据。

方炳，1922 年由家人从斐济转道澳大利亚，曲线留学。1930 年 3 月 15 日，他结束了在圣母昆仲会书院的学习返回中国。档案上记载的是方炳当时患了比较严重的疾病，不得不回到国内就医。

方烈文，1936 年 5 月 30 日，由其父亲方基为其办理了赴澳留学护照，但是这个申请延宕到一年之后才被批准下来。到当年 11 月 23 日，方烈文正式入读华英学校。两年之后，18 岁的方烈文在悉尼登上了驶往香港的太平号轮船回到家乡。

方鹤鸣，1938 年 1 月 26 日，由其姑母佐治娜提出申请。7 月 11 日，方鹤鸣到圣诺瑟书院正式注册，一直到 1942 年，方鹤鸣完成了全部中学课程，也通过了昆士兰大学入学考试。1941 年，太平洋战争爆发，澳大利亚全国总动员，投入反法西斯战争。作为盟国的公民，方鹤鸣义无反顾，毅然投笔从戎，为国参战。1943 年底，方鹤鸣加入了驻防的美国陆军，一路北上参战。直到战后的 1946 年，他才正式退役返澳，与比他大七岁的堂兄合股开了一间酒吧。方鹤鸣在澳大利亚留学生涯总计十年，其间有四年在校念书，另外四年则投入抗击日本侵略的反法西斯战争当中，此后两年经商。

除了方鹤鸣以外，其他几位濠涌幼童的留学生活结束回到家乡之后的经历基本无法查找。我曾经试图回到乡下寻找这几位幼童的后人，也曾到档案馆、图书馆了解他们回国之后的经历和故事，很可惜，在幼童自己的家乡，几经寻访都一无所获。村子里根本没有任何人知道这几位幼童留学的故事，档案馆里也查不到任何记录。他们的名字，就这样在异国他乡的青灯黄卷之中静静地尘封了 100 多年，从来没有人被提起。

在众多的档案中，还有来自石岐的威廉林茂的留学经历引起了我的兴趣。1921 年，他的父亲林茂便为 15 岁的长子威廉办理了赴澳留学的申请。威廉一直在当时颇负盛名的汤士威炉基督学校就读。本来他的父亲在当地经营着一间生意还算不错的林茂号商铺，十分需要大儿子留下来打点生意。但是，因为

"白澳政策"以及跨种族婚姻的原因,威廉不得不与澳籍的妻子阿格妮丝离婚(威廉在留学期间因为父亲经营的林茂号店铺财政状况理想,生意兴旺,澳大利亚当局同意其学生签证转为工作签证),回到自己的家乡石岐。档案中有一组照片,分别是1931年热恋中的威廉林茂在汤士威炉和1932年已经结婚的威廉林茂与阿格妮丝在石岐所拍摄的当时的街景照片。可惜,因为太平洋战争和种族歧视政策,这对有情人终不能成为眷属,留下了一段凄美而又令人伤感的往事。

在传统历史的叙述当中,上千名留澳幼童的故事几乎被历史所遗忘。所幸,在异国他乡的国家图书馆,他们的名字和资料都被完整保存着(还有相当部分资料因为未被整理或不完整而未能公开利用),这着实让我们惊讶。作为开现代留学运动先河的香山地区,出洋留学的传统自清末民初以来一直没有停

左图:1931年热恋中的威廉林茂与阿格妮丝在汤士威炉
右图:1932年已结婚的威廉林茂与阿格妮丝在中山石岐

左图：1931年，热恋中的威廉林茂与阿格妮丝在汤士威炉和朋友出游
右图：1932年，已结婚的威廉林茂与阿格妮丝在石岐所拍的街景

止过。如果说之前赴日、赴美、赴法、赴俄等多波留学潮的学生更多的是以"挽斯民于水火"为己任，那么赴澳留学的这一波潮流更多有一种民间、家族的色彩和兄弟联袂、宗亲结伴、乡人同行的特点。在目前已经发现和整理的上千份幼童档案中，旅澳华人学者粟明鲜教授经过近十年的艰苦寻访，大部分已经整理成《民国粤人赴澳大利亚留学档案全述》，其中《中山卷》的档案总量最多，分上下两卷，达1000多页。这些幼童大多来自当时经济、文化较为发达的石岐、环城、沙溪、大涌、张家边一带乡镇，幼童的年龄一般都在10～15岁，最小的只有5岁。幼童在澳留学的时间短的只有几个月，长的则在10年以上，尽管有的幼童因为太平洋战争的爆发而滞留在澳更长的时间，但许多幼童依然无法留在澳大利亚接管家族企业而陆续回到家乡或者继续漂泊远方。有的幼童参与到家族企业开疆拓土的事业当中，有的幼童在国破家亡之际，毅然投笔从戎，身许家国，有的幼童从此天涯孤旅，客死他乡。

留澳香山幼童的一生，有的人一生精彩绝伦，有的人一生平淡无奇，更多的人一生籍籍无闻，但他们是绝对不应该被忘记的一个特殊群体。在他们的身上许多看起来平淡无奇的故事，见证了100多年来中山人的顽强、坚韧，在异国他乡的奋斗和生存策略，与外部世界交流以及建立世界性商业网络的发端。

在香山留澳幼童的身上，还有更多我们闻所未闻的故事，在尘封百年之后，还在等待着被发现，被研究。

第二节　竹林街：百年商业老街讲述昔日繁华

夏天的午后，阳光通透明亮，走在大同村竹林老街上，房屋的阴影打在巷子里，仿佛世界都安静了下来。

当你习惯了在车水马龙的城市中行色匆匆，每天在霓虹灯闪烁的高楼大厦之间穿行，你是否还记得，那雨后湿滑的青石板街，那滴着串串水珠的老屋檐，还有那吱吱呀呀的木门？无论走多远，许多人的心中都怀着一条悠长又寂寥的雨巷，那是儿时无法抹去的回忆。

老街老巷，凝固着上百年如一日的时光，镌刻着岁月的故事。正如著名作家冯骥才所说："城市的源头是一条街，最早的街后来就叫作老街。"老街，见证了如烟的岁月，记录了曾经的繁华。

大同自然村有一条百年商业老街，名为竹林街，满载着往昔记忆和人文味道，到今天虽然商业气息不再，依旧人来人往。

曾几何时，这条街每天熙熙攘攘，弥漫着浓郁的市井风情。

　　"铲刀磨铰剪——"

　　铲刀佬的语气拉得老高老长，试图让整条街的人都听到。与其说是喊，不如说是唱，老一辈的人永远也忘记不了这熟悉的吆喝声。

　　妇女们拿出用钝了的菜刀、铰剪、镰刀等各种刀具，就站在门口高声呼应。性急的，干脆"冲"到街上去。"铲刀磨铰剪——"铲刀佬一边吆喝，一边循声而来。找到顾客，立马

动作麻利地摆开"工作坊"：四角凳、铲、刀石、抹布等工具一一依次铺开。

赤愣——赤愣——刀声霍霍。

磨刀、铲刀、切牙等动作一气呵成。不一会儿，各种刀具的刃口就锃亮锋利，焕然一新。

"蛇药膏药乌麻麻，贴落大疮都有个疤……"

挎着箱子的卖药佬沿街叫卖自制成药，一路吆喝。箱子里是各种"百试百灵"的自制中药。经常有妇女吓唬"细蚊仔"（意即孩子），"如果你不听话，就把你卖给山药佬，以后跟着他一起去卖'蛇药膏药乌麻麻'……"听到苦巴巴的蛇药、乌麻麻的膏药，调皮的"细蚊仔"也不由得打个寒颤。

大街上，一头体形硕大的公猪，一颤一颤地走过，发出"哼哧哼哧"的喘息声。公猪被"猪郎"（又称"牵猪郎"）一手用绳子牵着，一手提着竹鞭，赶着去打种。孩子们走过路过，总要驻足多瞄两眼，窃窃私语。

以上，都是旧时隆都村落大街小巷极为常见的情景。

如果你以为竹林街是一条掩映在婆娑竹影下的老街，那你可能要失望了。竹林街，两旁并没有竹林。这个名字的来源，已经无从考究。老街宽不过三四米，长不过一公里，沿街建筑也并非同一个时期建造的。有意思的是，两旁无论是店铺也好民居也罢，全不约而同地建成店铺格局。

这条古旧的街道从什么时候开始形成的呢？村中苍颜白发的老人都无法给出确切的答案。街口的百年老建筑骑楼则成为"竹林街

曾经熙熙攘攘的竹林街（方嘉雯摄于 2015 年）　　　竹林街的骑楼建筑，留着时光的
痕迹（方嘉雯摄于 2015 年）

已经超百岁"的有力证据。

老街上还有数幢中西合璧的新旧骑楼建筑，是岁月留给这片土地的。从外观上，一眼就能辨别是不同时代的建筑物。徜徉其间，老式骑楼有着精致华丽的柱头、拱券、拱廊、浮雕与窗饰，散发着洋气，可见当年的时髦。老建筑上，依稀可以辨识出本来的色彩，褚红、靛蓝、石青、赭石、藤黄……它们曾骄傲地被涂抹在窗框与浮雕上，阅尽了楼上楼下的世事，虽然耐不过岁月侵蚀变得斑驳陆离，但依然能透出当年的繁华景象。

百年商业老街，时光交错骑楼里。

这条老街曾有药铺、供销社、杂货铺、饼铺、饮食店等，《豪冲月报》的编辑部旧址也于此，是旧时隆都沙溪地区一条有名的商业街。

竹林街 32 号是一幢已经超过百年的老宅，人去楼空，蜘蛛网结满了窗户门楣。屋顶的瓦片缝隙间，茂盛的野草肆意地迎风飘摇。这是一间百年老字号中药铺的旧址。

100 多年前，一户何姓人家从南海迁居香山，在竹林街这座老房子落户安居。此前，这是一家名叫"济生堂环球药片"的药铺，

竹林街上的建筑多为骑楼，风格亦中亦西（方嘉雯摄于 2023 年）

何家买下后，将店名改为"永安堂"，并继续从事药铺生意。此后，何家在竹林街落地生根，世代经营药铺。

遥想当年，古香古色的木质药橱上，上百个小抽屉被工工整整地贴满了标签，里面盛放的中草药，可是普济苍生的人间草木百味。老式柜台上，捣药罐、药碾、戥子①、毛笔、墨砚、算盘等一字排开。何家药师为方圆数里的乡民望闻问切，把脉开方。

这家带着旧日烙印的老药铺已歇业数十年，后代多次搬迁店面继续经营。

而今，何家老宅的门头上依然保留着一块古老的牌匾，油漆已全然剥落。凝神定睛寻看，阳刻"济生堂环球药片"的字迹依稀可见。

---

① 戥子：戥秤，一种小型的杆秤，旧时专门用来称量金、银、贵重药品和香料的精密衡器。

门板上依然保留着旧时夜间营业的小窗户。"以前，乡亲们夜间就通过这个小窗口来取药、付钱，就像今天24小时营业的药店经营方式。"何家后人何伯回忆道。

除了何家老宅，竹林街上还有不少这类小窗户。

供销社在竹林街也是家喻户晓的。在那个物质缺乏的年代，村民许许多多的日用品都从这里购得，布料、火水（煤油）、火柴、酱油、面粉、冰糖、食盐等，都凭证限量销售。小小的供销社，牵动着千家万户的民生日常。

今日，竹林街已繁华不再，一楼只剩寥寥几家日杂商行，其余多改为

濠涌村古老民居精美的花鸟灰塑窗饰，透着一股岭南之风（方嘉雯摄于 2024 年）

住家，还有不少已成了出租屋，二楼阳台家常衣物被单随风轻摆，随着季节变换晾晒着当季的菜干、鱼干、腊肉，浓郁的市井烟火气直抵人心。走在竹林街上，除了本土的隆都话，耳畔不时飘来夹杂着各地乡音的普通话。本土村民与外乡人，在日复一日的生活中逐渐交融。

由于门店原有大门多为三四米宽，无法安装趟栊门，常年关闭门板对屋内采光、通风不利，于是就有村民在店门口外加上一扇小门。平日家里有人时，就把入口处的门板打开，可达到采光、通风的效果，同时屋里小孩不会外出乱跑，也起到防盗的功能。时下，这门板外的小木门也成为竹林街的一大特色。透过一扇扇小窗户，人们窥见了百年来的老时光。

在竹林街不远处，是街市亭，又称市亭。时至今日，虽然街市

亭早已消失，老人家依然能脱口而出，并清晰地给你指路。可见，街市亭是曾经浸润着他们青春岁月的地方，关于街市亭的记忆已深入骨髓。

何谓街市亭？街市，是做买卖的地方，相当于"市廛"①。明代黄佐《粤会赋》说的"列市廛遂分贸易"就是这个意思。沙溪地区的商业长期以来比较发达，于明清期间已形成山仔圩（谿角）、坑口圩（隆圩）、沙溪圩三大圩。街市亭有别于圩市。圩市设于圩上，范围大，货物广，有圩期；而街市亭在街道或乡村，范围不大，天天开市。

老人方达明回忆，旧隆都大多数自然村都有街市亭。街市是小贩的天下，做的是小买卖。街市主卖猪肉、塘鱼、小海鱼、咸鱼、瓜菜，辅之以虾酱、腐乳、大头菜之类。街市亭天天营业，天天顾客盈门，每天喧声盈耳，所谓"三个女人一个圩"，一个街市亭内，其声浪一波接一波，胜过多少个圩。

在隆都沙溪，人们习惯在"街市"后面加一个"亭"字，唤作"街市亭"。这名称很形象，因为它的建筑架构确实很像亭子。

建筑是凝固的艺术，一条老街，蕴藏着一个村庄的烟火。

第三节　水车馆：赴汤蹈火的民间消防局

火，被坊间百姓称之为"冇牙老虎"，可怕至极。

记得小时候，奶奶常在耳畔唠叨两件事：欺山莫欺水，不能独自野泳；火灾猛于虎，不能擅自玩火。

防火是乡民生活中一大要事。过去没有消防栓，没有消防员，也没有专门的消防机构，那么，人们是怎样防火灭火的呢？通过散

---

① 市廛，指街市上的商店，又指商店集中的地方。

落于乡间的"水车馆"旧址，可见端倪。

在濠涌大同村东安街，至今保留着一个重建于 20 世纪 90 年代的水车馆。水车馆紧紧挨着一村守护神"土地庙"，老百姓渴望国泰民安之心可见。仔细打量，水车馆为双层建筑，单间，外墙呈藤黄色，红色镂空木门紧闭，门口宽阔，便于消防水车进出。"东安堡水车馆"几个黑色的楷书大字倏然入眼，昭示着水车馆年代的久远。匾额书于清光绪年间（1875—1908），1991 年 5 月重题。正是这样一座小小的水车馆被委以重任，为一个村庄赴汤蹈火，庇护着一方百姓的安宁。

水车馆就是当年的"119"。它相当于现代的消防局，是用来放置"消防车"的，那时的消防车，隆都人称之为"水车""火烛车""水柜"。清末民初开始，香山地区城乡各处涌现水车馆，可视为中山最早的消防机构。当时，绝少村子是没有水车馆的。水车的购置一般由乡村解决，途径不尽相同。有的是乡主庙宇捐助，有的是集资，

东安堡水车馆已退出历史舞台（方嘉雯摄于 2023 年）

左图：东安堡水车，被完整地保存了下来。20世纪60年代，除了救火，这辆水车还
　　　肩负着浇灌禾苗的重任
右上：当年与火焰赛跑的水车车轮，如今已锈迹斑斑
右中：老旧的水喉管蒙上了厚厚一层尘土
右下：维修水车的工具门类齐全（图片均由方嘉雯摄于2023年）

也有的靠旅外乡亲捐赠。至今，在沙溪、大涌、南区等镇街，还能
见到一些水车馆旧址，不过里面常常空空如也，当年的救火设备无
迹可寻。

　　隆都沙溪最早的水车馆大约出现于清朝末年，民国年间逐渐增
多，有专人管理。新中国成立前，几乎各村都设有水车馆，水车馆
内必有火烛车及喉管、火钩、水笔、水桶等救火所需的配套器械。
那时候，村之下有堡，有的村每个堡有一间水车馆。时至今日，敦
陶村（当时称墩头堡、墼头堡）也尚保存有水车。

　　水车一般高约1米、长约1.5米，其中水箱高约40厘米、宽约

50厘米。设计小巧玲珑，为的是方便在窄街窄巷中自由穿行。这对于百年前的沙溪，以砖木结构房子为主的村庄是非常重要的。

当时，在中山人口稠密的村落，茅草寮屋及砖木屋舍一间连着一间，一片连着一片，村民毗邻而居。尤其到了天干物燥之时，倘若一间不慎失火，很可能一条街都被火海吞噬了。

《中山文史》第42辑《水乡风情》中的一篇文章，聚焦于祝融之危害。其内文谈道："全村寮舍付之一炬者，时有发生。清末民初，隆都涌头村（现属沙溪镇）趟头烧灰窑失火，火借风势从东北移向西南，烧至涌边村心通过杜婆桥至涌头村趟头之驿道。当时杜婆桥两侧为相当发达之商业区，店铺林立。这场大火烧了两天两夜，毁店逾50间。"

濠涌村古稀老人方凯凡忆述，濠涌村也曾经发生这样的悲剧。

当年，濒临"石岐海"的濠涌村边缘有疍民聚居，疍民的居所全部为茅寮草棚，人称"海旁街"。凯凡老人小时候经常在海旁街附近"出没"，去"海"边游泳、抓鱼。疍民世世代代在风里浪里以捕鱼谋生。那时候，疍民低人一等，不被允许穿鞋屐上岸，不被允许跟村民混居，也不被允许跟村里人通婚。20世纪60年代初，一疍民小孩在屋中玩火，不慎起火。由于扑救不及时，火势很快蔓延开来，熊熊大火把天空映得通红，整条海旁街很快就葬送于火海之中。

丧失了家园的疍民，无家可归，生活拮据，全部家当就只剩一条渔船，上无片瓦，睡无床铺，食无桌子。濠涌村民不忍心疍民挨饿受冻，也不忍心把他们赶上绝路，于是，渐渐地就借屋子给他们住。年复一年，疍民真正地"上岸"了，和本地村民融合在一起。

现在，濠涌村人口，除了占绝对数量的方姓之外，还有数户苏姓、何姓、卢姓、欧姓、梁姓、高姓、萧姓、刘姓人家……其中，不少姓氏就是当年的疍民后代。

年近花甲的方信洪，祖居东安街，父亲是"剃头"师傅（理发师）。

作为在东安街水车堡附近长大的孩子，对于 50 多年前水车救火的场景，他依然历历在目。大年初七，当他看到笔者站在水车堡前拍照，就自然而然地主动讲起那段往事。

七八岁光景，大街小巷追逐打闹的年纪，那一串串急促而清脆的铜铃声，永远地留在了方信洪的心里。"两个铜铃一大一小，一高一低。每当铜铃响起来，大人就立马放下手中的活儿，急匆匆地冲出屋外去救火。"救火现场最吃力的是将水柜里的水通过水泵压出，俗谓"揪水柜"。水笔喷出的水可高达十多米，笔嘴发出"啪啪"之声，其冲击力可摧毁一堵危墙，击碎窗玻璃。"揪水柜"难以久待，一会儿便使人手疲气喘，数分钟便有人主动上前替换，稍事休息再上阵替换别人。"村民十分齐心，逢火必灭。"方信洪回忆道。

"当年有四个堡，一个堡有一个水车馆，负责守护附近村民的消防安全。"方信洪说。随着光阴的流转，现在只剩下东安街一个水车堡了，以前有两辆水车，现在仅余一辆。

水车退出了历史的舞台，唯一存世的东安堡水车馆也成了"出租屋"。那辆曾无数次为村民"赴汤蹈火"的水车被安置在一个小偏房里，保存尚好。落在它身上的尘埃，写满了光阴的故事。车身的裂痕，是时间的沟壑。

如今，水车齐刷刷出动灭火的情景再也难以重现，透过文献的记载，那种场景还能领略一二。《隆都沙溪文化丛书·沙溪访古问俗》一书有一段文字，生动描绘了民间消防局为民"赴汤蹈火"的景象：

　　失火时，一经发现，喊"救火"的大叫声、敲锣声此起彼伏；闻声而至的村民齐心协力，拿着水桶、面盆等用具从家中冲出来，迅速从水车馆推出水车，接上喉管、水笔，到水井、水沟、池塘、河涌等处打水倒进水箱，"嘿嗬嘿嗬"揪动水柜，操水笔者对准火苗喷射。场面之热烈、情绪之高涨、动作之迅速、协作之和谐，莫此为甚。此时此刻，人与人之间往日的争执、宿怨，都被抛得无影无踪，大家一心救火。

在天灾人祸面前，村民之间往往一火泯恩仇。

第四节　和平义仓：风雨岁月里的守望相助

一本刻满岁月痕迹的红皮簿——《方族和平义仓祇敬堂领取赈谷祖惠凭簿》，把时光回拨到民国38年（1949）仲春。1949年的春天，新中国还没有成立，刚经历了14年抗战和4年解放战争的旧中国，已是积贫积弱，民生多艰。

在这段风雨飘摇的岁月，大濠涌村方氏曾存在一个民间慈善公

《方族祇敬堂和平义仓领取赈谷祖惠凭簿》封面（方浩燊供图）

民国版《香山县志》有关濠涌方族义仓的记载（方浩燊供图）

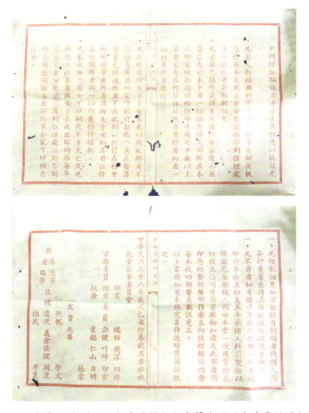

民国 38 年（1949）方族凭领祖惠簿内页（方浩燊供图）

益组织"方族和平义仓"。义仓的基础是义田，该组织将每年的谷米、租项收入、"祖惠"物资等等，按一定的制度分给老人、贫民等各种人群，以解族人生活之困。

民国版《香山县志》有濠涌方族义仓的记载。一同载入县志的，还有周边村落的义仓，如北山乡敦古堂义仓、下泽乡义仓、隆镇缪族义仓等等。

据考证，凡大濠涌方族子孙均以户为单位发红簿一本，簿上附载其家属名氏作为凭证，用以领取红帛金及一切祖惠，凡耆老则可领"新登袍金"及"养老谷"。红簿是领取祖惠的重要凭证，如果不慎丢失，要"悬红登报声明作废""并向值理报请补发"，每本收回"簿费基数伍毫正",相当于今天的工本费。

关于领取办法,族事委员会有鉴于以往"无准确统计,稽核难周""每有浮开滥领"等情况,专门召开族务会议讨论制定了一系列管理措施来规范,以保发放公正,如"有相应证件时方得报领",如"有伪报瞒领者查出有据,定将伊本身永远革除祖惠,串同保证骗领者亦停止其祖惠,以儆效尤"。

领取制度兼顾妇孺老幼。如"凡娶入新妇与新添丁口,无论男女嗣后,概须于每年岁底义仓分账前携簿到值理处注妥名氏,方许领取祖惠",如"凡子孙之往外处谋生,经过十年前后而无音信存亡未卜者,一切祖惠停支,须俟其本人回家时始行补给,但年逾七十岁,其有家眷在村居住且近有音信寄回者,一切祖惠照旧发给"。

值得一提的是,规章里有一条如下:"凡在外娶妇生下子女其未回过家乡者,不给祖惠,俟其回家时始行发给(其在发簿前业已开过灯者不在此例)。""但系在村中结婚携带出外者,其所生子女如具有证件并经开灯者则一切祖惠仍得领取。""开灯"屡被提及,其在族务中的重要程度,可见一斑。

2021正月,方达明、方瑞群两位老人的春节特别忙碌,只因他们要准备为孙子方骏杰"开灯"。这是他家近年第二次"开灯"了,第一次是2009年为长孙方骏轩"开灯",一家人喜上眉梢。

据老人介绍,开灯是旧时盛行于隆都地区的一种传统民俗。

在古代,男称丁,女称口,"添丁"就是生男孩子。灯,谐音"丁"。"开丁",就是传宗接代、开枝散叶之意,意味着支脉后继有人。"灯节",指的是正月十五元宵节。在过去一年生了男孩的人家,按照旧俗在这天携酒肉到祠堂里挂花灯、拜祖先,这叫"开灯"或"挂灯"。古时候,这种习俗在香山很普遍。

《香山县志·同治志》记载:"正月灯节,添丁者挂花灯于祠,以酒脯祀其先,曰开灯,亦曰挂灯。约俟清明则焚之,曰结灯。"

方氏大宗祠里挂满了村民及各地宗亲送来的花灯（方嘉雯摄于2023年）

迁居石岐的濠涌方姓宗亲悬挂的传统"莲藕灯"。"莲藕灯"代表"莲塘水藕"，好意头。莲藕是水生植物，水为财。四节莲藕相连，寓意代代相传，藕断丝连。有白花（男），有红花（女），有绿叶，寓意开枝散叶（方嘉雯摄于2023年）

悬在花灯下的小竹篮，里面放着慈姑、橘子、利是，寓意吉祥如意、后裔繁昌（方嘉雯摄于2023年）

隆都的"开灯"仪式一般选择正月初四进行，也有择于年初二、年初六或其他日子者，各村略有不同。

方氏族人十分注重开灯的习俗。凡添新丁，待孩子满周岁，岁末时节家中长辈就会托专业的"扎纸佬"扎三盏花灯，谓之"扎灯"：一盏悬挂于家里的"门官"神位上，一盏悬挂于祖先神位上，一盏悬挂于方氏大宗祠，谓之"挂灯"。花灯由竹篾和彩纸纯手工扎制而成，造型古色古香，十分精美。

花灯从大年初六一直挂到正月二十六，其间，在方氏大祠堂举行一个"开灯"仪式。家人备好三牲酒醴、煎堆、水果，花灯点上蜡烛，祠堂内点上油灯，整个大祠堂灯火通明，亮堂堂的，随之鞭炮齐鸣，香火袅袅。整个过程邀请族中长老主持见证，宣告族中又多了一名男丁继后香灯。"开灯"当天，还将煎堆、酸姜分送亲友、邻居。富有之家，孩儿"开灯"之日，还会宴请亲朋好友。

正月二十六，"开灯"仪式结束。礼毕之后的花灯，在祠堂焚烧，谓之"结灯"。

一代接一代，灯火永相传。

旧时候，祠堂是家族祭祀祖先的场所，到祠堂拜祭挂灯后，还要找祠堂值理落簿。到祠堂"开灯"，就意味着这男丁被家族承认了，成为家族中的一员。祠堂日后分猪肉或其他祖惠，这男丁便具备了分领一份的资格。

"丁"，在旧社会意味着血脉传承，意味着劳动力，意味着家族兴旺。"开丁"意味着香火传承，是家族的一件大事。至今，这个习俗依然在乡间留传。隆都"开灯"，跟中山市南头镇的"灯酒"习俗以及广州、东莞等周边城市的"点灯""添灯"习俗一脉相承。

"丁财两旺"，无论是在动荡年代还是和平年代，枝繁叶茂、生活富足，都是村民对未来的憧憬，也是他们祈求的新年愿望。除夕之夜，孩子们用长条状红纸写的新春祝福语，就名为"丁财"。

丁财两旺、金山大吉、五谷丰登、百子千孙、和气生财、财源广进、龙马精神、身体健康……孩子们用笔墨纸砚把"丁财"写好之后，盛在一个圆形的托盘之上，再放上一对"大桔"（寓意大吉），一切就绪之后，临近大年初一子时，三三两两结伴同行，打着手电筒挨家挨户"送丁财"。

"叔母伯母，接丁财啦！"声声稚嫩的童声在夜色里回荡。

叔母伯母们挑选好自己心仪的"丁财"后，就会在小托盘里打赏一点零钱，多少随意，这叫"接丁财"。"送丁财""接丁财"，以及张贴"开门大吉"，是隆都地区特色民俗，也是孩子们过新年的一大乐事，抹之不去的童年印记。然而，这些传统习俗近年已逐渐消失。

义仓在我国古而有之。义仓之设，有人说起于隋朝。初衷是储粮救荒，抵御天灾。随着朝代的更替，义仓的形式也在不断变化。千变万变，互助公益的初衷一如既往。

方族和平义仓成立时间不详，从目前搜集到的史料判断，民国38年（1949），即新中国成立前已有该组织。方族和平义仓设置了比较完善的管理架构，有专门的祗敬堂族事委员会，下设常务委员、委员、文书、族长老、值理、义仓值理等，各司其职。

《豪冲月报》曾刊出《和平义仓实行分米》一文，全文如下：

　　年来生活程度日高，现值青黄不接之时，故一般贫民，糊口更属艰难。但唯本乡方族，原设有和平义仓，例将每年租项收入，以作分账之用。今耆老等，有感贫民之困苦，遂于六月六日，召集会议分账事宜，以济贫民。即日议决无论男女，每丁分米三斤，经于六月十三日起分派，一连三天，兹查长房男女丁二千零六十名，次房男女丁八百七十九名，三房男女丁三千零六十八名，三房男女丁合共六千零七名。该米共均去一万八千零三十六斤，查该米每担价银九元零四，固此次分米连费用共需银约一千七百余元云。

除了义仓，同一时期敦陶乡还存在过一个家族公益组织——福荫堂寒衣会。在现存的会册中，只能读到有限的信息。创会年代待考证，推算至少在民国 19 年（1930）之前。会册中记录了 115 名敦陶乡民的领胙资料。胙，祭福肉也，就是古代宗庙祭祀时所用的肉，隆都地区拜祭一般用猪肉。最后一次领胙记录停留在 1949 年。

在那个动荡不安缺衣少食的年代，一斤米，一份肉，对于村民尤其是贫困窘迫的村民而言，是莫大的馈赠。

一箪食，一瓢饮，大濠涌方族在风雨如磐的时代同舟共济，守望相助，携手度过了艰苦的岁月。

第五节　各式庙宇：凡尘俗世的心灵寄托

庙，本为奉祀祖先的处所，如宗庙。宗庙的"庙"，在封建时代是至高无上的皇帝的特权。宗庙，夏朝时称作"世室"，殷商时称作"重屋"，周朝称作"明堂"，秦汉时起称作"太庙"。帝王的宗庙制是天子七庙、诸侯五庙、大夫三庙、士一庙，庶人不准设庙。可见，在等级森严的封建时代，除了天子，只有有才德的贤哲，才可以立庙奉祀，如"孔庙"。老百姓要纪念先祖，只能立家祠。等级之间有严格的界别，不容逾越。

后来，供奉神佛的地方也称之为庙。沙溪的庙宇，皆源于宋代，是清一色的奉祀神佛与圣贤的处所。

跟整个沙溪地区庙宇中所供奉的神灵一样，濠涌村各式庙宇中供奉的神灵也非常繁杂，大致有儒教的圣人；佛教的菩萨，如观世音等；道教的神仙，如文昌、北帝、洪圣龙王、华光、齐天大圣、财帛星君、灶君、土地神等；民间传说的神祇，如天后、妈祖、金花夫人、牛王、千里眼、顺风耳等；历史上的贤臣，如诸葛孔明、关羽、华佗等，大有满天神佛的局面。在乡间，所有的神佛，都被称为"菩萨"。

在科学知识极其匮乏，人类被无知蒙昧的古代，老百姓在生存的过程中，面临着诸多的祸福、顺逆、生死，加上统治阶级的推波助澜，各种神祇在时间长河中相继诞生。老百姓对他们顶礼膜拜，祈求得到庇护。

在这些庙宇中，不同教派的诸神共祀现象随处可见。老百姓不会理会什么教派不教派，只要他们认为该供奉的就供奉。为此，老百姓所奉祀的神很"杂"。但是，有一点是很明确的，凡供奉进庙者，都是劝善惩恶、利国护民的。人心之所向，古今一理。

各式庙宇，在民间是一种精神皈依，一种凡尘俗世的心灵寄托，是对祥和、安定、幸福、美好生活的向往和对趋吉避凶的期望。它承载着历史的烙印，是一个民族的民俗文化的一种现象形态。

1. 龙王古庙

临海的地方，多建有龙王庙。

民间传说中，龙王兴云播雨，掌管着农事的水旱丰歉，是管水的水神。因此，修建龙王庙，拜祭海龙王，是我国民间传袭千百年的民俗，是为了祈求五谷丰登、风调雨顺、出海平安。

另外，龙为古代神话传说中"四灵"（龙、凤、麟、龟）之一，古人幻想出来的神异之兽，象征着祥瑞。

为此，龙王庙之多，各处皆然。

古代，沙溪地域原是古伶仃洋的一部分。有人类活动的地方均在伶仃洋水域中隆起的丘陵，即小岛屿。小岛屿在长期的沉积与冲积作用下逐渐成陆，聚居者逐年增多。根据史料记载，大面积的成陆大约形成于唐宋而盛于明清。据《香山县志·嘉靖志》记载的坊都，整个龙眼都（包括现在的沙溪镇、大涌镇）境内仅有 27 个村，与新中国成立前的沙溪镇内 43 个自然村比较，仅得半数多一些，且这些早期形成的村落多半地势偏高。可见，明代嘉靖之前，龙眼都境内仍为河涌水网之地，主要的交通工具离不开船艇，生产活动也离不开捕鱼打捞。因此，跟"水"相关的神庙或神灵比比皆是，如龙王、北帝、妈祖等等。

数百年前，濠涌龙王古庙面前是烟水茫茫的石岐海，村民有的以种田为主，也有疍民以捕鱼为生。经过数百年海水冲刷，海湾渐渐冲积成陆地，慢慢形成今天濠涌村的地貌。渔船出海捕鱼的景象一去不复返，渔业也被时光淹没。然而，村民拜祭龙王庙祈福的习俗却流传了下来。每逢风雨失调、久旱不雨、久雨不止或其他不顺遂的时候，民众都要到龙王庙烧香祈愿，以求龙王治水，风调雨顺，国泰民安。

古庙年久失修，有迹可循的可追溯至清光绪十六年（1890）始建，最近两次修葺是光绪三十年（1904）、2008 年，重修过后，原本小小的庙宇变得气势恢宏。

现在，龙王庙位于濠涌自然村中和街，坐西北向东南，供奉龙王、牛王。现存于该庙正门的匾额"龙王古庙"，书于清光绪十六年（1890）；楹联"龙门早跃，王道同遵"。建筑风格为仿清硬山顶建筑，二进三间，一进有屏风，楹联为"龙司四季，风调雨顺；王御天下，国泰民安"，书于清光绪十六年（1890）。正龛祀东海龙王，左立龙子，右立龙女；左龛中，左祭牛王，右祀南海龙王；右龛中，左祀西海龙王，右祀北海龙王。

每逢初一、十五，龙王庙香火袅袅，香客络绎不绝。

重建后的龙王古庙（方嘉雯摄于 2020 年）

2. 北极殿

位于敦陶自然村和平上街的北极殿始建于明代，坐西北向东南。庙额及门联均为木制，楷书阳刻。匾额"北极殿"及对联"长居北极，永肃南天"均书于明朝，现为新制。硬山顶式建筑，二进，祀北帝。殿壁上有书画诗词多幅及灰塑装饰，殿内有钟、鼓、塑像、长幡、香炉等陈设。民国 31 年（1942）到民国 32 年（1943）间，由村外迁到村内现址。

北极殿只有 40 多平方米，坐落在一片民居之间，庙宇虽小，一年四季香火鼎盛。

3. 先锋庙

近些年，在红木家具产业的带动下，新濠路车辆来来往往川流不息。马路两侧招牌林立，高低错落，纷繁夺目。款式繁多的红木家具陈列在店铺之中，整条红木家具一条街中式风弥漫。沿着这条路一直往前走，就是闻名遐迩的全国红木家具之都大涌镇。

濠涌自然村新濠南路侧的半山腰上，有一座遗世独立的"先锋庙"。一进单间、平顶，简陋得不能再简陋了。然而，这座古老的小庙宇，麻雀虽小，五脏俱全。在商业气息浓郁的地带，它偏安一隅，香火绵延。

先锋庙坐西北向东南，始建于清代，重修于1980年。庙宇中祀奉杨六郎，左祀奉财神、华佗，右祀奉齐天大圣，坐像为佘太君，立像为孟良、焦赞。左侧另有一偏间，杂陈天兵天将。现存该庙正门匾额"先锋庙"及楹联"万古先声垂宇宙，千秋锋锐福生灵"均书于清代。

4. 圣母殿

濠涌村圣母庙，庙内碑刻又作"耆老山庄天后庙"，于濠涌自然村凤阳山庄内，始建于清代，重修于2005年，供奉天后、观音、金花。

庙宇为硬山顶建筑，前檐为绿色琉璃瓦，檐下两侧有鼓台，水泥结构。二进三间，中为天井样，主框架为水泥钢筋结构，架桁盖瓦。老人回忆，原庙址于现址右前约50米处。

庙门横额书"圣母殿"，楹联为"天恩普照，后德于民"。俱为木板楷书阳刻，红底金字。庙内柱联为"圣德威灵，乾坤悠久；母仪显著，日月长明""湄洲慈母恩波远，南国苍生利泽长"，均以木板楷书阳刻悬挂。殿内正龛奉祀天后娘娘，左龛奉祀观音菩萨，右龛奉祀金花娘娘。正龛内尚有左右二陪祀，当为妈祖之两导从顺风耳及千里眼。

纵观沙溪镇内，钱山村、石门村、申明亭村、云汉村均有天后宫，濠涌村则以圣母殿名之。妈祖，又称天妃、天后娘娘，俗称妈祖婆。传说中掌管海上航运的女神。旧时通海之地多立庙祀之。濠涌地区旧时近海，后渐成陆，故近水村落亦建天后宫祀妈祖。

沙溪镇内独祀金花夫人的庙宇，只有龙瑞村的金花夫人庙，邻近的云汉村北极殿则于偏殿祀金花夫人，供奉金花夫人的庙宇尚有数座，分别是濠涌村圣母殿、龙头环村北极殿、港头村沙溪祖庙、龙聚环村龙环古庙等。

《香山县志》（同治版）记载了关于金花夫人的一个传说："相传广州金氏女少为巫，姿容极美，时称为金花小娘，后没于湖。数日，浮尸不坏，有异香，里人殓之。为立祠，祈嗣，辄应。成化五年，巡抚陈濂称为金花普主惠福夫人，立庙湖旁……相传四月十七降辰。"又云："金花之祀，以被无子，于古高禖为近。"

大意是：金花夫人姓金，是个美女，替人拜神祈祷为业，大家叫她金花小娘。后来，在湖中淹死了，浮上来的尸体能发出特殊的香味，于是为她立祠祭祀。明成化五年（1469），广州巡抚陈濂称之为"金花普主惠福夫人"。因而，广州有条惠福路，惠福路有座金花夫人庙，庙诞为夏历四月十七日。

古代帝王为求子，须在宗庙或到社坛祭祀禖神。在岭南民间，则是祭祀金花夫人。

农历二月十五为龙诞，农历三月廿三为天后诞，农历四月十七日为金花诞，农历十月初七为杨爷诞。每逢诞日，濠涌村民虔诚地往庙中拜祭，代代相传。

5. 北帝庙

位于濠涌村南堡，即大同自然村，坐西北向东南。北帝庙始建于清光绪年间（1875—1908），祀奉北方真武玄天上帝，即北帝。现仍存有"神通广大"匾额、"道隆北极，法镇南天"对联，均为木制，隶书阴刻。现存建筑为新建。

农历三月初三为北帝诞，是日，村民到庙中拜祭。每逢初一、十五，村民亦虔诚带上祭品参拜。

俊彦鈎沉

第三篇

　　著名学者、文学评论家、广州岭南文化研究会会长江冰教授说："一个民族当记住所有无私奉献者：激励后人，文化记忆要紧。况且，文化记忆中的取舍褒贬，一旦进入教育与文化传承，就有了塑造民族性格的功用，文化自信亦根植于此。每思此深处意义，倍感文化人之责任与使命。大江东去，逝水流年，我们怎可容忍祖上先辈拼上命为中华民族而奋斗的足迹难寻？"

　　大至一个民族，小至一个家族，道理如出一辙。

　　方氏自古多才子，在濠涌村六百多年的开村史中，涌现了众多的杰出人物，文韬武略，英才辈出。

　　在不同的历史背景下，方氏家族备受考验。然而，族人总能直面困难，步履铿锵，勇往直前。先祖为了保护血脉，在兵荒马乱中举家南下，觅一方安宁；择地而居后，开村垦荒，生生不息；国家有难时，则学习新知，投笔从戎，保家卫国；为了生存，为了提升家人生活质量，纷纷踏上舟乘，漂洋过海谋生，修建铁路、挖掘金矿、种植香蕉、商贾买卖、艰苦创业，在异国他乡闯出新天地；太平盛世后，发展经济，重视教育，安居乐业。六百余年足迹，每一步都紧随国家命运沉浮，在时代的洪流中踏浪而行，奔涌向前，或步履维艰，或激流猛进，或挣扎，或沉吟，或低落，或激昂，一如既往的坚韧，坚忍。

早在 2011 年，濠涌村就自发地把一座拥有 400 年历史的祠堂重建一新，修葺为一座名人馆，把古往今来村中的有为之士悉数"请"入"殿堂"。当中既有祖上先贤，也有当代俊杰，通过展示其赫赫事迹，以激励后人见贤思齐、吾辈自强。

当年就有民俗研究学者评价：一个村为自己的后人设立一座名人馆，这在省内都不多见。这也是地域文化的一种传承及发扬。

背靠着绵绵山脉，面向着浩瀚海洋，五岭之南，泱泱历史，赫赫文明。岭南大地上的每寸河山，都浸润着先贤哲人的足迹、故事、思想、精神与情怀。当我们满怀温情与敬意走近他们，一股"江山留胜迹，我辈复登临"的自豪感，便会油然而生。

位于古香山地区的濠涌村，逾 600 年的文脉赓续、弦歌铮鸣，值得后辈去铭记，镌刻于灵魂，流淌于血液。

第九章　海内撷英

第一节　方日英：横戈马上又重征

2015 年是中国人民抗日战争暨世界反法西斯战争胜利 70 周年。1937 年 7 月 7 日，日军挑起了震惊中外的卢沟桥事变，全面抗战的烈火熊熊燃烧，华夏大地血雨腥风，哀鸿遍野。然而，中华儿女万众一心，百折不挠，最终取得了抗日战争的完全胜利。自此，中华民族血火淬炼的抗战精神，在历史的星空定格成永恒。

乱世出英雄，战争时期涌现出的将才灿若星辰，而在我们的身边，也不乏挺身而出为国效力的英彦。在沙溪镇大同村，曾走出过一位民国高级将领方日英，伴随孙中山先生进行民主革命。在抗日战争时期，他亲临前线英勇赴战，并取得了胜利。一个夏日，笔者走进大同村，寻访了这位英雄的出生故地，并探访了其堂侄、侄孙。

1. 少年勤奋英武　受父亲启发走向革命

经过曲径通幽的小巷，笔者在方日英侄孙方乐耿的引路下，兜兜转转才抵达方日英出生成长的故地。这位民国高级将领的故居所在地甚为偏僻，它并没有一般人想象的那般恢宏，甚至早在数十年前已被拆除，如今遗留于世的只有几堵老旧的围墙以及一方狭窄修

左图：方日英（2015 年方乐耿供图）

右图：方日英故居早在数十年前已被拆除，只剩下一堵老旧的围墙（方嘉雯摄于 2015 年）

长的屋地。

方日英，字厚明，清光绪十九年（1893）出身于农民家庭，后从军，任孙中山卫士。1922 年 6 月陈炯明叛变革命时，方日英参加保卫总统府的战斗，得到了孙中山的赏识，后被保送至黄埔军校第一期学习。他曾任国民革命军第八十六军军长，国民革命军陆军中将。

村里的老人介绍，方日英的父亲名叫方王牛，早年曾往加拿大谋生，后因水土不服转往美国。可是，他在美国却受到了种族歧视和排斥，于是折返乡间务农。方日英自幼勤奋好学，喜欢舞刀弄枪。据其侄孙方乐耿回忆，小时候家中曾保存着方日英留下的一把长七八十厘米的关刀。方日英从小就非常懂事，帮父亲耕种，以维持家计。他从父亲日常讲述在异国遭受欺侮的往事中深深感到，国弱民穷都是清朝政府腐败所致，油然产生了反清革命的思想。年纪稍长时，他便毅然投奔革命，追随孙中山先生而去。

2. 亲临抗战前线　长沙会战三挫日军

1922年6月陈炯明下令炮轰广州观音山（今越秀山）总统府。方日英参加了保卫总统府的战斗。孙中山脱险后，对他赏识有加。1924年，方日英被保送入黄埔军校第一期学习。之后，他以优异的成绩在步科及陆军大学将官班毕业。毕业后，他先后任陆军排长、连长、营长、团长、师长等军职，曾参加东征、北伐等战役。

抗日战争爆发后，方日英先后任第十四师旅长、第四十师师长、第八十六军中将军长，隶属国民党第九战区薛岳部，驻守湖南省。为了保护贯通南北的运输大动脉——平汉、粤汉铁路，方日英率领八十六军奋勇抗击日寇。为保卫粤汉线上的重镇湖南省会长沙，他亲临前线，参与指挥了震惊世界的长沙大会战。

广州和武汉相继失守后，湖南便成了日本侵略者进攻的主要目标。日军曾企图两次攻占长沙，但均未得逞。1941年12月23日，日军第三次对长沙发动进攻，企图歼灭第九战区主力于湘北地区，占领长沙。方日英等将领总结了前两次会战的经验，又利用湘北复杂的地形，诱敌深入，适时反击，使日军伤亡较重，致其补给困难，被迫撤退。

战后，方日英军长在他的战地日记中写下一首诗："长沙阵地炮声鸣，卫国雄狮护古城。巷战倭夷风扫叶，关门困兽雨摧萍。硝烟翻滚七天仗，捷报歼俘五万兵。断壁残垣旗漫卷，横戈马上又重征。"

时年83岁的方畅谦是方日英的堂侄子，在他十多岁的时候，曾跟方日英去过湖南长沙谋生。他回忆，当时很多乡亲也随军而来，一待就是好几个月。印象中，他的大叔方日英总是把胡子剃得干干净净，身材魁梧，一身戎装，仪表堂堂。每逢大家围着桌子吃饭时，大叔总会语重心长地教导下属，做人做事要堂堂正正。

抗战胜利后，1946年方日英率军驻江西南昌，旋调南京，任中央训练团总队长。1949 年调任广东省保安第二师师长，驻广东肇庆、四邑。

3. 凯旋返乡探亲　留下点滴珍贵回忆

方日英戎马一生，自 13 岁离开家乡从军后就很少回家。村里的老人至今还依稀记得他仅有的几次回乡探亲的情景。

方旭儒老人回忆，在他十多二十岁光景，家里还没有风扇，夏天的夜晚闷热难耐，村民都习惯坐在庭院里一边摇着蒲葵扇纳凉，一边谈天说地。那些年，他常常去方日英家串门，大厅里的酸枝木相架尤其引人注目。相框里是孙中山的相片以及一份《总理遗嘱》。"余致力国民革命，凡四十年，其目的在求中国之自由平等……"一字一句赫然在目。大家常提起，这个相框是方日英回乡探亲时带回来的。

方日英的堂侄方畅谦（左）、侄孙方乐耿（中）、濠涌村长老方桂棉（右）在方日英故居前介绍将军生平事迹（方嘉雯摄于 2015 年）

抗战胜利后，作为早年追随孙中山，致力参加东征、北伐，后又参与了抗日等战争的功臣，方日英回乡时得到了众人的景仰。乡亲为其举行了盛大的欢迎仪式，还在申明亭乡校举行公宴。方畅谦老人对牌楼上"热烈欢迎方日英军长回乡"几个大字记忆犹新。方炳胜老人回忆，以前，村里的广济堂挂着一个偌大的相框，里面的照片就是方日英军长凯旋回乡时在方氏大宗祠门口拍摄的。老照片里的方日英一脸英气，双手扶着一把齐腰高的指挥剑，威风凛凛。

方日英晚年侨居美国，1967年病逝，终年74岁。他的遗孀刘倩华是沙溪谿角村人，生育一独子名桂繁，是美国一名建筑设计师。采访快结束的时候，方乐耿打开信封，翻出了一张方日英的黑白照片给笔者看，据说是方桂繁2013年8月从美国寄给他的。直至2015年，远隔重洋的他们依然沿用传统的通信方式——信件，维系着脉脉亲情。

第二节　方少穆：耿耿忠心一片丹 [①]

一条老街，半部村史。

小巷人家，烟火日常，曾几何时，大同村百年老商业街竹林街，门庭若市，车来人往。如今走过了百年沧桑，由繁华渐渐归于宁静。

一座座老屋在辉煌的光影中斑驳，灰头土脸，一身尘埃，背后是一个个小家，走过了激情燃烧的岁月，也走过了串串波澜不惊的光阴。

百年前的竹林街上，住着一户大户人家，屋主的名字叫方林好，以经商为生。身为商人的方林好有着浓厚的家国情怀，在家庭教育上严慈相济，他凡事以身作则，鼓励子嗣奋发图强，报效国家。

---

① 本节内容根据方桂棉老人口述及相关史料整理。

　　身教重于言传，在读书正业、仁孝慈爱、明理贤德、为国效力等良好家风的浸润下，方林好的后代出息者众多，为国为家竭尽忠诚、仁爱。

　　这户人家，走出了一片丹心的将军方少穆、杰出的爱国民主人士方少逸、党的干部方少俊等等。

　　方少穆（1916—2004，另有记载1915—2004），字秉维，是方林好的第六子，戎马一生，战功赫赫。

　　　　拼将热血挽狂澜，耿耿忠心一片丹。

　　　　万里征途多险阻，餐风徒步到延安。

　　这是方少穆的同学、战友梁伯行赠予他的一首诗，寥寥数十字，刻画了方少穆一段重要的人生经历。

　　方少穆初中毕业以后，考入广州广雅中学读高中。

　　那是一个血雨腥风的年代。

　　1931年，日本挑起"九一八事变"，侵占了中国东北；1932年3月1日，伪满洲国宣布成立；1937年，卢沟桥事变发生后，日本开启了全面的侵华战争。此后，日本帝国主义的嚣张气焰和无情铁蹄，激起了中华民族汹涌的抗日怒潮。

　　彼时，广州的革命浪潮一浪接着一浪，学生运动风起云涌。1936年，方少穆便积极投身到这股洪流中去。他参加了广州战时服务队，并回到中山县组织抗日宣传队，呼吁抗日救国。1938年，受广州革命气氛的感召以及哥哥方少逸的影响，方少穆心中燃起了熊熊的烈火，对革命圣地延安十分向往。5月，方少穆在广雅中学毕业，一转身，他即从广州一路徒步到达延安。要知道，从广州到延安，陆路的距离有2000多公里，徒步需时近两个月，餐风饮露，马不停蹄，坚定的革命意志支撑着他披星戴月，一路跋涉。

抵达延安后，方少穆随即加入中国人民抗日军事政治大学学习，1939 年毕业后，被派往四望山参加开辟抗日根据地。方少穆欣然前往抗日前线，践行他抗日救亡的誓言。其后，他被分配到中原新四军第五师，随李先念领导下的豫鄂挺进纵队进行抗日游击战，历任信应游击大队队长、支队长、总队长。两年多时间，方少穆和其游击队在腹背受敌的地带艰难开展任务，在日寇和国民党军队的夹缝中求得生存和发展，逐步扩大和巩固了抗日根据地，还进一步武装了农民，建立了敌后抗日统一战线，并逐步建立了"三三制"政权。后来，游击队升格为地方军和正规军，在党和李先念师长的领导下，在广大人民的支持下，飘扬的红旗从四望山插到了武汉的外围。

抗日战争胜利后，蒋介石集团又挑起了内战，中国人民又开展了艰苦卓绝的解放战争。1947 年，方少穆任华野纵队 86 团政治处主任，参加泰安战役，全歼国民党 72 师。随后又参加第一次陇海路破击战、淮海战役。1949 年任华东野战军 28 军政治部主任，挥军突破长江天险，参加上海战役，解放上海。同年 10 月，方少穆在厦门接受了党和国家授予的抗日战争独立自由勋章、解放战争勋章。

中华人民共和国成立后，方少穆调任东海舰队支队政委（副军级，少将军衔）至离休，后居上海。2004 年因病离世，享年 88 岁（另有记载 89 岁）。

戎马一生的方少穆，除了受父亲的熏陶，年少时受哥哥方少逸影响也颇深。

方少逸（1911—2006），字秉经，是方林好的第四子，杰出的爱国民主人士。方少逸在中山大学就读时，就参加了抗日剧社。在校期间热衷于学生运动，1935 年加入中华民族革命大同盟，任广州分部负责人，并主编了《在抗战旗帜之下》半月刊。方少穆时有阅读，渐渐地在心中种下了革命的星星之火。

方少逸 1937 年从中山大学毕业后在香港发起组织"中大战地服

务团东江工作队"并任队长，先后到武汉、南昌、龙川等地进行抗日活动。

1939 年 4 月加入中国共产党，1947 年后在联合国国际难民组织广州办事处任招待所主任、三民主义同志联合会粤港澳总支部常委兼组织部长，参与了民革的筹备工作。1948 年后任民革广东省委会委员。1954 年后任广州司法局局长、广州市人民政府委员、民革广州市委会主任委员。1987 年任民革广东省委员会主委。1988 年后，任广东省第七届人大常委会副主任。方少逸是民革第五、六届中央常委，民革第三、四届中央委员，第三、四、五、六届全国政协委员，第七、八届全国人大代表。

方少逸晚年退休居住广州，2006 年逝世，享年 95 岁。

方少穆还有一个弟弟方少俊（1925—2002），字秉伦，方林好的八儿子。1955 年加入中国共产党。1963 年至 1965 年任广西合浦县统计局局长。1965 年至 1969 年任广西浦北县计委主任、合浦公路局局长。1975 年任广西钦州地区技工学校校长，兼党总支书记至离休。1988 年离休后回中山石岐定居。1991 年至 1997 年受聘于中山市总商会工作，主编出版了《饮食春秋》一书。2002 年病逝，享年 77 岁。

暮年的方氏兄弟，仍然对家乡念念不忘。2004 年，方少逸和家族中的十多人专程回了一趟大同村，此行的目的，是将父亲的遗产捐赠出去。经一家人商量后，他们决定将位于竹林街 22 号、24 号和 26 号的三间百年老屋捐赠给大同村老人协会作为永久物业，以增加老人福利。

2015 年，大同村老人协会负责人方桂棉感言，方少穆、方少逸、方少俊兄弟无论离乡多远，始终心怀桑梓，令乡亲敬佩。接过钥匙后，方家祖屋很快就拆建为出租屋，每月有了稳定的租金收入，用于村中老人的福利事业。直至今日，方家的祖宅依旧福泽乡中耆老。

从金戈铁马驰骋疆场为国立功，到游子思乡落叶归根惠泽乡亲，方林好家族的家国情怀深远辽阔，一代一代，深深植根于家族的灵魂和血液之中。

家是最小国，国是千万家。

这句话在方林好家庭有了生动的诠释。

第三节 方人定：以笔墨丹青点染时代

2022 年 2 月 3 日，《广州日报》全版刊登了《翰墨飘香 岭南美重重似画》的文化专题，重温了岭南艺术大家笔下的广州风物十大名作。其中，祖籍中山市沙溪镇的著名岭南画派画家方人定的作品《花市灯如昼》赫然在榜。而在 2021 年，由广州市文联、广东美术馆主办的"时代先声——广州文艺百年大展"在广州开幕，展示了百年来在中国共产党领导下波澜壮阔的广州文艺史和灿烂辉煌的文艺创作成就。大展开展了"时代先声——我最喜爱的广州文艺百年大家"评选活动，回顾百年文艺先驱的艺术人生，呈现南国大地驰魂夺魄的辉煌与荣光。投票结果显示，方人定（1901—1975）以 15 万余票高居涵盖文学、戏剧、电影、音乐、书法等领域"百年大家"的第九位，可见这位画坛大师的社会影响力。其实，早在 2017 年，方人定就被评为 21 位广东百年艺坛大家之一。

2021 年，时年 84 岁的方人定女儿方微尘从广州回到家

方人定在作画（方微尘供图）

乡省亲，笔者对其做了一个专访。

1. 一手执画笔，一手拿文笔

著名画家林墉谈起方人定，毫不吝啬赞美之词：

> 说岭南，方人定是一峰！
>
> 看百年，方人定是大器！
>
> 千古还有千古，但，方人定是绝唱！
>
> 方人定做到的，今人未必做到。
>
> 方人定留下的，未必有人举起。

在女儿方微尘眼中，父亲不同于一般的画家，作为岭南画派领军人物的方人定是一个"既拿得起画笔又执得起文笔的画家"，此外，在书法上也有建树，其独具一格的章草书法在 20 世纪岭南书坛具有突出地位。方人定是岭南画派中有突出成就的人物画家、理论家、书法家和诗人，其人物画、文章及书法，共同造就了他在广东百年美术发展史中的地位。学界认为，他"作为现代中国人物画的开拓者之一，岭南画派重要代表之一，其独特的风格和精深的理论，在中国画史上写下了重要的一笔"。

方人定 1901 年出生于香山县隆都大同乡濠涌村（今中山市沙溪镇濠涌村），临岐江之滨。童年的方人定基本上过着和其他农村孩子一样的生活：下田、放牛、砍柴。濠涌村位于岐江河畔，岐江江深水润，波平如镜，方人定几乎每日黄昏都到江中游泳，被称为"儿童中的游泳健将"。除了运动，方人定自幼好涂好画，表现出了过人的绘画天赋。家人也对其聪慧赞赏有加，不惜钱财栽培他。1921 年至 1926 年，方人定先后就读并毕业于广州法政学校和广东法官学校高等研究部。从小临摹古画，性耽艺术的方人定，毕业后不顾家人反对，毅然放弃仕途，1923 年拜岭南画派创始人之一高剑父为师，就读于"春睡画院"。在取自《三国》诸葛亮"草堂春睡足，窗外日迟迟"之意命名的"春睡画院"，方人定脱产埋头学习长达三年。高剑父对其才华赞赏有加。"高剑父先生不仅教导父亲绘画技巧，还十分欣赏父亲的文笔，常常让父亲执笔写文章。"方微尘介绍道。

方人定旧居建筑风格中西合璧（方嘉雯摄于 2023 年）

青年时期的方人定，最为广东画坛瞩目的是那场著名的持续半年之久的"方黄之争"。

方人定旧居被评定为中山市不可移动文物（方嘉雯摄于 2023 年）

广东绘画界中的"传统派"与"新派"的论战，始于 1921 年全省美术展览之后画人之间对艺术的争论。其中又以广州"折衷派（又作折中派）"与"国画研究会"的论战最为激烈。1927 年，身为高剑父学生的方人定代表"折衷派"，与传统派的青年画家黄般若在报纸上展开论战，史称"方黄之争"，这场论战在广东美术史上影响很大。当时，传统派认为"新派"模仿日本，不是中国画的正宗，而"新派"则认为绘画是伟大的创造，不能墨守成规，食古不化，且认为传统国画中的山水画只是主观臆测，没有科学依据，看起来没有真实感。两派的争论，当时经常见于诸大小报刊。方人定在高剑父的指引下撰文，提倡写生，推进国画革命，吸收外国绘画的长处，主张"折衷中西"的同时，也批评旧国画的因循守旧。方人定以超凡的胆识与才略坦然面对，据理力争，陆续写出了一系列有独特见解的论文，阐发了创新的艺术理念。黄般若与方人定两人你来我往，在报上你一篇、我一篇，"打了半年笔墨官司"，"方黄之争"成了两派对垒的高潮。方人定"勇敢地捍卫了岭南画派的改革大旗"，造成了广泛而深远的影响。方微尘向笔者介绍："当时广州的国画家，几乎都是保守的。两派论战，为广东画坛吹来了一股清新之风。父亲参加论战，不为个人，不为私愤，只为辩明真理。"最后的结果是，"由叶恭绰调停，黄般若退出了论争"。此后，方人定又写下了大量颇具建树的理论文章。据悉，后来独领风骚的"岭南画派"的概念就是在方人定手中诞生的。

2. 折衷东西，一生致力国画革新

方人定被誉为"新画派"即后来的"折衷派"的"宣传部长"、高剑父的一支笔。方微尘回忆道，父亲不仅文章了得，工诗擅书，画作更是独具一格，其命惟新。

20世纪20年代末，方人定除了文笔在画坛轰动一时，其画作也渐渐引起了人们的注意。1928年，方人定的花鸟画参加了比利时万国博览会，获得了金牌奖，翌年再参加同一博览会，作品《凄凉之音》再摘金牌，成为两连冠。

为了谋求国画革新，1929年至1935年，方人定两次东渡日本留学，主攻人物画，其间在白崇禧侄子的介绍下，认识了同样在东瀛学艺的石岐籍画家杨荫芳并结为连理。

学成回国后，方人定夫妇回到广州。此后40年，方人定笔耕不辍，创作了大量作品。他通晓历史、文学诗词，又精通书法，把中西画技法、山水花鸟走兽画技法糅合于人物画中，铸造成富有方人定个性、

方人定给弟子陈洞庭（左，后任广东画院副院长）、邓耀平（中，广东画院画家）作画示范（方微尘供图）

中西合璧的新式人物画，为中国人物画开辟了新的一页。

表现方人定艺术之"新"的作品主要有两类：一类是早期从日本画中吸收养分所形成的"折衷画"，如 1931 年的《闲日》、1932 年的《到田间去》和《风雨途中》；另一类是 20 世纪 50 年代后在新时期创作、具有主旋律色彩的新国画，如 1956 年的《花市灯如昼》、1959 年的《最坚强的人》等，具有强烈的时代感。

方人定毕生主张国画创新，从 1926 年开始就不断发表论文，提出"洋为中用、古为今用""挽狂澜于既倒"，提倡中国画内容"要取现实生活为题材""真实地、深刻地表现民族精神""艺术应到民间去"；技法上要"折衷东西"，把东方和西方的绘画长处"一炉而冶"，并"反对墨守成规""主张写生"。

3. 纵情丹青，抒写人间百味

"作为高剑父得意弟子的方人定，是岭南画派中少有的以人物画见长的画家，他具有强烈的革新意识，将日本画描写人物的细腻、唯美和环境的渲染手法融入自己作品中，风格独特。他还将自己的绘画与时代相结合，以笔墨抒写时代，与时俱进，不断变革创新。他的人物画创作，使20世纪中国绘画变得更加多姿多彩。"评论家朱万章评价道。

欧初认为："方人定先生的创作都能用时代的精神去反映社会的各种东西，讽刺人生，批评人生，每幅作品都能使人切实领悟到人间味。"如20世纪30年代的作品《到田间去》《雪夜逃难》《归猎》，40年代的作品《贫女》《劳动夫妻》《行行重行行》《穷人之餐》等。方人定面对现实，敢于直面惨淡人生，反映中国社会动乱的现象，暴露旧社会的悲惨和黑暗，敢以人物画去"干预生活""表现世纪不安之感"。这些画作也实现了他自己的主张——"一切被压迫的、抵抗的、建设的、都会的繁杂生活，都是我们创作的题材，我们应把绘画作为有力的武器，向侵略者、封建势力、汉奸等施以总攻击"。中华人民共和国成立后，在"百花齐放、百家争鸣"的艺术方针指引下，方人定的思想和艺术真正出现了升华和飞跃，把"工人的生活、农民的生活，真实地、深刻地表现于画面"，讴歌新时代。这一时期的代表作品有《夜雨》《旱年不旱》《耕罢》《四牛图》等等。

方人定一生以绘画为武器，在不同的时期发出时代先声。1929年起，他的作品先后入选"中华作家十人展""中日现代美术展览"以及中法、中英、中德、中苏、中捷等美术展览，获奖无数，被收藏无数。1938年，正值抗日战争时期，方人定不顾个人安危，在香港举办个人抗战画展，以笔墨丹青为武器，发出无声的呐喊，呼吁民众团结抗日。紧接着，他携作品赴美国洛杉矶、旧金山、纽约举办画展，当地中英文报纸均对"方人定对中国画的新探索取得的成果"

方人定作品《荔枝熟了》（方微尘供图）

方人定作品《闲日》（方微尘供图）

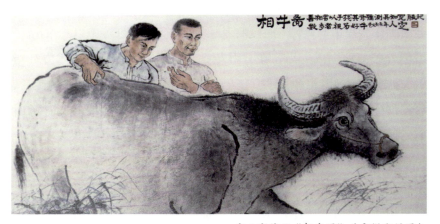

方人定作品《相牛图》（方微尘供图）

给予很高评价。1941年，方人定从美国归来后，屡屡拒绝参加敌伪举办的画展，傲骨铮铮。1949年以后，方人定的作品又频频在国内外重要画展展出，并被人民大会堂、中国美术馆等收藏。

4．清风朗月，画格如人格

方人定生前没有得到什么名利，其作品也很少受到颂扬，但在临终前，他却郑重地叮嘱夫人千万不能将他的画出卖和散失，全部作品要交给国家保存。

人如其画，两袖清风的方人定，逝世后唯一留下的是两箱数以百计的画卷，可惜后来大部分画作都在历史的潮流中消逝，要么在特殊年代被付之一炬，要么为了躲避政治浩劫而散佚海外，存世作品并不多。

2011 年 6 月 15 日，方人定诞辰 110 周年纪念活动在广州举行，广东省画院、广东省美术家协会、岭南画派纪念馆特别为这位从中山沙溪濠涌走出的岭南画派"枭将"举办了《方人定纪念文集》首发仪式。国内众多著名画家及美术界人士出席。

在首发仪式上，年已九旬的老领导欧初特地从医院赶到现场。在所有嘉宾结束发言之后，欧老站起来说："我只想说一句话。方人定生前住在广州湖边新村，那一年我去看他，他跟我说：'欧初同志，你看我辛劳一辈子，最遗憾的是连个书柜都没有……'"欧老的话意味深长。

当天，在广州美术馆还召开了"方人定与现代中国人物画"研讨会。来自大江南北的美术界大咖纷纷对方人定的作品展开了研讨。

著名美术理论家、《美术观察》主编认为："方人定是比较完整的艺术家。他既是有造诣的理论家，又是很有建树的画家。特别是在岭南画派里，像方人定这样既在理论方面获得成就，又在创作上特别是在人物画创作上取得这么突出的成就，两个方面都这么突出，还很少。即便是他的老师、他的前辈，也没有取得这么突出的成就。因而，我觉得他比较完整。"

著名美术评论家，中国艺术研究院教授、博士后导师郎绍君认为："方人定先生是岭南画派人物画乃至 20 世纪中国新人物画的杰

上图：方人定作品《四牛图》（方微尘供图）
左下：方人定作品《归猎》（方微尘供图）
右下：方人定作品《花市灯如昼》（方微尘供图）

2017年，方人定的作品《归猎》作为"其命惟新——广东美术百年大展"的代表作，被制作成宣传海报，分别在北京、上海、杭州、广州等各大城市的公交站候车厅的玻璃橱窗里展示（方微尘供图）

出代表……可以说是20世纪中国画新人物画的先驱者、先行者、探索者，这样评价方先生我觉得一点也不为过。方先生非常讲究构思、讲究构图，力图表现得更含蓄、更有味道。我觉得这种追求、探索，在岭南派画家中他是非常突出的。"

著名美术史论家、中国艺术研究院研究生部美术系原主任蔡星仪在2003年发表的论文《艺苑挹奇秀——论方人定的绘画艺术》中，充分肯定方人定的名作《四牛图》的历史价值："以至将近40年过去，迄今还未见有哪一幅以写实手法画水牛的图，比他画得更真切生动。可以断言，这是中国美术史上一幅不朽的名作。"

2017年6月18日，北京的一场新闻发布会，宣告着一场以省为单位的美术大展"其命惟新——广东美术百年大展"的诞生。此次展览由广东省委宣传部、广东省文化厅、广东省文联、中国美术馆联合主办，广东省美协、广东美术馆等单位承办，精选了广东美术百年来的575件作品参展，展示广东美术百年历史。展览得到了中宣部、文化部、中国文联、中国美协的大力支持和指导。

广东美术百年大展学术委员会还特别评选出广东美术百年史上的 21 位大家,他们是:李铁夫、何香凝、高剑父、陈树人、高奇峰、林风眠、关良、方人定、司徒乔、赵少昂、李桦、王肇民、胡一川、黎雄才、关山月、廖冰兄、赖少其、黄新波、罗工柳、古元、杨之光。

在这场国家级的美术大展中,方人定的《四牛图》《栖息》《旱年不旱》《归猎》《花市灯如昼》五幅作品入选,作品相继在中国美术馆、广东美术馆展出。

为加强文物保护工作,防止近现代珍贵文物流失,完善文物出境审核标准体系,2023 年 5 月 5 日,国家文物局发布了《关于颁布1911 年后已故书画等 8 类作品限制出境名家名单的通知》(文物博发〔2023〕13 号),研究修订了 1911 年后已故书画类、陶瓷、雕塑、扇子、织绣、玺印、烟壶、漆器共 8 类作品限制出境名家名单。

其中,方人定在"1911 年后已故书画类作品限制出境名家名单"之中。可见方人定画作在画坛的价值和分量。

除了个人创作,方人定还孜孜不倦地团结广东画家进行国画学术探讨,推动国画革新。1949 年前,方人定先后任广州市立艺术专科学校教授兼国画系主任、中南美术专科学校教授。1949 年后,先后任华南人民文学艺术学院教授、广州国画座谈会负责人、广东画院副院长,为团结广州地区国画界各派人士,活跃广东地区国画界学术气氛,激发大家的创作热情,做出了很大的贡献。方微尘回忆道:"父亲没有门户之见,每月举行一次活动,经常带领各派画家去写生,点评作品,家里时常高朋满座。"著名雕塑家潘鹤说:"方人定负责广州国画座谈会的时候,是广州学术气氛最活跃的时候,甚至有时广西的画家也前来参加广州国画座谈会。"时至今日,除了传世的作品,人民艺术家方人定胸怀坦荡、淡泊名利、高风亮节、清风傲骨的人格,仍然在民间广为流传。

第四节　杨荫芳：柔肩担道义　丹心绽芳华

2021 年盛夏，时年 84 岁的方微尘从广州回到家乡省亲，谈起 77 年前母亲不畏强敌挺身而出勇退百余日寇的往事，依然记忆犹新，绘声绘色，口若悬河，细节纤毫毕现，一切恍如昨日。

1945 年的杨荫芳（中山市档案馆资料图片）

这是一个没有被时光尘封的故事——

方微尘的母亲，就是濠涌村一代传奇女子杨荫芳（1902—1990）。杨荫芳是著名岭南画派画家方人定之妻，也是一名有名的油画家。在一场中日冲突中，她无惧日军的刺刀威胁，淡定从容，大义凛然，凭着超群的智慧及如簧巧舌，成功将矛盾化解，劝退了逾百人的日寇军队，化解了一场一触即发的血光之灾，保护了百姓安宁。时至今日，杨荫芳勇救濠涌村的故事依旧为村民津津乐道。

1. 文弱女画家，勇退百人日寇军队

拨动时光之弦，回到 1944 年，日本侵华暴行屡屡，濠涌村也没能在铁蹄下幸免。濠涌码头时常有日军汽艇来来往往，日军还隔三差五地上岸劫掠，时不时就向伪乡保索要粮食、家禽、牲畜，"进贡"猪、牛、鸡、鸭、鹅成了家常便饭。强权在前，乡保们就向乡亲勒索，百姓苦不堪言。

那一年，杨荫芳带着七岁的方微尘和六岁的弟弟从澳门坐汽艇回到家乡。

当天，突然有三个喝得酩酊大醉的日寇徒手进村，大吵大闹，横冲直撞，闯进了门户敞开的方德深之家。其妻颇具姿色，三日寇围追堵截，少妇见状后吓得大惊失色，左躲右闪，避走不及，惨遭凌辱。

情急之下，方德深拔出手枪开火，混乱之中，击中了其中一个日本鬼子的脚，血流遍地。

枪声，哭声，撞击声，吆喝声，哀嚎声……村民纷纷闻声而至，基于对日寇的仇恨，执棍挥杆，一阵狠揍。三个日本兵鼻青眼肿，伤痕累累。稍后，由伪机关出面，把三个日本兵带走。

三个日本鬼子虽然被带走了，但乡民也知道闯了大祸，且祸不单行。他们如热锅上的蚂蚁，忐忑不安。

果然，村子很快就被日本兵团团包围，100多人的军队杀气腾腾呼啸而来，扬言要"烧光""抢光""杀光"。

这时，乡亲们想起了有留学日本经历、精通日语的杨荫芳，请其出面交涉，寄望此事能出现转机。杨荫芳义不容辞，闻讯火速赶至。现场，日本兵一手刺刀，一手机枪，阵势浩大，准备血洗村庄。

身躯如弱柳扶风的杨荫芳，肩负着乡亲们的重托，径直走到日寇军官面前，并把自己留学日本的证件、照片，递了过去，阐明来意。

面对日本兵闪着冷光的刺刀，杨荫芳镇定自若，用流利的日语跟军官展开对话。她说道："我当年在日本留学深造学习绘画，所在学校的校长是一名德高望重的老师，他曾谆谆教导我们，凡事要明理讲理。留学日本多年的经历，让我深深相信，日本百姓是讲道理的。今天的冲突，公理自在人心。长官也是个有文化之人，相信你能明白事理，明辨是非黑白，做出公正的处理。此事与村民无关，不应加罪于他们……"杨荫芳凛然不可侵犯的神色，有理有据的分析，让众人信服。

最终，这番不卑不亢、义正辞严的交涉，令日寇语塞，慢慢放下了枪械，并下令撤退。

由此，濠涌村躲过了一场浩劫。

杨荫芳正气凛然的形象，已经深深植入了父老乡亲的心中，至今，老人忆苦思甜话当年的时候，总也忘不了村里曾经出过一位英勇的女画家。方微尘回忆，1990 年母亲去世之时，濠涌村干部和群众，开了两辆车到广州参加追悼会，向挺身而出拯救村民的女英雄告别。

2. 胸中有丘壑，腹内有乾坤

在方微尘心目中，母亲一脸文气，气质若兰，身子柔柔弱弱的，当年父亲在日本深造时的许多作品就是以母亲作为模特创作的。但实际上，她的内心非常坚强，在民族大义面前，总能表现出不屈的民族风骨。

杨荫芳于清光绪二十八年（1902）12 月 1 日出生于石岐南下一个举人家庭。从小聪颖好学，喜欢刺绣和绘画。开明的父亲十分支持她的爱好，于 1925 年送她到日本东京女子美术学校刺绣科学习。1929 年，她考往日本美术学校读西洋画科。在校期间，她认识了同

方人定、杨荫芳
1934 年在日本东京的照
片（中山市档案馆资料
图片）

1930 年杨荫芳（左
二）与丈夫方人定（左三）
游日本明治神宫的留影
（中山市档案馆资料图
片）

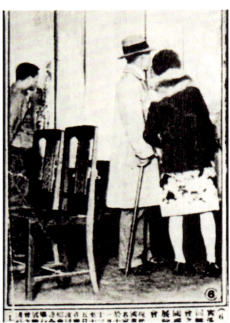

1931 年 1 月 22 日，上海《申报》报道方人定夫妇参观宁波同乡会画展的情景，题为《时代画家之夫妇》（方微尘供图）

杨荫芳油画作品《阴流》，创作于 1934 年，现收藏于广东美术馆（方微尘 2023 年供图）

杨荫芳油画作品《西关风情》，创作于 1936 年，现收藏于广东美术馆（方微尘 2023 年供图）

在日本学习绘画的方人定。二人于 1930 年喜结连理。

1931 年"九一八"事变爆发，日本出兵侵占东北三省，日本帝国主义的侵华战争拉开了序幕。为了表示抗议，杨荫芳与其他留日同学一起停学返国，直到 1933 年夫妇俩才重返日本继续学业，1935 年毕业。

在当时，从事油画创作的女画家并不多见，杨荫芳凭着自身的天赋及努力，以油画静物写生为主，成了杰出的女画家。同时，她一生伴随在方人定左右，一心辅助丈夫的艺术事业。

赴日期间，方人定杨荫芳夫妇参加在东京举办的日本美术学校画展、中华旅日作家十人画展，后又参加中法、中苏、中德、中英、中捷等美术联展，以《兔》四幅油画参展。1935 年，夫妇二人与同学黄浪萍、苏卧农学成归来，春睡画院为四人举办欢迎画展。春睡画院是岭南画派创始人高剑父聚徒讲学之所，培养了方人定、黎雄才、关山月、司徒奇等一大批艺术大师，堪称岭南画派的"摇篮"，

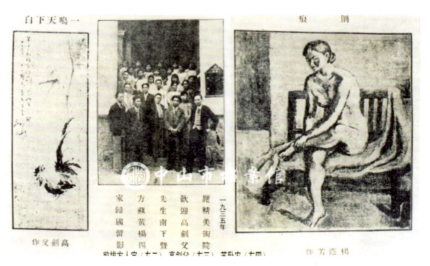

1935 年，丽精美术院欢迎高剑父先生南下暨方、苏、黄、杨四家归国留影。左图为高剑父作品，右图为杨荫芳作品（中山市档案馆资料图片）

素有"广东画坛的黄埔军校"之称。在以男性为主的画家中，杨荫芳的作品独树一帜，其《卧读》等十多幅油画在广州引起广泛关注。1937年，上海举办第二届全国美术展览，杨荫芳以作品《鱼》参展，博得中外观众好评。抗日战争爆发后，她大力支持丈夫以笔为武器，1938年在香港胜斯酒店举办方人定抗战画展，将日本侵略者的暴行公之于众，产生了很大的社会影响。

方人定和杨荫芳存世的作品不多。"文化大革命"期间，造反派到处抄家，夫妻俩本以为家乡濠涌村是最安全的地方，于是，方人定的80多幅花鸟山水画，杨荫芳的78幅人物油画都打包好，托付了最可信的弟子山高路远运回家乡的屋子里保存好。万万没料到有一天，造反派跑到方家砍开大门直奔三楼，把所有画作都搬到学校的广场里烧光了，160多幅作品，在熊熊火光下整整烧了一天。父母的精品力作就这样付之一炬，说罢，方微尘言语间充满了惋惜之情。另外，还有一批画作散佚在海外，无迹可寻。

方微尘（中）接受采访，介绍父母亲生平事迹。左为《中山日报》社原社长方炳焯，右为本书作者（周宏陶摄于2021年）

1935 年秋至 1938 年底，杨荫芳在中山县立女子中学和仙逸中学任美术教师。1938 年秋，日军对石岐展开狂轰滥炸，中山的学校纷纷停课或迁到翠微（今属珠海）、澳门，他们夫妇不得不离开家乡到了澳门，虽生活困苦，却多次拒绝为敌伪举办画展，坚守文人气节，不为五斗米折腰。

1960 年，方人定与家人在广州市湖边新村家门前合影。后排右二是方人定，后排左二是方微尘（方微尘供图）

1945 年抗战胜利后，杨荫芳又心系桑梓，回到中山县二区区立中学（今龙山中学）任教，培养了一批有志于画艺的学生，直到 1952 年迁居广州。1979 年受聘为广州市文史馆馆员，是中国民主同盟会会员。1990 年 7 月 19 日在广州病逝。

斯人已逝，过往的种种都已化作缕缕青烟，"杨荫芳救了濠涌村的往事"仍在村里流传。

这个"胸中有丘壑，腹内有乾坤"的女子，这些穿越历史烟云的故事，在村民的铭记及代代传颂中，历久弥新，仿如一个印记，将永远镌刻在当地人的文化记忆里。

第五节　方一谦方若愚：父子皆英贤

沙溪镇有一所著名的百年老校"龙山中学"，说是百年老校，实际上它已经走过 260 多年的光阴。龙山中学曾是隆都最高学府，前身是沙溪中学、中山县红一中、中山县第一初级中学、中山县第二区第一初级中学、隆都高等小学堂等，追溯到更久远的年代，就是清朝乾隆年间的"龙山书院"。

《沙溪镇志》（1999年版）记载，龙山书院，清乾隆二十三年（1758），由知县鲁楷倡建于坑口圩（隆圩），乾隆五十八年（1793）知县彭翥迁建于豪吐村现址，现尚存《迁建龙山书院碑记》和《乡民捐资书院芳名录》石碑二通。

琅琅书声回荡百年。书院弦歌不辍，学府薪火相传，声教讫于四海，校友遍布五洲。

熟知龙山中学的人，"方一谦"这个名字当如雷贯耳，至今学校仍有方一谦纪念大楼、方一谦教育基金会，人们以各种各样的方式缅怀着这位为香山教育界做出过杰出贡献的教育家。

方一谦（1909—1961），字匡民，濠涌村人。父亲方棣英在香港经营织造业，颇有名声。幼时受教于香山籍进士张丕基。上海国立暨南大学教育学系毕业，品学兼优，被授予荣誉文学学士头衔，深得郑洪年、周谷城、曹聚仁等教授赏识。民国23年（1934），受聘为中山县立女子中学教务主任。1939年，县立一中、县立女子中学、中山师范学校迁往南屏，成立中山县联合中学，林伟廷任校长，聘方一谦为教务主任。当时，正值抗战期间，常以"有国自有家，无国自无家"之言论教育学生，

方一谦纪念大楼（方嘉雯摄于2024年）

方一谦纪念铜像（方嘉雯摄于2024年）

屹立了200多年的龙山书院（方嘉雯摄于2024年）

龙山中学内尚存乾隆五十八年（1793）立的《迁建龙山书院碑记》《乡民捐资书院芳名录》石碑（方嘉雯摄于2024年）

激发学生的爱国志气，使学生深受教育。1940 年，萧悔尘接掌广东省立女子师范学校，力邀方一谦主持校务。当时，国内东南半壁江山相继沦陷，为避敌人锋芒，学校迁往南海西樵山麓，在烽火连天的战乱中，坚守学校，使学校教学坚持下来，培育人才。

1945 年秋，抗战胜利，方一谦回家乡任中山县第二区第一中学（今龙山中学前身）校长。该校因抗战期间受日伪破坏，校舍全部被毁，设备荡然无存。方一谦就职后，即筹划复校旧观，想方设法，广为发动，筹集建校款项，一年完成重建复课工作，勤抓教学，使学校以新的姿态出现，教学质量日益提高，在全县的知名度越来越高。方一谦数十年竭力教育，心力交瘁，1950 年辞教职到香港养病。1961 年 10 月在香港病逝。

位处沙溪闹市之中的龙山中学，独守一方宁静，古树参天，绿荫如盖，正门口一间样式古朴厚重的祠堂建筑沐浴在阳光下，外墙的琉璃瓦闪闪发亮。前殿上方悬挂着一个石匾，四个阴刻大字"龙山书院"字字圆润饱满、遒劲有力。门前一段沟壑起伏的青石板路，不知留下了多少学子深深浅浅的足迹，仿若凝固的诗行，无声述说着这幢古建筑的历久弥新。

两百年，山为枕，树为帐，桃李无言，下自成蹊。尽管，荏苒时光已模糊了它最初的模样，古老的书院如今只幸存前殿与两边的东、西斋房，然而，书院依旧铭刻着隆都最高学府的厚重往事。这里，经历了战火纷飞，经历了改革开放，曾留下了无数师生的欢声、笑语与眼泪；这里，凝聚着海外侨胞对家乡教育事业的桑梓浓情。

在龙山中学的校园里，除了旧式书院的遗迹，还可以看到不少由海内外校友捐建的建筑，如校友亭和聚龙亭，凝聚着校友对母校的一片深情。龙山中学英贤辈出，不少人成为海内外社会知名人士及国家建设的中坚力量。如今，龙山中学校友会在美洲、大洋洲、东南亚等十多个国家和地区均有设立，增进着海内外校友与母校的联系。1983年，海内外校友发起筹款，成立了"龙山中学校友奖学金基金会"，支持母校奖教奖学。

在热心侨胞里，方一谦长子方若愚是一位德高望重的人物。今天，濠涌村村口矗立着一座恢宏大气的牌坊，就是方若愚先生于1996年仲秋捐赠的。

生于1930年的方若愚，是香港的实业家，长期以来热心教育、医疗等慈善活动，曾任香港仁济医院董事局主席、香港中山隆镇同乡会会长。为纪念先父，方若愚秉承父志，1983年以来先后捐款771.5万元，设立龙山中学"纪念方一谦教育基金会"，兴建"方一谦纪念大楼"和教工宿舍，捐款购置各种教学仪器，参与捐建濠涌小学等。此外，他还支持沙溪镇其他中小学、乡村、医院的建设以及侨刊出版等。

1989年，为表彰造福桑梓的人士，中山首次授予十人"荣誉市民"称号，方若愚先生和霍英东先生、杨郭恩慈女士、郭得胜先生、吴桂显先生、林余文姬女士、陈星海先生、麦克贞先生、李立先生、郑亮钧先生一同获得表彰。

如今，30多年过去了，在中山市档案馆里，依然保留着一张当年的中山市"荣誉市民"芳名录。这张微微发黄的纸张，带着年代感，记录了中山市"荣誉市民"的诞生，铭记着他们的功绩。

第六节　其他海内名人 [①]

1. 武举人方赞良

方赞良，字弼臣，濠涌大同村人，清朝咸丰年间（1851—1861）武举人。当时濠涌设立永固炮台，方赞良任炮台台长。当年"红

---

　　① 本节人物按出生年份排序。

毛贼"从大涌海面驾驶大帆船直入石岐"海面"，准备到濠涌村渡头村抢劫。当时"红毛贼"的大帆船到达濠涌"海面"的水松基（地名）时，方赞良马上开炮，将"红毛贼"的大帆船击沉。被击沉的大帆船直到解放初期才被打捞出水面。

2．中山县县长方岳昭

方岳昭，字干伯，1894 年出生于濠涌大同村的农民家庭，1954 年病故，享年 60 岁。他自幼好学，立志为国家效力，曾在广州黄埔军校学习。大学毕业后回中山工作，当时日寇侵略中国，中山沦陷，曾担任中山县卫生局长，后来又被推选为中山县县长，由于时局动荡，迁移到鹤山县办公，一直到 1945 年抗日战争胜利。光复后，他对家乡教育事业非常重视，为濠涌学校资助新桌椅。中山沦陷时，他煮粥救济贫苦村民，帮助村民济灾。他爱护果木，不让人乱砍果树，但当他得知濠涌村一李姓村民栽种鸦片原材料罂粟后，迅速下令制止并立即铲除烧毁。

大儿子方印朝大学毕业后，曾任香港感化院院长。三儿子方印余大学毕业后，曾任广州师范大学教授。五儿子方印玄大学毕业后，曾任梧州苍梧县县长。

3．爱国实业家方克环

方克环，又名方印祥，1912 年出生，实业家，濠涌村人，从小在濠涌小学读书，毕业于上海中山大学。回家乡后，曾在石岐开"正风书局"、"中山印刷厂"（现石岐工人文化宫旧址）、"（佚名）制衣厂"（仁山广场对面）、"正风戏院"（中山电影院旧址）、"四强酒家"（中山百货旧址），在长洲开设游泳馆。光复后，曾在沙溪开设"建华行金山庄"，曾任中山县"参议"。方克环热心助人，经常帮助村民解决困难，热心家乡公益事业和教育。1949 年，先往香港后往美国定居。1965 年病逝，享年 53 岁。

4. 著名教育家方志一

方志一，又名方华耀，1915 年出生于濠涌大同村，1976 年病故，享年 61 岁。方志一是中山县著名教育家，早年毕业于中山大学教育系，1947 年至 1950 年任中山县师范学校校长，为中山县培养了一大批专业教师，桃李满天下。1947 年至 1948 年当选为中山县参议员，同时当选为中山县教育联合会主席，中国民主同盟盟员。方志一任师范学校校长期间，思想进步，曾掩护当时在师范学校任职的中共地下组织成员曾刚等二人摆脱国民党的追捕。曾刚解放后曾任佛山地区文化局局长，在任职期间曾登门拜访致谢。同时，方志一在任师范学校校长期间，曾送过几批思想进步的学生前往延安革命根据地学习。2010 年 8 月初，他的儿子方衍忠动员家族成员方衍芬、方衍芳、方衍君等联名将位于大同村的祖屋无条件赠送给大同老人协会，用以改善大同村的老人福利，并捐赠祖屋四层楼房全部维修费。此一善举，深受村民赞誉。

5. 传媒界俊杰方亢

方亢，1926 年出生，字仕谦，濠涌大同村人，方林好的长房长孙。1948 年毕业于广西大学，1949 年加入中国共产党，后到《羊城晚报》工作，1960 年晋升为副总编辑，并援建西藏创办《西藏日报》。

1960 年至 1964 年任广东广播电台副台长。1987 年至 1989 年任广东省广播电视厅副厅长。曾任广东省新闻学会及广东省广播电视学会会长；第六届广东省政协委员。1998 年出版个人专著《中国电视新闻学》《新闻与广播电视文集》《岭南视听丛书》等。

6．方旭良

方旭良，濠涌敦陶村人，1934 年出生，1953 年参加工作，是沙溪区政府干部。1956 年撤区并乡时，任黎角乡副社长，1958 年任沙溪公社公安特派员，同年被评为佛山地区公安、检察司法系统先进工作者。1964 年任小榄镇公安特派员。1969 年任沙溪公社副社长。1975 年先后任横栏镇党委副书记，沙溪公社社长、书记。1982 年任中山市粮食局局长，直至退休。

7．方泽炎

方泽炎，1938 年出生于濠涌村。从小爱好书法艺术，坚持自习硬笔、毛笔书法数十载，擅长行书、草书。其作品线条流畅、自成一格，多次入选全国、广东省、中山市书画展及书画集。曾任《中山日报》社副社长，中国老年书画研究会会员，广东省老年书画家协会创作研究员，中山市老年书画研究会副会长，中国国家博物馆画廊、中山市书法家协会、中山书画院顾问。

8．方公武

方公武，1947 年 6 月出生于濠涌村竹林街，是濠涌村村民方金烹的五子。1954 年至 1960 年在濠涌小学读小学。1960 年至 1962 年考入中山纪念中学读初中。1963 年至 1966 年在中山师范学校读中等师范。1966 年至 1972 年在中山阜沙中学当教师。1999 年任中山市教育工作委员会主任，中山市教育局局长。2002 年任中共中山市机关工作委员会书记。2005 年任中山市机关工作委员会调研员。2007 年在中山市机关工作委员会退休。

9．田径健将方坤瑶

方坤瑶，女，1970 年出生，濠涌村人，1986 年全国初中学生田径赛 800 米第一名，成绩是 2 分 21 秒。

10. 跨栏冠军方嘉莉

方嘉莉，女，1988 年出生，濠涌村人。2005 年参加在澳大利亚举行的泛太平洋世界中学生运动会，获 200 米跨栏亚军。获 2006 广东省第 12 届运动会女子甲组 100 米跨栏、200 米跨栏项目冠军，被刘翔的教练孙海平选为好苗子进行培养。

11. 清华学子方镇澎

方镇澎，1991 年出生，敦陶村人。2008 年获东南地区奥林匹克数学竞赛铜奖。2009 年在全国高中数学联赛获一等奖。2010 年获中国奥林匹克数学竞赛全国二等奖。2010 年保送清华大学信息工程学院计算机专业（免考直招生）。

12. 田径精英方晓琳

方晓琳，女，2007 年 1 月出生，濠涌村人，国家一级运动员。凭借着稳定的节奏、强大的爆发力和出色的耐力，在多项国家级赛事上一路领先、斩获桂冠，先后勇夺 2023 年中国第一届学生（青年）运动会（校园组）田径比赛女子中学组 4×100 米接力第一名，2023年全国传统项目学校田径联赛总决赛 100 米第一名、200 米第一名，2024 年中国中学生田径精英赛暨 2024 年世界中学生夏季运动会田径项目选拔赛 U18 女子组 200 米第一名。

2024 年 10 月 19 日至 11 月 3 日，2024 年世界中学生夏季运动会在巴林首都麦纳麦举行，该比赛是世界最高级别的中学生综合体育赛事。来自中山市第一中学高水平田径队的方晓琳，经过层层选拔脱颖而出，代表国家参加本次赛事，她也是中山市唯一参加该赛事的运动员。此次，方晓琳第一次踏上了国际田径赛场。

北京时间 2024 年 10 月 28 日，在女子 4×100 米接力赛中，方晓琳与队友一起为中国代表团斩获铜牌。北京时间 2024 年 10 月 30 日凌晨，方晓琳与队友们一起获得了异程接力 100—200—300—400 的银牌；随后半小时，方晓琳又与队友们一起获得了异程接力 800—60—400—200 的金牌。

在田径场上顽强拼搏屡获佳绩的方晓琳，被媒体频频报道，被誉为"小猎豹"、中山一中"女飞人"。

截至 2024 年 10 月 22 日，方晓琳 100 米最好成绩是 11.88 秒，200 米最好成绩是 24.42 秒。

第十章　大洋彼岸

中山是著名侨乡，有华侨华人、港澳台同胞 100 多万人，分布在美国、加拿大、澳大利亚、日本等近 100 个国家和地区。很久以前就有文献记载香山人迁居海外。

隆都地区，又是中山典型的侨乡。数百年间，因国家动乱、天灾人祸等影响，百姓谋生举步维艰，一代代隆都籍人士扯起风帆，踏上木船，乘风破浪，闯荡世界。他们怀着对故土的眷恋，对未来的向往，肩负着养家糊口的重任，背井离乡，越过重洋，谋求生计。

"华"是中国的古称，"侨"是寄居、客居之意。"华侨"一词最早出现在清代启蒙思想家郑观应给李鸿章的奏章中，从那以后，华侨就成为寄居海外的中国人的一种专称了。

飘飘何所似，天地一沙鸥。

远行的隆都人没有忘记自己的根，无论走到哪里，都与家乡人的命运紧紧拥抱在一起。他们的奋斗故事，也是广大华侨在海外艰苦创业、内心故土情长的生动注解。

第一节　秦时明月：悠悠天宇旷　切切故乡情

沙溪镇是著名的侨乡，出国谋生者甚多。史料记载，自南宋景炎年间（1276—1278）开始，便有人跨越山海出国寻求出路。以后各个历史时期内，不断有人远涉重洋，踪迹遍及世界各地。

宋景炎三年（1278）十月，宋端宗被元兵追赶，驻跸香山，沙涌（今南区沙涌村）人士马南宝献粮饷军，并招募四乡青壮者勤王。隆都豪吐村人高添积极响应，率领青壮者参加，被授宣义郎，召拜提调参军、升枢密使，追随宋帝至硇洲，不幸殉国。次年祥兴二年（1279），宋朝覆灭，随行将士除阵亡者，不少漂流逃亡海外，此为最早记载隆都籍人士出国谋生者。

至清道光年间（1821—1850），列强瓜分中国，清朝逐步没落，中国沦为半殖民地半封建社会。清廷腐败无能，官吏贪赃枉法，土豪地主欺压盘剥，百姓处于水深火热之中，农村破产及失业者日益增多。在本地谋生极端困难的情况下，隆都人纷纷想方设法谋求生路，不惜离乡背井，漂洋过海，以卖猪仔或以合约雇佣形式出国，近者立足于南洋群岛或东南亚国家，远者即到达南北美洲和大洋洲各地。

清咸丰三年至同治十三年（1853—1874），香港、澳门的外国人口贩子，公开设立"招工局"，以招工为名大量拐骗华工作为苦力贩卖，运往加勒比海地区和南北美各地，以此赚取高额利润。由于被拐骗的华工被剥夺了一切人身自由，形同牲畜，所以被称为"卖猪仔"，而"招工馆"也就被称为"猪仔馆"。1865 年，澳门就设有"猪仔馆"8—10 家，至 1873 年，仅葡萄牙、西班牙、荷兰三国在澳门开设的"猪仔馆"就达 300 多家，从事苦力贸易的人口贩子达 3 万—4 万人之众。据 1874 年葡萄牙政府公布的文件统计，1865 年至 1873 年，仅从澳门出口的苦力总数就达 182000 多人，其中运往古巴的共计 346 航次，94600 多人；运往秘鲁的有 83100 多人；

其余地区 300 多人。

所载华工以中山东、西两乡破产农民为多。西乡亦即现今之沙溪镇与大涌镇。清同治十二年（1873）香山县武备废弛，盗匪丛生，到处掳掠，地方陷入无政府状态。两广水师提督方耀祠借回乡祭祖之名，行"剿匪"之实，西乡特别是濠涌村一带百姓，深恐株连，纷纷逃避，因悉加拿大温哥华埠准许华人入境，乃多走避于温哥华。

历史上，华侨出国高潮大致可分为四次。

第一次是美国于 1845 年在旧金山市发现金矿以及修筑横贯美国东西部的大铁路，由于劳工严重不足，大量以"买猪仔"形式和合约雇佣形式招募吃苦耐劳的华工。

第二次是在 19 世纪 50 年代英属澳大利亚雪梨（即悉尼）附近地区新发现金矿，亦曾以同样的形式大量招募华工。故流传至今，仍有不少人把凡出国者皆称为"趁金山"。清光绪末年，英属东南亚的河歪埠因大量采掘战略物资钨矿，招募大量华工前往开采，沙溪各村前往者甚众，仅象角村就有近百人之多。同时，英国殖民者在东南亚大量种植橡胶，又大量招募华工前往开垦种植。

第三次在抗日战争胜利后的 1946 年至 1949 年底，华侨经过战争与家人隔绝多年后，大批回国与家人团聚，不少年老者回乡置业安居，以度晚年，而将子女遣送出国，承顶居留名额；有些较有基础的即回

1934 年香山濠涌人方添赴美国时使用的口供（来源：中山市博物馆馆藏资料，方嘉雯摄于 2020 年）

国办理直系亲属一起出国定居，或遣送子女出国求学。

第四次是我国改革开放的 1984 年以后，因不少国家放宽了移民限制，华侨纷纷回国办理直系亲属、旁系亲属移民手续出国定居。

在此四个阶段内，不少人又以经商、投资、留学、顶替、继承财产等名义出国。

华侨出国后，因语言、文化、风俗习惯之不同，为能站稳脚跟，立足异域，大都忍辱负重，胼手胝足，艰苦奋斗 。他们除了自谋生存外，还为侨居国创造了大量财富，做出了很大的贡献。

长久以来，濠涌村旅居世界各地的华侨、华人、华裔，不少已经建功立业，涌现了著名的企业家、专家、学者和名流，有些还晋身于旅居国的军政界，功勋赫赫。如"铁娘子"方宇文，从美国旧金山史上第一名华裔女警、全美警局首位华裔女局长一路到美国联邦国土安全部助理部长，成为当年美国史上职位最高的华裔执法人员。又如斐济侨领方作标，由一个香蕉园的苦力蝶变为斐济华人商业巨头，抗日战争时期凝聚侨胞力量捐资购买飞机抵御外侮。再如澳大利亚侨领，有"悉尼慈善大使""唐人街之王"美誉的方劲武，热心公益慈善事业 30 年，获颁授澳大利亚的 OAM 勋衔。还有旅美华侨方立本，半个世纪以来勇于任事，热心社团，连任中华基督教主恩堂协和中文学校校长、旧金山溯源堂主席……

能在异国他乡的舞台发光发亮的华人，毕竟凤毛麟角，更多的华侨出国后，只是给矿山、农场主当佣工，从事耕种、采矿、筑路等繁重的体力劳动。雇佣合约期满后，华侨除到各地做佣工外，多数从事种植蔬菜、橡胶、甘蔗等活计，稍有积蓄，便从事洗衣、卖水果、卖菜、卖布，或开小杂货店、小餐馆等小本生意。他们无不刻苦耐劳，勤奋学习，力图摆脱异国的歧视与低下的生活环境，努力进取，自强不息。

沙溪镇旅居国外的华侨、华人、华裔和旅居港澳台地区的同胞，据各村不完全统计，共7万多人，分布于30多个国家和地区，其中旅港澳台地区的约占50%，旅居国外的占50%。分布在世界各国的华侨在不同的历史时期旅居的国家有所不同。大体在清代中后期以美洲的古巴、秘鲁、巴拿马、墨西哥、美国和加拿大为多。清末至民国初期以南洋群岛、东南亚各国和澳大利亚为最多。从20世纪30年代至90年代，则以美国、澳大利亚、加拿大等国为多；其次为巴西、马来西亚、新加坡、印度尼西亚、菲律宾、泰国、越南、印度、缅甸、柬埔寨、新西兰、洪都拉斯、哥伦比亚、尼加拉瓜、斐济、委内瑞拉、厄瓜多尔、日本、英国、法国、瑞士、荷兰、葡萄牙、意大利等。不少华侨已在旅居国旅居了四五代，大多数都已入籍成为旅居国的正式公民。

孙中山先生手书条幅"华侨为革命之母"（资料图片）

孙中山曾赞誉"华侨为革命之母"，这是对华侨在辛亥革命中的历史地位和历史功勋的高度概括和肯定。

孙中山先生认为海外华侨是革命运动最有力的支持者，他的40年革命历程中约有一半的时间奔走于海外华侨社团、留学生和侨领之间，在海外华侨中做教育启蒙、宣传鼓动、组织策划的革命工作。

华侨是革命团体的积极参与者，也是革命起义的英勇献身者，"黄花岗七十二烈士"中有31人为华侨。华侨是革命思想的积极宣传者，在海外，革命报刊如雨后春笋蓬勃发展。此外，在经济上慷慨助饷，也是华侨对辛亥革命重要的贡献之一。华侨群体中各阶层、各行业人士为支持孙中山可谓不遗余力，提供了数额巨大、源源不断的经费资助。历次起义的枪弹费、革命组织的活动费、创办报刊的宣传费等，绝大多数都由华侨提供，据不完全统计，从 1894 年兴中会成立到 1912 年南京临时政府成立，仅华侨捐款就达 700 万至 800 万港元。

回溯历史，中国的每一次进步、每一次转折背后都有海外华侨华人的身影，他们时刻与祖国同呼吸、共命运。

每当国家、人民处于困难或生死存亡的紧要关头，广大华侨无不心系祖国、闻风而动，或奔走呼号，或捐资献物，或回国杀敌，或血洒疆场。

民国初期，孙中山曾号召有志青年学习飞行，并提出"航空救国"的口号，广大华侨青年纷纷响应。据不完全统计，沙溪镇旅外华侨青年学习飞行者有数十人之多，其中尤以谿角（今沙溪镇龙瑞村、云汉村）、濠涌、庞头等村的华侨最为踊跃。第二次世界大战时，有的在美国空军服役；有的受美国政府派遣，驾机回国参加抗战；有的则加入了由陈纳德指挥的飞虎队，转战于中国和东南亚各战场；还有的直接回国加入中国空军对日作战，报效祖国。

日军侵占中山后，横征暴敛，盗匪遍地，民不聊生。民国 31 年（1942），洪水泛滥，人祸天灾，上下两造失收，出现大饥荒，各地饿殍遍野，惨不忍睹。各乡的华侨，纷纷捐集款项设法汇回家乡赈济灾民。

当日本侵华，国家正处于危难之时，广大华侨不遗余力地从人力、物力上支援抗日救亡运动。为支持抗日救国，旅居各国的华侨不断捐款，救亡图存。

祖籍沙溪镇敦陶村的斐济华侨方作标，身处南太平洋岛国，得知日寇飞机在中国上空横行霸道，狂轰滥炸后，心如刀割。他当即发动几位侨领商讨支援之策，众人一致决定自掏腰包为国民政府购进四架战斗机，以充实中国军队的空战能力。为此，方作标不仅把房产抵押给银行，还掏出毕生积蓄，独自购买了一架飞机，另外三架由其他侨胞共同捐献。1943 年，冒着日军围追堵截的危险，方作

江尾頭鄉籌建

校舍‧圖書館

（四區）江尾頭鄉李官振，黃偉棠等，因鑒於渝陷期內，該鄉校會醫局書館，現邑土重光，為恢復文化教育起見，擬於江尾頭鄉重建校舍圖書館委員會，發動旅外僑梓捐款，於最短期內，完成籌建工作，俾得早日恢復舊觀云。

濠涌鄉校

幸得華僑賽助

（三區訊）濠涌鄉中心國民學校，校產微薄。經費不敷。方子文長校後，設法籌經費，以應支給教員薪毅，學校乃不至停領，旅巴旅檀旅梨等埠華僑捐助經費共籌萬元，及旅美華僑捐助費伍拾萬元，以充校毅，由校董關懷栽培熱心教育，該校乃得維持，現年聘用富有經驗之格小學教員六人，學年增至三百餘人云。

濠涌旅美僑梓

滙返賑欵 施賑工賑 同時舉辦

（二區訊）濠涌鄉咋接旅美僑梓滙返國幣六百式拾萬元，以濟鄉窮苦者，聞報鄉代賑會辦事人，即擬舉行施賑辦賑濟貧民，幷撥辦工賑，以便交通，工賑每日每人給米二斤云。
（三五年九月廿五日）

本縣領到大批肥料

今日開會商討發放辦法

（本報專訊）省善救分署，撥給本縣肥料三千四百包，已運到七百三十五包，聞廣農業林廳，技術員陳茂奉派來縣，指導發放，咋晨農工業技士李熾康，技術員清茂奉派來縣，今日上午九時，名集農故各機關團體堂開會時論之，義善救學分署長許應生將於廿七可抵歧，幷押運肥料餘二千餘包來歧云。

各區濟賑 事慢慢辦 實事急的辦

（又訊）據縣教濟協會發表，配各區第二期賑品一，二，三，四，七，八各區，已其領外，其餘三，六，九區，配米領足第一期配發各區賑品，其散賑各鄉之總領額，只是報各區散賑領目，今查報者，獨六區，其餘各區辦理如何實況，不知施賑領到者云。

民国35年（1946）的报刊记载，濠涌乡旅美、旅巴、旅檀（今美国夏威夷）、旅雪梨（今澳大利亚悉尼）华侨汇款资助办学、修整乡道、赈济贫民（组图，方炳焯供图）

标亲自将四架飞机送抵重庆，捐赠给当时的国民政府。此举得到了蒋介石亲赠其"中正剑"以作嘉奖，方作标病逝后，蒋又亲笔题"贞固流芳"以示悼念。美国侵略朝鲜期间，方作标之子方子富秉承父亲的爱国志向，毅然赴朝鲜参加了抗美援朝战争。

悠悠天宇旷，切切故乡情，战争年代，各国华侨的义举不胜枚举。

烽火年代，华侨是革命之母。和平年代，华侨又为家乡建设凝聚侨心侨力，修桥铺路，添砖加瓦。毕竟，在很多华侨心中：外面的风景再美，都不及回家那段路。

梁启超先生说过："少年智则国智，少年富则国富，少年强则国强，少年进步则国进步。"身处异国的华侨华人回望故乡，更深谙此道。他们耳濡目染西方的思想以及先进的科学技术，深感家乡发展教育事业的紧迫。十年树木，百年树人，百年大计，教育为本。于是，无数的华侨华人在海外发家之后，毅然返乡捐资建校。名声在外的有民国时期的隆都旅美侨商周崧（今沙溪龙头环村人），汇回巨款美化家乡并兴资办学。周氏兴学，首树楷模。此后，各乡殷富侨商，纷纷捐资建校兴学、捐款助医。

濠涌小学及濠涌幼儿园正是在这样的大背景下拔地而起的。1991 年，旅美华侨方卓鲲伉俪、方华安伉俪、方俊英伉俪、旅港同胞方若愚、方锡喜等人领头慷慨捐资，易地修建新校舍，名为濠涌小学。2007 年，濠涌小学升格为市一级学校。方俊英次子方秉权，是美国华侨实业家，一贯热心家乡教育事业，捐资新装修加固濠涌学校大礼堂。濠涌学校新建造的科技大楼落成后，他又捐赠一大批教学仪器，造福莘莘学子。方宇文父亲方妙乐，少年随父到美国谋生，晚年捐款独资兴建濠涌幼儿园……

新中国成立前后，国内物质匮乏，广大侨胞心念桑梓，赡养家眷，帮助亲友，时时刻刻牵挂着故乡的亲人。

一纸侨批家国情，千里尺素抵万金。作为"信款合一"的特殊家书，侨批漂洋过海，诉尽海外游子对故里亲朋的一片深情，也见证他们异乡打拼，反哺家乡建设的满腔热忱。"批"一封，银几许，跨越山海，辗转回乡，家国情长。

旧中国积贫积弱，人民生活十分贫困。疾病丛生，缺医少药，旅外乡亲及港澳同胞、侨胞有见及此，开设赠医局，向贫困者赠医赠药，雪中送炭，不收分文，不少穷困潦倒之人得以救治。

农村合作化期间，不少侨胞积极向家乡捐赠拖拉机、发电机组、柴油机等机械设备。

20 世纪 60 年代到 90 年代，除了侨汇，侨胞们还节衣缩食，通过一个个越洋包裹，把食品、衣物、药品、电器等生活用品寄回家乡。

大至日本品牌松下、乐声的冰箱、电视、电饭煲、微波炉，小至嘉顿饼干、太平洋苏打饼、三花牌淡奶、顶好牌花生酱、雀巢咖啡、新加坡虎头标驱风油、黄道益活络油、香港保心安油，更小的乃至针线包、顶针、晒干的米饭……赤子情谊绵绵抵达。

在早期交通及通信都极其落后的情况下，如此一个个大小各异的包裹通过极不发达的物流，几经辗转才到达亲人手中，一针一线见真情。纵然被物理时空阻隔，却相思难挡，共情难断，家书本本，侨情依依，温暖着真实平凡的岁月轮转。

当地人形象地把这种现象称为"开南风窗"，倘若姑娘要嫁人，有"南风窗"的人家也算是"嫁得好"的指标之一。

抚今追昔，逝者如斯夫，不舍昼夜。穿越历史的云烟，无论是革命史，还是中华人民共和国发展史，无不有"华侨"二字。

同胞共乳，赤子之心可鉴。青山一道同云雨，明月何曾是两乡。

第二节　贞固流芳：捐赠飞机抗日的斐济华侨故事

在中山市博物馆里的中山华侨历史博物馆，一幅方作标先生的照片端端正正地陈列其中，带着粗粝的岁月感，跨越山河，穿越时空而来，与其他华侨文物一起串珠成链，给世人呈现了一部波澜壮阔的中山华侨奋斗史、家国史。方作标先生在那个烽火连天的年代做出的义举，被如今的中山人永远铭记。

方作标，原名方华开，祖籍中山市沙溪镇敦陶村，是 20 世纪 20

爱国华侨方作标（方子文供图）

方作标的祖屋（方嘉雯摄于 2015 年）

年代斐济维提大岛西区巴城有名的华商。其充满传奇色彩的一生，折射了中国第一代华侨在海外举步维艰、迎难而上的创业史，也从历史的一个侧面窥探出中国华侨忍辱负重、砥砺前行的足迹。

1. 斐济侨领千里情牵故乡

2013 年 8 月，一个来自斐济的越洋电话打到广东华侨博物馆，电话那端的人称，想把蒋介石亲书的"贞固流芳"四字墨宝赠予祖国，还特别提到这幅字的真正主人，一位已去世半个多世纪的当地侨领——方作标。

2015 年 9 月中旬，沙溪镇敦陶村迎来了一位远方的客人。这位客人神采奕奕，架着一副金丝眼镜，皮肤略带黝黑，脖子上挂着一枚金灿灿的"中国人民抗日战争胜利 70 周年"纪念章。

这位客人来自遥远的西南太平洋岛国斐济，名字叫方志伟，是方作标的孙子，也就是上文把蒋介石亲书捐赠博物馆的爱国人士。

2015 年，方志伟（中）和政府工作人员及村干部在桥泉公祠门口合影留念（资料图片）

方作标的事迹在濠涌名人馆展示，长老方桂棉向方志伟（右）讲述其爷爷的故事（方嘉雯摄于 2015 年）

方志伟是斐济华人文化艺术经济联合会主席、斐济中国和平统一促进会副会长，斐济的侨领，此趟回祖国，乃作为受邀嘉宾去北京参加阅兵式与抗日战争纪念活动。2015年9月3日，一场史无前例的阅兵仪式在天安门广场举行。仪式上，他获颁一枚"中国人民抗日战争胜利70周年"纪念章。当天，在中山市归国华侨联合会的牵线搭桥下，方志伟回到了朝思暮想的家乡寻根问祖。

敦陶村共和中街9号——这间隐藏在幽深小巷里的简朴老房子，就是方志伟魂牵梦萦的祖屋。祖屋木门"神荼""郁垒"的大字还清晰可辨，朱砂红雕窗花木门受风雨侵蚀已有明显的裂痕，由于常年没有人居住，青石台阶早已爬满了青苔。方志伟在狭仄的屋子里来回踱了几步，思绪万千。

跨越千山万水，终于回家了。看到青砖黛瓦的祖屋，看到古朴庄严的桥泉公祠，看到祠堂老照片里已经故去的亲人，看到方氏名人馆里祖父的事迹以及方氏世系源流图，方志伟难掩激动，不停地

2004年5月20日的《斐济日报》，对方作标的后代方子富做了题为《留的（得）芳名在　难得寸草心》的专题报道，忆述方作标的抗日义举（方子文供图）

对随行人员说："这是让我感动不已的一天。"

省亲全程，他不时把纪念章摘下来挂到乡亲们的脖子上，让父老乡亲和他一起分享这份荣耀和喜悦。

2．凝聚侨心侨力捐赠飞机抵御外侮

在方志伟的娓娓讲述中，一幕幕斐济华侨援助中国抗日战争的往事再次呈现在乡亲眼前……

方作标，祗敬堂桥泉祖下第 22 代。1920 年，因生活所迫，方作标兄弟五人离开家乡，去斐济当苦工讨生计。几经艰辛后，他开始在斐济维提大岛经营小商行，并发展为当地最大的华人商行——方利行，拥有房地产、面包厂等众多物业。

1937 年抗日战争全面爆发后，方作标虽然身在斐济，祖国的战

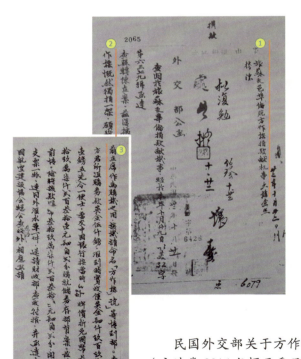

民国外交部关于方作标捐赠飞机的公函
（方浩桑 2016 年摄于悉尼方子文家中）

事却无时无刻不牵动着他的心。他心急如焚，密切关注战事，谋求支援祖国抗日的良方。很快，他就在斐济联合数百名华侨华人及澳大利亚侨界，全面发起为支援祖国抗日捐献的号召，在侨界掀起了一股爱国热潮。当时，男侨

方志伟在敦陶村桥泉公祠看老照片，了解自己的根系（方嘉雯摄于 2015 年）

胞的血汗钱，女侨胞的嫁妆首饰，就连婴儿脖子上的连心锁，老人压箱底的"棺材本"，都在所不惜地捐献出来，感人至深。

看到日寇飞机在中国上空横行霸道狂轰滥炸的消息，侨胞们心如刀割。"当时有侨领提议帮助国民政府购买飞机，夺回中国军队的制空权。"方志伟告诉笔者，爷爷曾回忆道，当时包括方作标在内的四位侨领均一致同意此提议，决定自掏腰包为国民政府购进四架战斗机，以充实中国军队的空战能力。

"为此，爷爷不仅把房产抵押给银行，还掏出毕生积蓄，独自购买了一架飞机，另外三架由其他侨胞共同捐献。"方志伟说。

1943 年，冒着被日军围追堵截的危险，方作标亲自将四架飞机护送抵达重庆，捐赠给当时的国民政府。

1946 年抗战胜利后，国民政府邀请他回到南京参加授勋仪式，蒋介石亲赠其"中正剑"以作嘉奖。方作标病逝后，蒋又亲笔题"贞固流芳"以示悼念。时光荏苒，中正剑已散失，但题字仍存于世。

"虽然爷爷读书不多，文化程度不高，但他为人诚实、仗义疏财，帮助众多同来斐济的乡亲和侨胞寻求生计，因此逐渐在华侨中拥有威望。"方志伟回忆说，目不识丁的爷爷，给自己的 18 位儿女分别取名"国、富、民、强"等大理之词，并告诫子孙："饮水思源，

无论走到哪里，都不能忘记祖国。"方志伟的父亲，就是方作标与斐济土著酋长女儿结婚后诞下的儿子，名为方子富。1938年，方子富被送回中国，那年，他只有九岁。1950年，抗美援朝战争爆发，21岁的方子富同父亲一样，立志保家卫国，毅然参加中国人民解放军志愿军空军。经武汉航校毕业后，方子富成为中国第一批独自培养出来的中国航空兵地勤机械师，在北京南苑机场14师执行保卫北京的任务。转业后，方子富回到家乡中山市。

2012年，日本政府宣布"购买"钓鱼岛及其附属岛屿，实施所谓"国有化"，触动了海内外中华儿女的神经。方志伟认为纪念文物捐赠时机已经成熟，便主动联系了中国驻斐济大使馆。

3．由香蕉园苦力到华人商业巨头

透过老照片，我们依稀能看到方作标当日参加授勋仪式的盛大

1946年方作标（前排左七）在南京参加授勋仪式的老照片（方子文供图）

场景。在蒋介石（前排右七）右手边第二个位置（前排左七），站着一位戴眼镜、西装革履、个字偏小的南方人，这正是方作标。

方作标身高只有 1.6 米，然而，他却以不屈的脊梁担起民族大义，关键时刻团结海外的华侨为祖国抵御外敌。正如他的儿子方子文在回忆录中记载："我父亲当年来斐济谋生时，1.6 米的小个子，却能抬起重 224 磅（约合 203 斤）的蔗糖，足见第一代华侨之坚毅隐忍，创业之艰辛。"

2008 年、2010 年、2016 年，笔者的敦陶老乡方浩燊三次飞赴斐济，拜访了方作标的后代。如今，其健在的儿女都已年迈，从他们点点滴滴的口述中，方作标叱咤风云的一生渐渐被还原。

一个人，白手起家不容易，要在异国他乡凭借一双手撑起一片天空，更是难上加难。但是，方作标一步一个脚印，走出了一个华人在斐济这个遥远岛国的商业传奇。

1920 年，方作标从香港随五个兄弟一起坐上渡轮，经过波涛汹涌的大海，直奔太平洋深处的岛国——斐济。

斐济，一个位于西南太平洋中心的岛国，由 332 个岛屿组成，多为珊瑚礁环绕的火山岛，常受飓风袭击。当时，岛上只有几百位华侨。也许方作标也没有想到，他一旦踏上这片土地，就世世代代扎根于此，随着时代的风雨洗礼，命运也随着这片土地沉浮。跟方作标一样，在这片远离故乡的土地上，无数的华人用毕生书写着一个个滴着辛酸血泪，而又奋斗不息的故事。

到达斐济后，方作标受雇于中兴隆公司，在 Vunidawa（武宁达瓦）地区的香蕉种植园做苦工。刚到达种植园那几年，方作标为了讨生活，以小小的身躯每天背负起 200 多斤的蔗糖，咬紧牙关起早贪黑地"挨世界"。就这样，几年后，目不识丁的方作标凭借坚韧不拔的意志，逐渐有了原始积累，时来运转，蜕变成一位小商贩。

方作标虽然不识字，却悟性十足，言谈举止、待人处事透着学问。

方作标家族在斐济的物业比比皆是，图为街拍的方利大楼（方浩燊摄于 2016 年）

　　自 1903 年前，就一直有澳大利亚白人淘金者在斐济 Nasivi 河寻找金矿。1923 年前后，方作标与其中一位来自帝国金矿（Emperor Gold Mining）公司的白人淘金者成为朋友。方作标当时还是一个小商贩，却独具慧眼，全力支持这位白人朋友开采金矿。当时，政府、银行、大公司都对这位澳大利亚白人的淘金计划嗤之以鼻，认为他是痴人说梦，对其不屑一顾，唯独方作标一如既往地为他提供后勤物资补给供应，为他实现淘金梦而不断地提供实实在在的支持。皇天不负有心人，终于有一天，白人朋友如愿以偿地找到金矿，开采出梦寐以求的黄金。

　　为了报答方作标力排众议的宝贵支持，白人朋友把开矿的后勤补给供应专营权交给了方作标，方作标获得了金矿所在地区的杂货、饭堂及面包炉的独家经营权。伴随着金矿的开采，四面八方的工程技术人员以及劳工如潮水一般涌进瓦图科拉这个小地方，当地很快就繁荣起来。而方作标的商店由于取得了独家经营权，生意也日渐

兴隆。由此，方作标也挖掘到人生的第一桶金。

随后，方作标的商店犹如猪笼入水般八方来财，慢慢发展成了西部地区最大的华人商行"方利行"。不知不觉地，方作标的名字在当地人口中慢慢变成了"方利"。方作标为人诚实仗义，宽以待人，在华人圈以及当地的土著居民圈都渐渐树立起名望。日子一天天过去，"方利"的生意风生水起，商业版图也越铺越广，他还经营房地产生意，在巴城投资修筑了方利大楼，同时在巴城河岸修建商店出租。多年以后，方作标家族的物业比比皆是。直至今日，巴城还有不少当地人对"方利行"的具体位置脱口而出。

当年，为方作标工作过的华人不计其数，他们之中有不少人后来自立门户，成了大商家。如李华叶，曾在"方利"旗下工作，后来创立"李氏企业"，专营食品加工并兼营胶管、家具等生意；黄润江、杨轩当年也是"方利行"的雇员，后来也创立"艾特轩公司"，生产"六宝"饮料……

4. 年深外境犹吾境，日久他乡即故乡

方作标一生娶了3位妻子，一共诞下18个子女，如今他的后代散居世界多个国家和地区。

2016年，方浩燊远赴斐济，与方作标的长子方子文先生谋面。迎着徐徐海风，方子文带着浩燊宗亲，在他生活了大半辈子的地方走走停停。随后，方子文又重访金矿和学校。矿场已物是人非，唯一不变的，是当方子文回到当年读书的小学时，迎接他的斐济土著小孩蹦蹦跳跳，脸上绽放着灿烂的笑容，那种笑容，依旧那么天真纯朴，一如当年。

一路走下来，几乎整条街都是方氏家族的物业，一幢三层楼高的"FONG LEE BUILDING"方利大楼，在蓝天白云的映衬下尤其显赫。方子文边走边介绍家族的物业及创业故事，一路跟当地人及

租客寒暄。

　　跟方子文一样，海外的华人在岁月的打磨之下，与当地人打成一片，大多都融入了当地社会，有了侨二代、侨三代……

　　年深外境犹吾境，日久他乡即故乡。

　　1967 年，方作标在斐济与世长辞。闻讯，蒋介石当即亲笔手书"贞固流芳""作标先生千古"以示悼念。当地报纸 *Fiji Time* 以"Big Crowd at Funeral of Fong Lee"作为标题报道。125 辆汽车组成的悼念队伍，长度超过一英里，蔚为壮观。前来参加葬礼的有来自斐济的多个种族。由于历史原因，方作标的遗体最终没有回到故乡安葬，

2016 年，方浩燊（左）到访斐济，与方子文（右）及其土著亲人留影（方浩燊供图）

2016 年，方子文（右）探访方作标土著妻子的部落及其时任女酋长 Apolonia（左）（方浩燊　摄）

而葬于生前他自己一手创建的斐济巴城华人坟场。他的墓志铭由台湾当时的侨务部门镌刻并千里迢迢运送到斐济,而其墓碑的朝向,就向着他念念不忘的祖国。

故土之思,黍离之悲,刻骨而铭心。

民国著名政治家、教育家、书法家于右任在1962年写过一首诗:

> 葬我于高山之上兮,望我故乡;
>
> 故乡不可见兮,永不能忘。
>
> 葬我于高山之上兮,望我大陆;
>
> 大陆不可见兮,只有痛哭。
>
> 天苍苍,野茫茫,山之上,国有殇。

诗中表达的家国情怀及挥之不去的乡愁如出一辙。

巴城(Ba Town)有一座小山丘,山丘上围墙环绕,围墙里面是200多座华人坟墓。这就是方作标创建的巴城华人坟场。长眠于此

方作标陵墓,上有蒋介石亲笔手书"贞固流芳""作标先生千古"碑文(方浩燊摄于2016年)

方作标一手创建的斐济巴城华人坟场（方浩燊摄于 2016 年）

的，绝大部分是百年前来自香山隆都的华侨，最后一个墓碑的落款时间是 1992 年。

这些跨越山海来斐济谋生的华侨，有了一个最终的集体归宿。块块墓碑立在那里，以纪念那些永远回不去故乡的海外游魂。当年他们离家时也许没有想到，自己漂泊一生，最终会魂归异乡。

斐济在 20 世纪 70 年代独立后，对华人采取了新的限制政策。生存空间被步步挤压的华人纷纷离开，移民到新西兰奥克兰、澳大利亚悉尼、美国旧金山和夏威夷等地。

如今，昔日一片车水马龙繁华景象的斐济华埠亦已破败，老境颓唐，华人坟场上的一座座孤坟述说着光阴的故事。每年的清明节，华侨后代会从世界各地重回先辈奋斗一生的地方，捧一束鲜花，掬一杯香茶，深深鞠一躬，缅怀驾鹤西去的先人……而有些坟墓，一直孤零零地立在斜阳里，不知道断了香火多少年，有种"千里孤坟，无处话凄凉"的哀伤。

当排华政策一条条袭来，在许多华侨生命中，这个曾经满怀"埋

土著小孩热情地跟老华侨打招呼（方浩燊摄于 2016 年）

骨何须桑梓地，人生无处不青山"的壮志与豪迈奋斗了一辈子的他乡，最终却没有变成新的故乡。

　　然而，华人的生命力极强，有太阳照到的地方，就有华人。

　　也有很多的华侨，在期待有朝一日衣锦还乡的漫长岁月流转中，渐渐地转变了自己的过客心态，从执着"落叶归根"，到慢慢"落地生根"，完全融入了本地社会。

　　如方作标，与土著女子通婚，在众多后代中，有的在世界各地定居，也有的深深扎根斐济，成了华侨领袖，他们驾起了一座联通国际的桥。桥的这头，是斐济；桥的那头，是祖国。

　　在他们心中，山海同月，月光所至皆故乡。

第三节　商海纵横：旧船单背后的南太平洋创业史

　　这是一个海外创业的故事，这个故事从一张旧船单开始。

　　美国犹他州家谱图书馆，是全世界最大的家谱中心。官网上一张古老的船单穿过了港口百年的涛声，重新回到世人的视野。

1918年，一艘叫"MAKURA"的轮船从澳大利亚悉尼港出发，途经美国夏威夷，目的地是日本横滨。这艘船的乘客名单上有两个中国人的名字：一个叫Chas. Fong Sang，25岁，身高五尺五寸，相当于1.83米。另一个叫Honson. Joe G，26岁，身高五尺三寸，相当于1.76米。8月8日离开悉尼，27日到达夏威夷。登船前居住地登记的是斐济苏瓦（Suva）。

这两位男子是谁？他们为什么会出现在这艘船的乘客名单中？他们从哪里来，要到哪里去？

查阅族谱，这位叫Chas. Fong Sang的男子就是方生发（1893—1981），字觐墀，香山县沙溪镇塾头村（今中山市沙溪镇敦陶村）人，祇敬堂桥泉房21世。而Honson. Joe G，就是郭清河（1892—1951），字源章，号汉臣，香山县环城竹秀园村（今中山市南区街道竹秀园村）人。

这张旧船单背后，隐藏了一个家族在海外创业的故事。这个故事，要从方生发的父辈说起，从那个提倡"实业救国""商业救国"的年代说起……

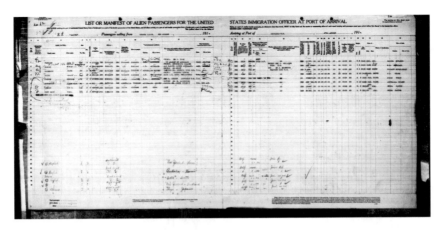

1918年MAKURA号从悉尼到夏威夷到横滨的乘客名单，方生发在名单之列（图片来源：美国犹他州家谱图书馆网站，方浩燊供图）

1．四大百货公司开中国百货现代化先河

在上海南京路上，至今还耸立着四幢巍峨高峻的老式欧式建筑。这四幢建筑分别是 20 世纪二三十年代名噪一时的"先施""永安""新新""大新"四大百货公司的旧址。它们不仅给当时的上海人带来了最时髦的购物方式，还初步形成了中国最早的百货业。在那个提倡"实业救国"的年代，四大百货公司成为华人资本的一个典范。据考证，孙中山先生就对百货业特别有兴趣，他本人还购买过"先施"公司的股票。四大百货公司的兴起，是划时代的，被认为是开启中国百货现代化的钥匙。四大公司在百货业取得成功后，又开始广泛涉足金融、服务、娱乐、股票等领域，从而把近代新式的商业运作模式带进了上海和广州等城市。

四大百货公司的创办人马应彪、郭乐郭泉兄弟、李敏周、蔡昌都是香山人，而且均为澳大利亚华侨。

马应彪（1860—1944），名咮，香山县南区沙涌村（今属中山市南区街道）人，香港先施公司创始人。

郭乐（1874—1956），字鸾辉，号景崇，香山县环城竹秀园村（今属中山市南区街道）人，香港永安公司创始人，其弟郭泉。

李敏周（1881—1935），香山县石岐镇人（今属中山市），上海新新公司创办人。

蔡昌（1877—1953），字均泰，香山县上恭都外容莒乡（今珠海市金鼎镇外沙村）人，大新公司创建人。

这些澳大利亚归侨皆出身贫寒，甚至没有接受过完整的教育，他们是如何积累到原始资本，又是如何一步步成为中国百货业先驱的呢？

查阅史料发现，华人在澳大利亚的创业经历本身就是一个传奇。19 世纪 40 年代，华人劳工开始涌入澳大利亚，他们大都是来自中国南部乡村的农民。1851 年，澳大利亚发现了金矿，消息一经传出，

世界各地的"淘金者"蜂拥而至。在来自全世界的淘金者中，华人有四万人左右。可是，到了19世纪末，澳大利亚的金矿日渐枯竭，淘金的热潮开始逐渐消退，这时候，那些在采金区劳碌的华人劳工只能另谋出路。他们有的人仍然留在当地，从事各种手工业；有的人则去到澳大利亚北部的昆士兰州，拿出他们种地的看家本领，从事蔬菜、水果等种植业。

偶然的一个机会，华人劳工得到了从中国寄来的香蕉种子，加上昆士兰的水土气候都十分适合中国香蕉的生长，所以他们的收成很快。澳大利亚本土香蕉个头很大，口感一般，但是中国人种出来的香蕉，个头小小的，叫作"象牙大蕉"，比澳大利亚的香蕉口感好，价钱自然高出许多。中国的香蕉来到昆士兰这块陌生的土地上，同样根深叶茂硕果累累。香蕉成熟的季节，华人们就必须为其寻找销路。那些种植香蕉的中山华侨把倾销的首选目标锁定在悉尼。因为这个时候，另一批中山华侨恰好在悉尼的"唐人街"兴办了一系列经营香蕉批发的"果栏"，其中规模较大的要数马应彪和郭标等四人合开的"永生果栏"以及郭乐的"永安果栏"了。

"永生果栏"和"永安果栏"联合"永泰果栏"，每间果栏各取一个字，三间果栏合并为"生安泰果栏"。生安泰果栏专门经营香蕉。富有商业才华的香山人在澳大利亚长袖善舞，如鱼得水。据统计，他们一年能做四万（英）镑生意。当时四万（英）镑是什么概念呢？老华侨说，可把一条街都买下来。

有学者研究后认为，当时的中山华侨，实际上已经垄断了悉尼的香蕉市场。这种状况立即引起了当地政府的注意，他们虽然还不能准确估算这其中的收益，但还是强烈感受到来自华人的威胁，于是很快就出台了限制华人种植香蕉的政策。有见及此，精明的郭乐就在澳大利亚邻近的斐济群岛买地来种植香蕉，然后再进口到澳大利亚。1902年，郭乐在斐济首都苏瓦埠（今苏瓦纳）开了生安泰果栏，由其弟郭泉主理，生意做得红红火火。

其间，大量的中山籍族亲、乡里被招募到斐济的种植园工作。上文提到的两位乘船人——方生发、郭清河，就是在这时，从中山漂洋过海来到斐济谋生的。

数年以后，香蕉进口业务也步履维艰。随着排华政策密集出台，马应彪和郭乐在澳大利亚立足越发艰难。

19世纪末，带着在澳大利亚积累的财富，马应彪回到了香港，郭氏兄弟则回到了故乡中山。他们分别经营过相当于现在旅行社的买卖——"金山庄"，为来往于中国和澳大利亚的华侨乡里购买船票、安排住宿、传递家信，还帮助澳大利亚华侨将辛苦赚来的血汗钱捎给国内的亲人。

在香港的日子里，马应彪一直酝酿着一个计划。原来，当他还在澳大利亚的时候，唐人街附近的一间百货公司让他觉得既新鲜又好奇，于是萌生了开一间百货公司的念头。1900年，当金山庄的生

中山市博物馆里陈列展示的"永安果栏"招牌（复制件，方嘉雯摄于2022年）

意开始不景气的时候，马应彪就联合了在澳大利亚的几位乡里做股东，兴办了香港"先施"公司。

"先施"二字来自《中庸》"先施以诚"的理念。"先施"的英文名字叫"sincere"，是诚实的意思，寓意为这公司讲究诚信，童叟无欺。

十几个职员，八个股东，先施公司就这样开始营业了。

香港"先施"百货公司聚集了门类繁多的商品，尤其是采办于欧洲的各种"舶来品"更是让客人大开眼界。两年以后，"先施"赚到了几倍的利润。郭乐也紧随其后，兴办了香港"永安"百货。永安百货店面虽然不大，但是因为百货公司全新的营销方式，再加上新奇时尚的洋货，顿时引来了八方来客，"先施""永安"的字号远近闻名。

马应彪在香港的"小试牛刀"，却带来意想不到的收益。这一次的成功，促使马应彪做出一生中最大的抉择，挥师北上，进军上海滩。

百年前的上海，十里洋场不夜天，风云际会上海滩，灯红酒绿，纸醉金迷，夜夜笙歌，歌舞升平，被誉为远东最繁华的城市。"摩登上海"引领潮流风尚。

1914 年，已在香港、广州开办先施百货的马应彪来到上海南京路选址。三年后，五层的先施大楼落成，经营面积过万平方米，商品达万余种，员工 300 多人。1917 年，上海先施百货开幕那一天，让上海市民乃至普通中国人史上第一次体会到了现代商业带来的消费乐趣。

同时，先施公司附设的屋顶游乐场、东亚旅馆和豪华餐厅也纷纷开张，还有杂耍、魔术、宁波滩簧、绍兴戏、京戏等轮番上演，全城为之沸腾。公司开业第二年，营业额已相当于投资资本的两倍，先施开创了中国百货业的新时代。

马应彪在商业上大胆开拓、勇于创新的言行，激励了不少爱国人士，吸引了许多志同道合的同胞和乡亲。同乡郭乐、郭泉、刘锡基、李敏周、黄焕南、蔡兴、蔡昌等上海四大公司的创办人，就是在马应彪的影响下步入商界、立志"商业救国"的。

随后，永安、新新、大新相继在上海同一个商业旺区开业，名噪一时，从经营方式到管理模式，革新了一个行业的时代……这批香山企业家以敢为天下先的精神，开中国现代百货业的先河。

这是中国现代史上的辉煌篇章，造就了一代商业传奇。"所谓商场如战场，四大百货公司同处在一个商业旺区，又都经营环球百货，是不折不扣的竞争对手。但与此同时，其创办人又都是香山籍的华侨，曾经一起打拼、一起创业。反映在企业经营上，就是既相互竞争又相互融合。并且四大家族长期以来用通婚的方式互相渗透，维持良好的合作关系。"复旦大学历史系教授沈渭滨曾研究分析道。

2. 两位乘船人创业起家的故事

梦起岐江，向海而兴。

四大百货公司的创始人皆家境贫苦，甚至没有接受过完整的教育，但都有一个共同特点，均心存远大志向，自强不息，脚踏实地，一步一步成就事业。

实业救国，挽回利权，是香山商人创办企业的初衷之一。香山人在开拓商业版图的路上，以亲情为纽带，互相扶持，共闯荆途。

学者张晓辉指出，香山商人承袭了民族文化中注重亲情的传统，重视血缘亲缘地缘（同乡）关系，在所创办的企业里，家族势力具有极重要的作用，子承父业，亲族相帮，形成颇具凝聚力的经济共同体。香山商人因三缘关系而互相提携，扶助指引，形成一股"患难相依"的合作精神，"水乳交融"的团结力量。

这一点，在悉尼的中山华侨身上有充分的体现。

　　19 世纪末，澳大利亚悉尼香蕉市场被中山籍华侨垄断。1890 年前后，"永生果栏"应运而生。这家公司专做进出口生意，从斐济进口香蕉，同时也将饼干和果酱出口中国。

　　当时在永生公司里打工的，有一位叫郭乐的年轻人（后来四大百货之一永安公司的创始人），他是郭标的族亲，为人灵活，极富经商才华。1897 年，他自立门户成立了永安果栏。随着澳大利亚限制华人种植香蕉政策的出台，昆士兰香蕉产量紧缩，精明的郭乐就在澳大利亚邻近的斐济群岛买地来种植香蕉。1902 年，他又在斐济首都苏瓦埠成立生安泰果栏（永生 Wing Sang、永安 Wing On、永泰 Wing Tiy 果栏），在斐济地区自辟香蕉园多处，从斐济进口香蕉到澳大利亚。郭标及其襟兄弟方煜濂参与其中，生意兴隆。

　　1907 年，作为生安泰斐济种植园管理人员的方煜濂，将年仅 14 岁的长子方生发以及 15 岁的郭清河一起带到苏瓦埠来。苏瓦埠是斐济的首都和最大的城市，位于维提岛的东南沿海，临苏瓦湾，面积约 20 平方公里。两个年轻人从此在这个陌生的海岛上奋斗，翻开人生新的一页。在长辈的安排下，刚到斐济的两位少年，先在斐济皇家学校学习语言，为日后的事业奠定基础。几年后，两人均以出色的成绩毕业，随后加入生安泰公司。

　　数年之后，由于蕉虫为患，再加上澳大利亚政府限制香蕉进口，1916 年斐济又颁布法令禁止契约劳工的存在，斐济的香蕉业务受到致命的打击。因此，生安泰公司决定清盘并退出斐济。方生发、郭清河买下了郭乐的生意，并改名振兴隆公司（Jang Hing Loong），承接了原来生安泰的业务关系网。

　　自此，两位年轻人充分发挥经商智慧，在当地大展拳脚。他们长袖善舞，生意蒸蒸日上。

　　斐济是一个岛国，由 332 个大大小小的岛屿组成。百年前，这个岛国几乎还没有现金经济。接盘后，振兴隆公司将主营业务改为

方生发（左）娶郭清河（中）的妹妹郭氏（右）为妻子，成为郭清河的妹夫（方浩燊供图）

各种物品的进出口批发零售，更多地专注于价格亲民的中国、日本进口日常小商品，为苏瓦埠的客户和农村地区的小商店提供服务。

业务开展顺利，振兴隆公司的商业版图一天比一天大，除了苏瓦岛，还在其他岛屿设立了分支机构，并鼓励分行经理用公司出售的糖、盐及生活必需品与当地人交换椰子、贝壳，以物物交换的方式提高他们的购买力。振兴隆公司把交换回来的椰子制成椰干，又把贝壳以及当地的土特产做简单加工后再出售。

两人携手纵横商海勇搏激流，终于，一个商业帝国日渐崛起。在鼎盛时期，也即第一次世界大战期间，振兴隆公司总共有 50 家分支机构，其中 48

20 世纪初澳大利亚新奉行白澳政策，对华人入境新征收高额的入境税，上图为郭清河 1923 年 4 月 20 日入境时缴纳 100 镑入境税记录，华人在海外创业之艰辛可见一斑（新西兰李海蓉博士供图）

家遍布斐济群岛，1 家在新西兰奥克兰，1 家在日本神户。

一战后，方生发与郭清河（号汉臣）成立汉臣公司，在苏瓦埠经营椰子园，并出口椰子干到欧洲。1933 年，世界经济下行，椰肉价格下跌，加上货款回笼周期长等问题，公司无法应对银行贷款利息，长期在夹缝中求生存的振兴隆公司，最终在 20 世纪 40 年代，不得不走向结业清算。

1941 年，方生发与郭清河重整旗鼓再出发，重新成立了中兴隆公司（Joong Hing Loong），主要经营零售及批发生意，但业务规模相对缩小。

随着太平洋战争的爆发，太平洋地区的海上运输变得困难重重，同时由于香港的沦陷，导致货物短缺，供应链大受影响。其后，美国和新西兰武装部队进驻斐济，一直到 1945 年日本投降，其间中兴隆公司的业务随着大时代的沉浮起起落落。

1960 年，汉臣公司出售其椰子园并投资购买了汤姆森街

斐济殖民政府在 1918 年发给方生发的证件（方浩燊供图）

中华民国驻日本国横滨总领事馆于民国 15 年（1926）发给方生发的护照。透过文字，可清晰看到当年在美国的排华政策下，华人进入美国处处受限制的真实记录（方树勋、方浩燊供图）

（Thompson Street）土地及地上建筑。1961 年，汉臣大厦落成，中兴隆业务正式迁入汉臣大厦并在一楼办公，直至美国花旗银行（United States Bank，Citibank）进驻斐济，租下了汉臣大厦。随着业务的萎缩，花旗银行承租后，汉臣公司关闭了一切业务。

1951 年，郭清河逝世；1981 年，方生发逝世。随着两位创始人相继离世以及家族后人纷纷移民，1998 年，汉臣大厦出售。至此，汉臣公司及中兴隆公司正式在历史的舞台谢幕。

两位乘船人在南太平洋跌宕起伏的创业史画上了一个让人唏嘘的句号。

3．身在异国心系故土

在斐济，郭清河一直热心公益事业，1947 年捐出七英亩土地（约 28300 平方米）建立华侨学校，让华人的后代在他们奋斗的这片土地上也能受到良好的教育。在郭清河和承建商谢池着，以及当时斐济华侨"六君子"（余锦荣、邝士奇、司徒炳璇、谭炳南、方瑞田、方作标）的共同努力下，1952 年 2 月 7 日，华侨小学第一幢教学楼建成。从此，华人子弟拥有了更好的学习环境。

与此同时，他也十分关心家乡的教育事业，至今，中山南区竹秀园小学的礼堂里仍然有郭清河画像以及捐资的铭文。

在海外商海弄潮多年的方生发于 1925 年衣锦还乡，回乡时间虽然比较短暂，但还是出资建起了一座三层高的碉楼。这座中西合璧的建筑，有别于一般独幢的碉楼，两座并列而起，乡人称其为"孖碉楼"。如今，这幢"孖碉楼"依旧屹立在敦陶村的村口，在一片新式民居及红木家具门店之间，这古色古香又带浓厚异国情调的建筑格外显眼。

笔者走进孖碉楼参观，发现这座在纷乱动荡的年代拔地而起的大楼，是集防卫、居住、中西建筑艺术于一体的三层塔楼式老华侨建筑，经过近百年的风雨洗礼，保存尚好。

民国时期社会并不太平，土匪横行，俗称"金山客"的华侨首当其冲成为被抢劫的对象，故碉楼在设计的时候，尤其注重防御及防盗性能。楼身有铁铸的防弹大门，楼顶还有射击孔，实木楼梯每层都有防护机关，这些场景一下子就能让人的思绪穿越到那风雨飘摇的岁月。碉楼雕梁画栋，屋檐窗楣都有精美灰塑，木雕屏风、手绘装饰画恰如其分地点缀每一楼层，处处昭示着房屋主人的不平凡。

方生发父亲方煜濂所立的遗嘱
（方浩燊供图）

方生发的后人自1949年后就没有在碉楼居住了，一直由其族亲打理。

方生发与同乡情深谊厚。敦陶村有一位老华侨名叫方家缘，他年轻时曾在中兴隆工作，回乡后也建了一幢碉楼。他家的大厅里，如今还挂着一个颇有年代感的镜架，该镜架是恭贺新居落成的礼品，落款是方生发、郭汉臣（郭清河）、郭琼章（郭清河兄长）、郭伟三（郭清河三弟）联名。

当地有习俗，为恭贺亲朋好友结婚、乔迁之喜，通常送的是画架、镜架，受礼方也把礼物悬挂在正厅，一方面起到装饰的作用，另一方面也是对送礼方表达尊重及谢意。数十年前，隆都几乎家家户户都有这样的一道"景观"。

此外，方生发情系家乡建设，捐钱铺路修建义堂，义举不一一赘述。

在史料整理中，笔者还发现了一份民国 22 年（1933）方生发父亲方煜濂所立的遗嘱。遗嘱简要地描述了方煜濂的生平及其对子孙后代的期望。

虽然方煜濂的长子方生发、次子方生煦均移民国外，但作为生于斯长于斯的中山人，方煜濂仍希望家族后人留在家乡生活，叶落归根。为此，他在财物及财产上都做了相应的嘱咐——购置田地、安排永安公司股份……字里行间，侨情依依，对故土深沉的爱难以割舍。这份珍贵的遗嘱，是当时社会民生的一个缩影。

第四节　忠义千秋：澳大利亚致公堂里的方氏足迹

提起"洪门""天地会"，许多人可能旋即联想起 20 世纪 90 年代香港拍摄的《方世玉》《洪熙官》等武打电影，会簿、洪棍、拜师、祖师爷、洪花亭……让人浮想联翩，遥远而神秘。其实，在现实生活中，海外的"洪门"，不仅仅有电影中活现的桥段，还有鲜为人知的真实一面。洪门会簿不是作家杜撰出来的。据学者考证，"有会簿之人始算得真传"；洪门械斗也不只是传说，因有史料记录："由于帮派文化冲突而时有发生"。在各个历史时期中，洪门组织在海外华人亚文化生态中留下了或浓或淡的笔迹，以至于很早就引起了所在国政府的重视，近年还引起了学界的关注。

洪门是中国近代一股重要的民间力量，致公堂是洪门的一个海外分支机构。海外的致公堂组织在中国近代革命史中扮演着十分重要的角色。濠涌方氏的族人，也在海外洪门帮会组织中，留下了深深浅浅的爱国足迹。

推开澳大利亚悉尼洪门的大门，在时光的长廊中，我们窥见了一段 170 多年的华侨海外生存史。

1. 一块敦陶方氏留名的牌匾

有沙溪人闲谈时戏称，在澳大利亚悉尼，你不需要懂英语，讲一口隆都话便能通行无阻，在华人社区，一出门就能碰见几位久未谋面的乡里。

这话不算夸张。敦陶村一位 63 岁的方姓老太太早些年到澳大利亚悉尼华人社区探望亲戚，两个月时间去了八个乡里的家串门，操着一口地道的隆都话、一口正宗的"省岐隆"以及一口"标准"的"广普"，逛了不少地标及名胜，其间还认识了几位新的乡里，一起组团参加了一次旅游。

澳大利亚位于南太平洋和印度洋之间，四面环海，是世界上唯一国土覆盖一整个大陆的国家。而位于东南沿岸的悉尼更是举世闻名，是澳大利亚新南威尔士州的首府，华裔众多，拥有唐人街和多元的华人社区。

在悉尼的玛利大街，坐落着历史悠久的澳大利亚致公堂，也称澳大利亚致公总堂、悉尼致公总堂。澳大利亚致公堂建于 1911 年，一窗一瓦都写满了故事。三楼有一个"秘密"房间，平常不对外开放。这房间里头到底藏着什么，锁住的是一段怎样尘封的历史？方浩燊在好奇心的驱使下，走进房间，目睹了其鲜为人知的一面。

"密室"犹如一个小型博物馆，房间中央最引人注目的是传说中的各种洪门陈设，而"洪花亭"就是其核心所在。在影视剧里经常能看到的洪花亭到底是什么？原来，洪花亭是洪门结拜的场所，洪花亭中供五祖牌位，祀关圣大帝像，神座之前设高溪庙、九层塔。五祖牌位前设有香炉、生果贡品、牲醴等器物。而神秘的"洪门祖师爷"，则端坐在一个独立的神龛里，以拉帘与外面隔断开来，这个神位平常是秘不示人的。

史载，"洪门祖师爷"名万提喜、涂喜，道号云龙，俗名郑开，家中排行第二，故又称洪二和尚。据专家考证，洪门天地会即是由

位于悉尼的澳大利亚致公堂（方浩燊摄于 2016 年）

万提喜于乾隆二十六年（1761）
在福建云霄高溪观音亭创立的。

房间四周，举目皆是百年老
牌匾。这些老牌匾全是当年辛
亥革命胜利之后，由澳大利亚各
个华人分埠为庆祝革命成功而赠
送给悉尼致公总堂的。孙中山先
生曾说：华侨为革命之母。当时
的海外华侨对革命抱着极大的热
情，并以各种方式参与其中。这
在"密室"密密麻麻的牌匾中可
见一斑。

洪门牌匾的题词气势磅礴，

隆镇敦陶村方富钦捐赠的刺绣
宝盖（方浩燊摄于 2016 年）

气贯长虹："义扬中外""义气
咸孚""一统山河""忠义同气""万古精忠""日月同明""义
藉帝恩""宜兄宜弟气壮山河，立己立人声扬宇宙"……昭示着那
个年代洪门兄弟肝胆相照、荣辱与共的满腔热血。此外，墙上还挂

左图：中华民国陆军一级上将何应钦题字"发扬洪门精神"（方浩燊摄于 2016 年）
右图：十九路军军长、第四届全国政协副主席蔡廷锴题字"重张旗鼓"（方浩燊摄于 2016 年）

一块有隆镇敦陶籍人士方金满、方就二人落款的牌匾（方浩燊摄于 2016 年）

老牌匾琳琅满目，每个都有一段故事（方浩燊摄于2016年）

着澳大利亚《每日电报》对致公堂的报道剪报。

在琳琅满目的牌匾中，"方金满""方就"两个名字如闪电一般映入了方浩燊的眼帘。名字似曾相识，似乎在族谱见过，澳大利亚悉尼姓方的，会不会是咱们的乡里呢？方浩燊心中油然生起一种远在他乡遇故人的奇妙感觉。

这块凝固了百年光阴的老牌匾，让澳大利亚悉尼与大洋彼岸的中山市沙溪镇敦陶村有了一种跨越时空的联系，星河流转，绵延百年的文脉一脉相承。

经多方考证，方金满果然就是敦陶村人。方金满，字溢荣（1865—1947），于1880年远赴澳大利亚谋生，1913年回国娶妻，之后定居中山石岐。他早期在天架埠工作，后携其弟方金洋（字溢扶）同赴澳大利亚。在澳期间，他加入了澳大利亚致公堂，并与其他华人合捐上述牌匾，流芳百年。

中国四大百货创始人之一的马应彪，与方金满同为中山籍澳大利亚华侨。1917年，马应彪在上海南京路创办了举世闻名的先施

方金洋的混血后代回乡寻根问祖，在敦陶村桥泉公祠前留影（方浩燊摄于 2017 年）

公司，方金满曾入股其中，成为在上海成就商业传奇的中山商人大军中的一员。

查阅族谱，方金满有一个弟弟名叫方金鸿，字溢光，（1876—1932），于 1921 年至 1924 年间任上海先施公司的参事，1932 年 12 月 10 日在上海遇害，当年上海《申报》曾有报道。

方金满还有一个弟弟叫方金洋。相对两位弟兄，方金洋的人生波澜不惊，他随哥哥赴澳之后，结婚生子，扎根于当地，如今他的后人散居在中国澳门与澳大利亚悉尼。2017 年，方金洋的侄孙方宝其带着他的女儿与洋女婿、混血孙子孙女第一次回到敦陶村寻根谒祖，踏着先辈的足迹，看看先辈生活过的地方。路还是那条路，家还是那个家，只是，后辈无论从语言、肤色还是血缘上，都多了一分异域的色彩。

至于方就，未能寻得相关史料追寻他的故事。

2．华人在海外的秘密社会

澳大利亚致公堂，是澳大利亚华人洪门帮会组织，也是在海外最早成立的华人三大社团之一。它是在什么历史背景下诞生的？这就要从澳大利亚的淘金热说起。

19世纪以来，大量华人迁徙海外，他们大多以苦力身份，在东南亚、北美、澳大利亚等地，从事开矿、淘金、筑路和农牧垦殖业劳动。西方学者弥勒斯说："华侨不论到什么地方，秘密会党便会在哪儿出现。"这话反映了19世纪华人迁徙海外的实际情况。

而"洪门"，就是这种秘密会党。

1851年，洪秀全结合洪门兄弟力量，起义初步成功，于永安登位称帝，国号"太平天国"。后来，因为内讧而败。协助洪秀全与清朝对抗的洪门人士受到清兵追捕，分逃海外，如南洋、澳大利亚、美洲及世界各地。从此，洪门人士便遍布五洲，170多年之间，从秘密到公开活动。

海外洪门人士以反清复明为帜志，碧血黄花岗72烈士中的38位洪门义士，即是佼佼者，其洪门组织也被称为支持孙中山革命的"会党"。

到了海外的华人，面临的不再是清政府以及地主官僚的封建统治，为什么还要设置洪门这种组织呢？学者们认为：海外华人洪门会堂之设置，是由于华人到了一个语言不通、风俗不同、文化相异以及受到种族歧视之恶劣环境之下所产生的，本质上是由于西方殖民政府的排斥和欺压。

就澳大利亚而言，洪门天地会传入当地也是随着大批华人赴澳淘金而起的。历史资料记载：19世纪50年代澳大利亚发现金矿，这个消息很快便传遍了世界。于是，就有了成千上万的华人淘金者来到澳大利亚的"新金山"矿区。这些华人，绝大部分是广东、福建沿海地区的贫苦农民和破产劳动者。具体而言，他们是珠三角地区的广东人以及从厦门出海的闽南人。自古以来，国人安土重迁，根子里本没有背离乡土、远徙异地的思想，可是历史上为什么会一次次出现"闯关东""走西口""下南洋"移民大潮呢？就"下南洋"而言，人口繁衍而生产技术未有改进，农民生活痛苦无望，加以天灾饥馑，兵变人祸，农民辗转于沟壑，无法维持生计，遂不得不离乡觅食。

学者蔡少卿在《论澳洲的华人秘密社会》（《江海学刊》2001年第1期）一文中指出："由于中国人口的激增，自清朝中期以来，人多地少的矛盾十分尖锐。以珠江三角洲为例，其13个县的面积共2万平方公里，约占广东全省面积的1/10，而人口竟达1800万，约占全省人口的1/2，四邑、中山一带的人口尤为稠密，平均每平方公里达1500～1600人，在当时可以说是世界人口最稠密的地区之一。人多地少的矛盾，造成大量无地少地的农民离乡背井，流落他省和海外。"

漂洋过海寄居异国的华人，生活极其不稳定，常常受到天灾人祸的打击以及当地人的歧视和侮辱，同时，在日常生活中，还经常要面临贫病死丧的不幸遭遇。出于抱团取暖的迫切需要，他们结拜团体，实行"一人有难，大家帮助"，在这种背景下，洪门天地会应运而生。伴随着大批华工去澳大利亚淘金，洪门天地会也就进入澳大利亚矿区，并在澳大利亚华人中广泛传布。此外，为了互相照顾和帮助，宗亲会、同乡会等组织也相继组织起来。

同一时期，在中国南方爆发了太平天国起义和天地会"红巾军"起义，随着起义的失败及清政府的残酷镇压，不少太平天国和红巾军的骨干也随着淘金热逃往澳大利亚。这些天地会的骨干，颇有组织能力，为洪门的发展奠定了基础。

学者蔡少卿研究澳大利亚洪门组织后认为，澳大利亚洪门谈不上什么"反清复明"的性质，倒是更加清楚地现出它抵御强暴、实行互助的本来面目。大批华工来到异国，举目无亲，孤苦无援，他们结拜加入洪门，目的就是为了互帮互助，维护华人的生存权利和共同利益，反对殖民政府欧洲白人的种族歧视、欺凌压迫，在平时帮助成员安排工作、调解纷争解救生老病死之难。在发生暴乱时，他们通过请愿和争取社会同情，寻求合法保护。澳大利亚洪门在抵御殖民政府的暴政，维护华人利益方面，在一定程度上起了"民间领事馆"的作用。

研究资料表明，当时，在全世界的华侨中，十有八九是洪门人士，洪门在侨社中势力非常强盛，可以开山立堂，有扯旗挂帅之位，因此洪门组织名目繁多。例如在南洋各国中，有"义兴公司""义福公司"，在美洲有"安良堂""洪顺堂"或"致公堂"等。以后，洪门中有名望之士又自立门户，堂号如"秉公堂""协胜堂""萃胜堂""竹林公所"及"金兰寓所"等，成为当时颇有力量之堂号，他们都是以拜关帝为入门仪式，展示洪门"忠义千秋"。

澳大利亚致公堂的前身是 1867 年成立的澳大利亚周义兴会，1912 年改名为澳大利亚华人共济会；1919 年在美国旧金山美洲致公总堂建议下改名为澳大利亚致公堂，总部设在悉尼；1918—1921 年

澳大利亚的中山县先侨公墓，无数第一代华侨长眠于此（方浩桑摄于 2016 年）

左图：纪念碑上有许多熟悉的名字（方浩燊摄于 2016 年）

右图：一块立于民国年间的香山先侨墓碑，逝者生于清朝同治年间（方浩燊摄于 2016 年）

四次召开澳大利亚各州致公堂会议，研究办会方针事宜，并于 1921 年出版了自己的机关报《公报》，对重要政治问题发表意见，充分显示了该会力量的日益增长。至此，澳大利亚洪门完全摆脱了秘密状态，它在澳大利亚作为秘密结社的历史就此终结。

1921 年宣布支持中华民国政府。中国抗日战争期间，致公堂成员出人出力、捐款捐物，大力支持中国抗战。在最兴旺时期，澳大利亚致公堂的会员多达 4000 余人，成了一股不可忽视的华人力量。

自 19 世纪中叶大批华工移居澳大利亚以来，至今已有 170 多年。历史川流不息，奋斗永无止境。一代人有一代人的长征路，在千千万万黑眼睛黑头发黄皮肤的华人中，来自广东中山的方金满、方金洋、方就等人，也是一个个在历史舞台上孜孜矻矻的追梦者。在这 170 多年里，华人从事过淘金、蔬菜种植、家具制造、工商业、城市建设等各种行业的工作，尽管遭受到排华运动和"白澳政策"的苛待与歧视，但依然百折不挠，以惊人的毅力生存下来，为澳大利亚的经济发展、现代化建设、多元文化建设、推动澳人社会融合等方面，做出了重要的贡献。

2011 年，据澳大利亚《星岛日报》报道，在澳大利亚致公总堂"纪念辛亥革命 100 周年暨总堂建堂 100 周年"的庆祝晚会上，致公总堂作为洪门组织，在支持辛亥革命，以及该堂在协助中国新移民定居、促进中国和平统一、推动中澳友谊等方面所做出的贡献，获得与会者一致推崇。中国驻悉尼总领事段洁龙赞扬致公总堂在澳大利亚华社中发挥的重要作用。他还指出，在孙中山领导革命期间，包括澳大利亚洪门致公总堂在内的世界各地洪门组织，给予积极支持，如成立"洪门筹饷局"、创办报刊书社，或不惜流血牺牲投身起义行动等，所有可歌可泣的事迹，将永载史册。

求木之长者，必固其根本；欲流之远者，必浚其泉源。华人无论走到哪里，始终一脉相通，系着中华民族的根和魂。

大年初一，中华大地上"千门万户瞳瞳日，总把新桃换旧符"，而在大洋的彼岸，有着逾一个半世纪悠久历史的澳大利亚致公总堂同样也在辞旧迎新。那里张灯结彩，鞭炮齐鸣，处处"中国红"。一大早，总堂醒狮队就奉上了精彩的舞狮表演，还向各色人种的观众展示精彩绝伦的南狮绝技——"高桩采青"。凌空跳跃、腾挪、翻身、钳腰、见青、采青、碎青……一系列娴熟有力的动作彰显着中国人的精气神，中华民族传统艺术的魅力尽情绽放。在铿锵的锣鼓声中，华人组织的侨领用粤语或闽语跟一众"乡里"亲切地互道新年祝福。一连几天，生活在当地的华人以自己的方式庆祝着这个中国传统佳节，洋溢着浓浓的家乡味。

五千多年没有断流的中华文明正在世界舞台生根发芽，融合激荡，生生不息。

第五节 铿锵玫瑰：美国旧金山首位"女守护神"

早期华侨在海外历经艰辛白手起家，已经认识到必须积极参与当地的政治、经济、社会事务。经过排华时期的挫折，华人群体更

从一名华裔女警到美国联邦国土安全部助理部长，方宇文成为一代传奇（资料照片）

加注重融入当地社会。在二战后的和平年代中，华人的社会影响力逐渐扩大。如祖籍中山市沙溪镇濠涌村的美籍华裔方宇文（Heather Fong），巾帼不让须眉，活成了一道"华人之光"。

瘦削修长的身材，黑色制服，黑边眼镜，方宇文大多数时候都安静沉默。"一位华裔女局长统率旧金山 2300 名警察，没有两下子，是镇不住手下的男子汉们的。"当地人提起方宇文，总忍不住交口称赞。

这位叱咤风云的美国旧金山首位华裔女警察局长方宇文，经历颇为传奇：1977 年，成为旧金山史上第一名华裔女警；2004 年，获市长任命，成为旧金山警局成立 160 年来首位女性局长；2014 年，在其退休五年后再出发，被时任美国总统奥巴马任命为联邦国土安全部助理部长。新任命使方宇文再创华裔执法界新历史，成为当时美国史上职位最高的华裔执法人员。

方宇文 1956 年出生在旧金山华埠，是在美出生长大的移民第二代。方宇文的父亲 19 岁移民美国，她的母亲是旧金山出生的华裔，

父母的祖籍都是中山市。方宇文是在旧金山的中国城长大的，自幼父母就很重视对她进行中英文并重的教育，熟练的中文听说读写能力，令她在后来的工作中受益无穷。

1974 年，旧金山史无前例公开招收女警员，方宇文迎来一次机会。那时的她与很多热衷于画眉插鬓的女孩不同，平时衣着简单，沉默寡言，但是很有主见。方宇文发现当警察能捍卫法律的尊严，又能帮助普通百姓，尤其是为亚裔捍卫他们的权利。于是，她就报考了警官学校。

1977 年，方宇文从警官学校毕业，正式成为旧金山警察局的女警官。刚踏入警察局不久，她就突然接到通知，让她马上到警察总局报到。原来，旧金山帮派在中国城一家餐馆爆发血腥枪战，16 人在枪战中中弹，其中 5 名死者是无辜的旁观者。为了破案，旧金山警察局需要进行全面深入调查，但局内无人通晓华语。方宇文参与后，每天的任务是仔细听取窃听来的电话录音，然后整理出一份详细的证据供办案和起诉用。警方最后破案，方宇文为此立了功。

此后，她在短短的 12 年间，缔造连续升迁七级的警察局记录。其间她曾经担任街区巡警、警察学校老师、教官、虐待儿童案件调查员、青少年项目统筹毒品教育导师等。方宇文工作勤奋，吃苦耐劳，她一步一个脚印，又从分局长晋升副局长。2004 年，旧金山市市长纽森提名她出任警察局长，统率全市 2300 名警察。

旧金山市区人口近 80 万，加上其他来访和工作的，全市人口 100 万。就任局长一职，方宇文面临不少困难和挑战，如市政府削减对警察局的预算、暴力犯罪率上升、枪支泛滥等一系列棘手的问题。局长一职不易做，有"铁娘子"之称的方宇文，当上局长后从没休年假，每天上午 8 时到办公室，一连工作 12 ～ 14 个小时，活像一个铁人。上任之初，旧金山市就冒出令全世界哗然的"黄碟"丑闻：一群变态警察制造出一系列涉及种族歧视和色情的光碟，在"旧金山市警局内幕"网站播放和贩卖。其内容都是由穿制服的警察在驾驶警车或执行任务时拍摄，也有些是穿着警察制服仿真剧情拍摄，内容龌龊不堪，全部针对华人和非洲人。"铁娘子"勃然大怒，紧急举行了一个临时记者会，宣布将约 20 名警务人员停职，用心维护华裔民众的形象，抚慰他们的情绪。

铿锵玫瑰守太平。

作为全美警局首位华裔女局长，方宇文为旧金山的城市安全、人民工作生活安全贡献良多，民众对她评价很高，很多华人华侨也对她心存感激。她被当地的媒体亲切地称为"旧金山女守护神"。作为一名华裔，方宇文一直与中国总领事馆密切合作，2008 年奥运圣火在旧金山传递期间，她负责安全保卫工作，为圣火安全顺利传递做出了贡献。汶川特大地震发生后，她赶到总领事馆吊唁，哀悼死难的华人同胞。

身穿警服，佩戴勋章，笑意盈盈。在濠涌名人馆里，方宇文作为首屈一指的女性典范展示其中，她的事迹鼓舞着濠涌村的年轻人。

方宇文虽然鲜少回乡，但她和她的家人依然牵挂着家乡。其父方妙乐少年时便随父亲到美国旧金山谋生，经营肉类生意至退休，晚年时捐赠了七万美元独资兴建濠涌幼儿园。如今，濠涌幼儿园春风化雨数十载，一批批人才走向了社会。

第六节 唐人街通：澳大利亚华人历史"活化石"

1988 年 6 月 11 日，一位华人服务侨团热心慈善 30 年，获得澳大利亚政府颁授 OAM 荣誉勋衔；1992 年 2 月 23 日，在悉尼市 150 周年纪念日庆典活动中，一位华人和妻子在市政厅外和前悉尼市长沙陀一起获英国女皇接见；2000 年 9 月 14 日，悉尼禧街两旁水泄不通，万人轰动，在如潮的掌声和欢呼声中，一位华人身穿一袭白色运动服，手持奥运火炬，一边奔跑一边向观众挥手致敬；2001年，担任澳大利亚国庆日大使；2005年，荣获新南威尔士州州长华人社区服务奖、梅光达社区服务终生成就奖；2013年，荣获剑桥世界杰出华人榜之澳籍华人事业领域杰出华人奖……

"我的梦想和壮志，已经没有什么未酬的了。"在回忆录里，这位华人如此写道。

这位在澳大利亚主流社会赫赫有名的华人名字叫方劲武，祖籍沙溪镇敦陶村。一个没有任何

1989 年 11 月第六十期《澳洲新报周刊》对方劲武做了专题报道，称他为"澳洲华人历史的活化石"（2016 年方劲武供图）

家庭背景的华人，从斐济迁居悉尼的移民，几十年后，他到底凭借着什么既获得了当地华人的一致推崇，又同时获得澳大利亚政府的高度认可呢？

这位拥有"唐人街之王""唐人街民间市长""唐人街通""黄大仙（有求必应）"众多民间头衔的华人，经历颇为传奇，他的人生轨迹，每一步都见证着澳大利亚近 80 年华人历史的变迁，被誉为澳大利亚华人历史的"活化石"。

1. 他来自斐济群岛

1938 年在斐济群岛出生的方劲武，父母都是中山人，父亲方瑞田是一名商人，母亲是父亲专门回乡迎娶的过埠新娘。

由于斐济实行"征兵制"，父亲害怕他将来会被征召入伍，第二次世界大战结束之后，1946 年 3 月 18 日，方劲武一家在回归中

国的途中，辗转来到了澳大利亚悉尼。当时，方劲武年仅八岁。

"我看到了辽阔的悉尼港，那是我第一次来到一座大城市，那景象真是太动人了。"70多年后，方劲武对登陆悉尼时的情景，依然记忆犹新。这是悉尼留给方劲武的第一印象。

这一踏足，就是一生。

很快，方劲武就融入了悉尼的小学生活。由于有着斐济两年多的英语学习基础，他很快就适应了小学生活。除了学习英语，方劲武也抓紧机会，一周去"救世军"（国际性宗教及慈善公益组织）上一次课，加上小时候在斐济华裔中文班学到的国语启蒙，方劲武能听、说中文。上课之余，他经常去基督少年军做运动，周末去基督教长老会学习圣经、做礼拜，逐渐了解澳大利亚的生活方式。

方劲武住在欧田磨哈里斯街475号的炸鱼薯条店楼上。作为长子，他一边读书，一边早早地成为父母的得力助手。他既要去店里帮忙，也负责打点家务，还要去鱼市场帮父亲卖鱼剥鱼鳞。他们还在后院经营进出口贸易，一家人忙得不亦乐乎。

1947年，方劲武（右一）和家人在澳大利亚欧田磨合影（方劲武2016年供图）

那时候，澳大利亚的鱼市场有一道"奇观"：欧洲鱼贩不懂得烹饪鲍鱼、章鱼和扇贝，总觉得口感像嚼橡皮筋，为此，把它们挑出来弃之一隅。父亲看在眼里，每天清晨五时把他叫醒到鱼市场，然后逐家向欧洲鱼贩要那些废弃的海产。欧洲鱼贩总是爽快答应，后来，见小方劲武每天如此"劳碌"，就干脆提前用袋子帮他装好。

在方劲武成长的路上，除了当地的白人以外，他还接触到了很多华人，包括从国内迁居的、在本土出生的。星期天，他和土生土长的华裔朋友打网球，也时常参加比赛。其间，他体会到不同的文化、不同的习俗。亦中亦西的生活，使他获益良多，并奠定了以后人生的基础。

2. 从"外来人"到"新澳大利亚人"

刚到悉尼的时候，方劲武一家还盼望着接载他们回中国的慢船到来。在一天天的等待中，却等到了国内解放战争愈演愈烈的消息，于是，在悉尼的中国领事协助下，方家开始申请永久居留澳大利亚的身份。

经过慎重考虑，方劲武的父母最后决定接受商业移民的条件，并为之努力。那一年，方劲武的父亲以 900 英镑买下一间鱼铺的生意及物业，正式移居悉尼。当时的澳大利亚政府对移民的入籍有着严格的限制，规定必须居住满 15 年方可以申请入籍，而方劲武父亲的商业投资附带条件，其进出口贸易额必须连续 15 年每年达到 1 万英镑。于是，方劲武的父亲除了经营鱼铺之外，还开始筹划经营进出口的生意。一家人经过 15 年的不懈努力，终于取得了澳大利亚公民的资格。

方劲武还记得，初到悉尼时，移民局在其父母的护照上印上"外来人"的字样，而欧洲人和其他白人则是"新澳大利亚人"。这措施是当时"白澳政策"的一部分。

19世纪70年代后期至80年代的排华政策，1901年开始实行的"白澳政策"，皆基于中国人对澳大利亚白人主流社会构成的威胁。那时澳大利亚排华的主要原因，是惧怕中国的廉价劳工，给淘金时代以及其后的劳动力市场带来竞争。直到第二次世界大战之后，移民政策的若干改变，使"白澳政策"有所放宽。1972年，在排华政策推出100年之后，澳大利亚才采取多元文化政策。

"白澳政策"的废除，带来社会不断的进步，加上开放的商业环境和技术移民政策，澳大利亚经济得以全面发展。

3. 扎根唐人街70余年

唐人街是中华文化在海外最具标志性的符号之一，世界上许多国家都有唐人街。走在唐人街上，各式挂有中文招牌的店铺烙刻着岁月的痕迹，华人餐厅飘出的阵阵菜香，会在不经意间勾起华人浓浓的思乡之情。

在澳大利亚，唐人街被称作华埠、中国城。位于悉尼最繁华地段中央车站与达令港之间的禧市（Haymarket）"悉尼唐人街"，是全澳大利亚乃至南半球最大的唐人街。悉尼唐人街并非只是一条街，而是由莎瑟街（Sussex Steeet）、佐治街（George Street）、发多利街（Factory Street）等多条街道围成的一片区域。

唐人街的主街是一条叫作德信街（Dixon Street）的步行街。街道两端各立着一座中式牌坊，禧街（Hay Street）一侧的牌坊书写着"四海一家""澳中友善"，发多利街一侧的牌坊上则写着"通德履信""继往开来"。

德信街，就是方劲武扎根70余年的唐人街。在方劲武小时候，悉尼只有大约3300名华人，那时的德信街就已经成了"悉尼唐人街"。在此之前，悉尼曾有过两条唐人街，第一条在岩石区附近，另一条是金宝街。20世纪中叶，德信街的租金较低，加之建起了新市集，

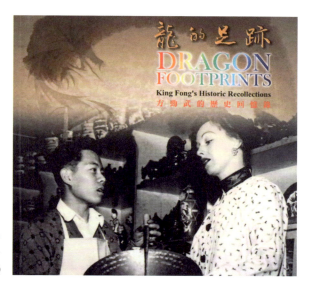

《龙的足迹——方劲武的历史回忆录》封面（方劲武2016年供图）

金宝街上的居民便逐渐迁移到这里。同一时期，澳大利亚的"白澳政策"开始瓦解，中国文化在澳大利亚逐渐被人们接受。德信街变得越来越热闹，成了新的唐人街。

20世纪50年代初期，德信街只有启源、康生、瑞田方三间亚洲杂货店，顾客以华人为主。位于德信街58号的瑞田方就是方氏家族的商店，从1946年开业，直至1985年因一场火灾引发停业，前后营业近40年之久。

1953年，一本英文杂志出版中国食物专刊，不少读者顺藤摸瓜来到唐人街购买亚洲食物，一下子大批白人顾客如潮水般涌来。这时，中文英文对答如流的方劲武，就有了英雄用武之地。方劲武的回忆录封面，是一幅珍藏的老照片，年纪轻轻的方劲武正在店铺内向一名当时的电影明星介绍中国"镬"的使用，这也是方劲武第一次因介绍悉尼唐人街而成了新闻人物。

1954年，方劲武在协助父亲打理中国粮油食品、煮食用具和工艺品的进口业务时，认识了煤气公司的玛格丽特·尔顿小姐。当时，她正想向华人家庭推广煤气的使用。于是，方劲武和她达成协议：她在女性周刊上刊登中国菜的食谱，而父亲的商店则提供所需的厨房用品和中国食材。双方一拍即合，这次成功的尝试，除了使得唐人街更为主流社会所认识以外，还吸引了越来越多的外国人到访华埠的金宝街和德信街。

从 1955 年起，澳大利亚开始流行亚洲食品，并推动了唐人街的发展。从那年起，中国移民可入籍并领取社会福利。到 1966 年后，澳大利亚政府放松了移民条例，使东南亚的移民激增。1972 年废除"白澳政策"后，澳大利亚鼓励多元文化政策，进一步促进了唐人街的发展。

随着外部环境的转变，澳大利亚经济实力也逐渐增强，方氏家族的业务也芝麻开花节节高，变得越发国际化。工作环境持续改善，方劲武也逐渐从一个青涩的小男孩，成长为家族中独当一面的"当家人"。

后来，方氏家族转向投资地产，取得了可喜的收入。经济没有后顾之忧的方劲武，退休之后全职从事他喜爱的慈善福利事业。

4. "唐人街之王"

如今，提起悉尼著名侨领方劲武，人们更多地冠之以"唐人街之王"的美誉。由于"劲"字翻译成英文与"KING"（英语"王者"之意）谐音，"方"翻译为英文又与"王"谐音，而他又深深扎根澳大利亚唐人街大半个世纪，本身就是澳大利亚华人的"活历史"，因此，人们总乐意称这位家喻户晓的人物为"唐人街之王"。

方劲武是真正的"唐人街通"，70 多年的岁月浸润，让他对悉尼唐人街的一切了如指掌，他对这里的熟悉程度无人出其右。

"我大半辈子都生活在悉尼，70 多年了，我们一直积极融入白人小区。华侨华人要团结互助，融入主流社会，才能为自己争取权益，

谋福利。"时年80多岁的方劲武在接受媒体采访时说。

简单而朴实的一句话，他用一生在践行。

1958年，方劲武年仅20岁的时候，父亲方瑞田与世长辞，作为家中长子的他就挑起了家庭生活的重担。其时，瑞田公司楼上住着65位生活贫困、孤苦伶仃的老华侨，他们不懂英语，无依无靠。方劲武把他们视为亲人，帮老人填写表格，申请社会福利。当老华侨疾病缠身之时，又帮他们送医送药。当时，懂英文的华侨并不多，久而久之，就养成了黄大仙"有求必应"的个性。方劲武助人为乐，看到被帮助的人开心，自己也觉得开心，心里油然生起一种"施比受更有福"的感觉。

在悉尼华人的印象中，方劲武个子不高，总是精力充沛，携着一个有点残旧的手提包，成天穿梭于悉尼华人慈善聚会的各种场合之中，东奔西走，乐此不疲。

数十年间，他担任了美化悉尼德信街委员会秘书长、纽省华人总商会秘书长、第五届世界中山恳亲会筹委会主席、华星乒乓球会会长、悉尼华人支持奥运委员会主席、澳大利亚华人历史协会会长、悉尼农历新年筹委会主席、唐人街文化咨询会主席、澳大利亚中山同乡会永远名誉会长、悉尼华人六福堂委员会秘书长、澳大利亚华人公益金信托人等数十个社会职务。这些职务，既是当地社会各界对他的信任，也是他数十年如一日服务社群的见证。

多少次，他放下自己如火如荼的生意，全力投入公益事业中，在悉尼华人永远坟场的重建、唐人街的美化和宣传、悉尼中国花园的兴建、唐人街各种庆典活动的筹办、悉尼达令港龙舟赛的筹备、各种慈善筹款晚会的举行等活动中，他出钱、出力，用行动实践奉献社会的抱负。

1988年，澳大利亚华人沈慧霞竞选国会议员，方劲武主动加入其竞选委员会，积极为她筹募竞选经费、宣传造势，最后，沈慧霞成功当选澳大利亚国会首位华人议员。

当北京即将举办 2008 年奥运会的喜讯传来，方劲武和许多海外游子一样，兴奋得彻夜难眠，当即联合其他侨领成立悉尼华人支持奥运委员会，并担任主席一职，以实际行动支持祖国的体育盛事。

方劲武还常应邀为澳大利亚电视台拍摄专题节目，在镜头前向世人忆述唐人街的前世今生。平时，他几乎每个星期都会带外国友人参观唐人街，一边走一边讲，结合自身的成长，动情地讲述唐人街的历史，让世界各国朋友感受博大精深的中华文化……

就这样，方劲武日复一日，把自己的生命融进了澳大利亚的唐人街。他勤勉谦逊务实的作风，赢得了澳大利亚华人社会的尊重，更获得了澳大利亚政府的肯定。1982 年，方劲武应联邦移民部之邀，担任移民局上诉委员会委员，是该委员会中唯一的华人。此后，他又获得澳大利亚政府授予的 OAM 勋章和太平绅士头衔。

5．让中华文化走向世界

一项统计数据显示：1946 年，全悉尼的华人只有约 3300 人；20世纪 60 年代，华人仅有 8000 多人；直到 1985 年，有 58000 多名华人；1990 年，已上升到 112955 人；到了 2018 年，华人数量激增至 45万人。

方劲武刚到悉尼之时，外国人对中国的饮食知之甚少。为了推广中国美食，他印刷了精美的宣传手册，举办中国菜烹调培训班，并邀请美食家马加列在各大媒体宣传。大半个世纪之后的今天，中国美食在世界上已是"天下谁人不识君"。

方劲武在悉尼的人生足迹，见证了唐人街激动人心的变化。中华传统文化的魅力在这片土地上焕发出时代的光彩。

1980 年 8 月，在悉尼市长、新州州长和澳大利亚总理的合力推动下，德信街成了新的唐人街。自 1996 年起，悉尼市议会开始赞助农历新年的庆祝活动，此后，每年的规模越见盛大，为期三周，共有80多项丰富多彩的节目。2018年，该活动就吸引了140多万名游客，其中绝大部分是亚洲游客，巨大的磁石效应为悉尼带来了庞大的经济收益。

从1997年到2005年，方劲武担任新年筹委会主席；2000年至2005年间，担任唐人街文化咨询会主席。多年来，方劲武为悉尼的农历新年庆祝活动出谋划策，助推它成为亚洲以外规模最大的农历新年庆祝活动。

"现在大家更喜欢叫农历新年，而不是中国春节，因为日本人、韩国人、马来西亚人和新加坡人也都庆祝这个节日。"方劲武说，"我也喜欢西方的新年，喜欢圣诞节和复活节，所以两种文化的节日我都过。"

一路走来一路歌，方劲武渐渐意识到，融入华人圈子和参与澳大利亚主流活动，两者是可以并行不悖的，这些经历带给了他无穷的见识和体验。

"澳大利亚华人历史不仅有趣，而且意义重大。通过历史，我们能从先辈的勇敢、艰辛、成功与失败中学习而得益。人人背后都有段故事，这众多扣人心弦的澳大利亚华人故事，时刻提醒着我们，对于往昔须心存敬仰。"作为澳大利亚华人历史协会会长，方劲武深深认同自己是龙的传人，在其《龙的足迹》回忆录里给后人留下了这段文字。

唐人街，历经百年浮沉，积淀着中华文化的精粹，也记录着早期华人移民在海外拼搏的血泪史。近年，世界各国的唐人街都发生着微妙的变化——开业几十年的老店纷纷关门，老街越发冷清，唐人街周边住进了越来越多的韩国人、日本人、泰国人，一座座中国城正在变为亚洲城。有媒体说，已进入了"后唐人街时代"。

如今的唐人街，不再是新移民的庇护所，而是一种文化符号，是海外华人的精神寄托，它正在进行一场老移民到新移民的代际转换。唐人街变得更为包容和多元，新时代必将为新的唐人街注入新的活力。

老一辈的故事不会被忘记，唐人街也不会衰落，因为，有华人的地方就有唐人街。一代代的华人，也将在新的唐人街上续写新的传奇。

第七节　侨心侨力：一颗赤子心　两代桑梓情

屋外瓢泼大雨，屋内零星小雨，墙壁水如注，地板如洼地。孩子们上课之余，还时不时要捧着水桶去接"天上之水"。20世纪80年代，风雨侵蚀数十年的大同小学的校舍，颇有点"屋漏偏逢连夜雨"的意味。此情此景，早已刻进了濠涌村"80后"一代人的集体记忆。

乡亲的愁盼，牵动着万里之外的华侨心。此时，远在美国的一群热心华侨，正在第四次谋划着为家乡筹建一所新学校。

在旅美乡亲方卓鲲伉俪的率先倡议下，华侨们纷纷响应。"我乐捐五万美元！"此时，一位热血澎湃的华侨方俊英主动请缨。此话一出，众人面面相觑，要知道，当时的五万美元对一个"打工仔"而言，绝对不是一笔小数目。美国的华侨，乡下的亲戚，对方俊英此举不理解的人，不在少数。对此，方俊英只是淡淡地说："筹建濠涌小学，前三次都没有建成，真心希望这一次能够成功。我自己从小没有机会读书，一路走来，磕磕碰碰，打工生涯吃尽了苦头。我在美国日夜思念家乡，希望故乡的孩子能够有书读，读好书，将来有出息。"

兴学育才，泽惠桑梓。为了达成这个朴素的心愿，方俊英和妻子省吃俭用，"一个仙掰开两半来用"，甚至还卖掉了一间房子以筹集资金。

此时，筹建濠涌小学的消息传遍了五湖四海，旅美、旅澳、旅巴拿马、旅加拿大、旅港乡亲也踊跃认捐，方卓鲲伉俪、方华安伉俪、李方妙英、方若愚等侨贤纷纷慷慨解囊。

1991 年 4 月 13 日，濠涌村迎来了新中国成立以来的一大盛事，濠涌小学落成庆典隆重举行，锣鼓喧天，鞭炮齐鸣，鲜花夹道，村民奔走相告，喜

方俊英先生和梁瑞芬女士（甘爱玲供图）

气洋洋。方俊英伉俪独资兴建的大礼堂笼罩在一片浓浓的喜庆祥和气氛之中，这座面积 790 平方米、可容纳 700 个座位，同时可做室内球场的乡村学校"高配"大礼堂，凝聚着方俊英伉俪一生的心血，也融汇着他们一生的桑梓深情。

这一天，距离方俊英先生离乡别井漂泊海外，已是整整 42 个春秋了。

方俊英一家人的出国经历，可谓费尽周折。1949 年，方俊英先生暂别妻儿远渡重洋，以 3000 美元的价格"买纸"（大意为购买"出世纸"，从而取得身份，大多数时候需要改名换姓，是当时华侨出国的一种普遍方式），远赴美国旧金山谋生，改姓"梁"。为了还清那笔不菲的费用，也为了维持生计，方俊英先生在农场摘果、宰猪宰羊、生切鲜肉等，广泛涉足"七十二行当"，一把辛酸泪，打工生涯一晃就是十多年。那些年，方俊英的妻子梁瑞芬独自留在濠涌村，含辛茹苦抚育着三个孩子。直至 1959 年，梁瑞芬也得以通过"买纸"的方式，带着大儿子方国铨、小儿子方秉权（1950 年生）远赴加拿大温哥华，政策使然，不得不一起改为"郑"姓。1962 年，方

俊英先生辗转来到温哥华，与妻儿久别重逢。阔别十余年，这一刻，天各一方的一家人终于克服了重重阻隔，跨越山海团圆了。随后，姓氏各异的一家人回到美国定居。1972年，美国尼克松总统在位期间，为旅美华侨"正了名"，方氏父子得以改回"方"姓。

移民美国之后，为生活所迫，方秉权也早早地投身社会大熔炉。"当时我还是个小伙子，十六七岁就到了农场帮家里'揾钱'，主要帮果农摘水果、豆角、草莓等农作物。有些农作物要跪在地上才方便采摘，一跪就是几个小时，腰酸背痛。摘一磅豆角挣两仙，要整整摘五磅才能挣到一美分，特别不容易。"年少时在美国当"打工仔"的场景深深地植于方秉权的脑海里，半个多世纪之后依然记忆犹新，"华侨在海外无依无靠，势单力薄，唯有靠自己的双手去'挨世界'，一分一毫都是血汗钱。"

父亲的人生经历、赤子情怀，深深地影响着方秉权。濠涌小学落成庆典之日，陪同在方俊英伉俪身边的，还有方秉权伉俪。在此后的30多年里，这对"侨二代"以实际行动，延续着父辈对家乡的桑梓情谊，潜心践行着两代人的人生信条。方秉权继承父亲遗志，无偿捐资助学，以慰藉驾鹤西去的父母。

学校建成之后，方秉权伉俪继续在美国打拼自己的事业。方秉权转行做生意、当地产经纪人、开百货商场，事业扶摇直上。夫人甘爱玲的母亲也是濠涌方姓华侨。甘爱玲对于家翁及丈夫的教育公益事业，她身体力行，支持有加。

近十多年来，本该颐养天年的方秉权伉俪，频频坐飞机往返于中美两国，忙于维修礼堂，忙于捐赠电脑，忙于设立"方秉权暨甘爱玲奖学金"，忙于中美学生跨国交流……他们在祖国并没有生意，"在祖国，这就是我的事业！"方秉权先生云淡风轻地说。

三年疫情，来往受阻。政策一放开，方秉权伉俪随即启动了他们心心念念的回乡之旅。

2005年4月4日,方秉权先生(后排中)和濠涌幼儿园的孩子们在一起(濠涌小学供图)

2006年,濠涌小学拥有了一个现代化的电脑室,打开了眺望世界的一个窗口(濠涌小学供图)

1991年4月13日,濠涌学校新校舍落成典礼在方俊英伉俪大礼堂内举行(濠涌小学供图)

濠涌学校的落成，凝聚着广大海外乡亲的桑梓浓情。图为 1991 年印刷的《濠涌学校落成庆典特刊》（濠涌小学方敏妮供图）

2023 年 7 月 16 日，盛夏之夜，中山希尔顿酒店自助餐厅里，一场"2011—2017 年濠涌小学赴美交流学生聚会"洋溢着融融暖意，20 名大孩子——跟方秉权伉俪拥抱，献上鲜花。

四岁就离开家乡，并没有在祖国接受过教育的方秉权先生，中文讲得并不十分利索，然而，却能在宴会上不时飘出几句颇为纯正的"隆都话"，和在场的师生及友人进行交流。在他心里，最美始终是乡音。

"好久没有见到孩子们了，感觉如同跟自己的子女久别重逢。"喜上眉梢的甘爱玲女士动情地说。

这些大孩子，都是当年"百里挑一"参加中美交流的优秀学子，如今，有的还是在读学生，有的已经踏入社会。对于小学时那段赴美的经历，孩子们表示毕生难忘。"那是我第一次坐飞机，第一次离开中国，如果没有方生方太，我这个来自农村的孩子，很难这么小就有机会到美国走一趟。感谢方生方太，给我打开了一扇眺望世

2023 年 7 月 16 日，方秉权伉俪与 2011—2017 年濠涌小学赴美交流学生聚会（黄孔佳摄影）

界的窗口。"一名学生发自肺腑地说。

　　七年间，共有 26 名小学生赴美交流，与此同时，还有 26 名美国小学生来中国进行访问。这场双向奔赴的中美学生跨国交流，缘于 2009 年方秉权先生加入了一个世界公益组织"扶轮会"。

　　美国加利福尼亚州有一个名为圣何塞（San Jose，又称圣荷西）的城市，地处旧金山湾以南的圣克拉拉谷地（硅谷），被誉为"硅谷之心"，世界知名大型高科技公司 Apple、PayPal、Intel、Yahoo、eBay、HP、FireFox、Google 等云集于此。在这世界顶尖人才集聚的大城市，有一所名为华盛顿的小学，是当地最贫穷的学校之一，为"扶轮会"的帮扶对象。华盛顿小学的学生，大多为墨西哥的偷渡者后裔，家境贫寒，出身低微，因此，辍学率很高，很多学生年纪轻轻就出来混社会。他们的母语为西班牙语，英语是第二语言。相比一般的美国孩子，这些墨西哥人后代的世界更小，出路也更窄。方秉权常常为这些孩子的前途感到忧心忡忡，经了解得知，如果这些孩子长大后，既懂西班牙文，又懂英文和中文，一入职场就会成为炙手可热的人才。思索再三，方秉权想到了濠涌小学的学生，"既然英文对两校的学生来说都是第二语言，何不一起学习，共同进步？"于是，2009年起，在方秉权先生的牵线搭桥下，濠涌小学和华盛顿小学的学生就以网络结缘，通过互联网视频会面、网络课堂、实地交流等方式，互相了解两地文化。"我希望通过这些活动，让美国孩子从小就了解中国，对中国产生亲切感，等他们长大之后，对推动世界和平贡献一份力量。"这，正是方秉权先生的初心。

一个家庭，两代华侨的桑梓情。

多年以后，方秉权伉俪惊喜地发现，这批来过中国交流的墨西哥学生，许多不仅完成了中学的学业，还有一部分从大学顺利毕业；赴美交流的中国学生，也有相当一部分考上了中山大学、华南理工大学、暨南大学、星海音乐学院等名校，这一切，都让他们感到无比安慰。

2009年，方秉权伉俪在敦煌莫高窟合影。方秉权先生和甘爱玲女士不仅关心家乡教育事业，还十分关心中华传统文化的传承及保护，2009年伉俪到甘肃捐资保护敦煌莫高窟360号洞窟，2014年保护工作完成（甘爱玲供图）

"有一名墨西哥孩子给我写感谢信,说她长大以后,要带美国的学生来中国交流。虽然我不知道,她的这个愿望能不能实现,但是我知道,我们所做的事情,会影响孩子的一生。"甘爱玲女士说着,脸上浮起欣慰的笑容,"就仿佛往水中丢了一颗小石子,水面的涟漪就会一圈一圈地荡漾开来,哪怕只影响到一个人,我觉得,我们的付出也就值得了。"

第八节　其他海外英杰

1. 奉使出洋官员方士彦

康熙《香山县志》记载:"方士彦,生卒不详,濠涌人,明万历四十八年(1620),任大同府经历,有治声,奉使外国称职。"方士彦是早期奉使出洋的香山人。此后,陆续有香山人出洋。

2. 爱国实业家雷东五

雷东王,字宜群,爱国实业家,大同村人。先后在中山县石岐镇开设汇通英记银号和侨益行,1956年前往加拿大与二哥合作经营杂货超市。新中国成立后,美帝国主义侵略朝鲜,直接威胁我国东北安全,人民政府发动全民捐款抗美援朝,雷宜群积极响应号召,捐款人民币一亿元(当时旧人民币),后来又积极捐款建设家乡学校。1993年在加拿大病逝,享年92岁。

3. 旧金山溯源堂主席方立本

方立本,1937年生,濠涌村人。十岁随父到美求学,后定居美国。50年来,他勤奋向学,工作敬业,热心社团,热诚助人,深受广大侨胞敬重和爱戴,连任中华基督教主恩堂协和中文学校校长,担任旧金山溯源堂主席。

4．杰出建筑设计师方励涵

方励涵，敦陶村人，1938年在斐济出生，1957年到新西兰奥克兰大学建筑学院就读。后成为新西兰首屈一指的建筑设计师。

新西兰第一大城市奥克兰素有"风帆之城"美誉，方励涵在当地做了30多年的建筑设计师，将自己的智慧和新西兰的灵气完美统一，塑造了一个又一个建筑经典。他设计并建造了300多间风格迥异的房屋，因此被新西兰建筑学院评为新西兰最杰出的建筑设计师之一。

5．美国实业家方华安伉俪

方华安伉俪，大同村人，从小到美国谋生，实业家，一贯热心家乡教育事业，捐赠五万多美元兴建濠涌学校教学大楼，让家乡学子有优良的读书环境。

6．捐资办学领头人方卓鲲

方卓鲲，濠涌村人，美国溯源总堂顾问。其父方景云早期捐资办学。至1991年方卓鲲率先捐款并发动海外乡亲捐建濠涌小学。2005年10月，方卓鲲率美国溯源堂访问团一行300多人到濠涌小学参观访问及捐资办学。

7．爱国华侨方妙乐

方妙乐，濠涌村人，美国联邦国土安全部助理部长、前旧金山警察总局局长方宇文的父亲。少年时便随父亲方官集到美国旧金山谋生，经营肉类生意至退休。热爱家乡，关心教育事业，晚年捐赠七万美元独资兴建濠涌幼儿园。

8．热心宗亲方炳胜

方炳胜，又名侠云，濠涌村人，1935年生，香港中山隆镇同乡

会副会长。香港中山侨商会常务董事,香港长洲、坪洲中山同乡会名誉会长,沙溪镇大同老人协会名誉会长。曾任香港中山远东新闻社会日报名誉顾问。长期以来关心和支持家乡的公益和教育事业。

9．时装设计师方健夫

方健夫,濠涌村人,出生于 1965 年,1979 年随父亲方衍州迁居澳门。澳门"Kenneth Fong"设计工作室的创办人,曾被评为广东省十佳服装设计师。2002 年,他代表澳门参加在北京举行的中国国际时装设计比赛,荣获"中国十佳时装设计师"称号。任澳门时装设计师协会主席、陕西省服装艺术学院特聘教授。2003 年 8 月上海国际时装联合会授予他"当代时尚名师"勋章。

10．物理博士方鑫定

方鑫定,出生于大同村一个农民家庭。高中毕业后,被中国科学技术大学地球物理学专业录取。本科毕业后获得美国麻省理工学院提供全额奖学金,攻读博士学位。担任美国麻省理工地球实验室研究助理,主要负责麻省石油开采技术,如含油层地震波分析,声波测井等。美国地球物理学会会员,麻省理工华人科技协会副主席。

历史长河浩浩汤汤,从濠涌、敦陶、大同三村走出的名人多如繁星,他们生活在不同的时空,在各行各业有所建树。由于史料难觅,渠道局限,也出于各种原因未能找到名人的后代一一采访叙述,故无法完整呈现所有名望之士。希望读者能通过本书记录的名人生活足迹,看到这个家族所经历的过往,以人为镜,以史为鉴,鉴古而知今,彰往而察来,是以为盼。

第十一章　古村遗韵　几多春秋

匆匆的车流、喧嚣的人潮、闪烁的霓虹灯、车窗外飞掠而过的商城和高楼……两盏茶的工夫，便穿过熙熙攘攘的中山城区到了濠涌村的村口。不知从什么年岁开始，一片片钢筋水泥森林迅速"生长"，耸立于蓝天白云之间。一条在建的中阳高速公路横亘村口飞架西东，抬眼望去，宛如一条奔向远方的"钢铁巨龙"。

短短几十年间，通往濠涌村的交通要道，陆路已经完全取代了水路。今天，濠涌村前舟楫往来、渔火延绵的景象早已不再，曾经繁华的岐江水路淡出了历史的舞台，取而代之的，是蜘蛛网般四通八达的国道省道乡道。这个毗邻中山城区的村落，在澎湃的时代大潮中已日渐融入城市的肌理。

巍巍凤凰山，澹澹岐江水。几百年过去了，青山依旧，江水迂回。岁月模糊了村庄曾经的过往，也雕刻着新的时光。

"鱼子桥哪里去了？'三家村'在哪儿？古祠堂还在吗？"经历了"江南几度梅花发，人在天涯鬓已斑"的侨居人生，老华侨归国探亲始终不忘故旧，心心念念。离乡数十载，这些如珍珠般的记忆，午夜梦回时，如繁星般闪烁在异国他乡深蓝的夜空，一夜又一

传统与现代交织的濠涌村（方嘉雯摄于 2023 年）

夜，一年又一年，"变化太大，若没有亲人指引，根本找不着回家的路了"。

时光带来的变迁，又何止是交通？村容村貌、生产方式、生活习俗等，一切都在改变。在社会的急剧变化中，欣慰的是，六百年隆都濠涌古村，依旧根脉绵延，时光未曾带走的，还有许多，许多。

第一节　阳春布德泽：万物生辉

癸卯年春节刚过，春和景明，万物苏醒。来自各个省区的外来务工人员踏上南下的列车陆续返岗，当地人也渐渐回到工作轨道开启新的一年，三年疫情的阴霾逐渐消散，新濠南路与隆兴路又渐渐恢复了往常的热闹。两条马路的交会处，缕缕和煦的晨光打在村口巍峨雄伟的"中国红木家具之都"牌坊上，牌坊正中的巨幕高清电子屏滚动播放着热辣滚烫的商业资讯，牌坊下身披霞光的车流人流穿行不息。

穿过"中国红木家具之都"牌坊，沿着横贯整个濠涌村的新濠南路一路西行，依次经过充美牌坊、敦陶牌坊、濠涌牌坊，道路两旁的红木家具商铺一个紧挨着一个，数公里之遥，一路连横至大涌镇。红木家具商城造型古色古香，飞檐翘角，碧瓦朱甍，雕梁画栋。空气中飘散着一缕淡淡的、醇厚的天然木头香味。

行驶在车水马龙的马路上，与鳞次栉比的仿古建筑相映成趣的便是层层叠叠的红木家具门店招牌，它们纷纷"粉墨登场"，扑面而来。高高低低，错落有致，成百上千的招牌簇拥着大路，古朴而热切。

从千禧年前后开始，招牌便逐渐成为新濠南路一种另类的视觉语言。

招牌之下，是精心布置的橱窗，橱窗里展示着各式各样的古典明清家具、新中式家具。小叶紫檀、刺猬紫檀、印度紫檀、交趾黄檀、降香黄檀、阔叶黄檀、黑酸枝、红酸枝、黄花梨、金丝楠、鸡翅木……一根根原木在能工巧匠的精雕细琢之下脱胎换骨，变成了既具观赏价值又具实用价值的硬木家具。罗汉床、贵妃榻、太师椅、官帽椅、八仙桌、香几、画案、圈椅……各式商品琳琅满目，让人目不暇接。上至百万元的名贵红木藏品，下至几百元的平民家具一应俱全，丰俭由人。

继续西行几公里，就到了濠涌村的边界，这里也是沙溪镇与大涌镇的交界处。沙溪、大涌两镇旧称隆都，而濠涌村，正好处于两镇接壤之地。近年，一座恢宏的地标式建筑"红博城"拔地而起，层楼叠榭，飞檐反宇，一派古风雅韵。

中国红木家具之都牌坊和红博城在新濠南路首尾呼应，以其地缘优势，承接了中国红木产业之都大涌镇红木家具产业的辐射，也成就了濠涌村经济的一大支柱。

新濠南路有如一根扁担，这根扁担，挑起了濠涌村的经济命脉。

濠涌村以新濠南路为中轴线，布局了全村的经济发展蓝图。中轴线两旁，是红木家具贸易商行、红木加工厂、成衣、纺织等企业，沙溪、大涌两镇的产业特色在这条路上一览无余。

据统计，目前濠涌村共有大大小小的企业逾千家，一年的物业收入约 3000 万元。在中山市制造业强市的战略带动下，近年，村内的工业区清拆旧厂房，腾出发展新空间，加大招商力度，促进产业转型升级。

中山联合鸿兴造纸有限公司、中山市政混凝土工程有限公司两家大型企业，位处早年的濠涌村地域，均为中山早期兴建的大型厂企，目前都是年税收超千万元的市级纳税大户。

眼前的这一切，是怎么发展起来的呢？

岁月如梭，新中国成立后，濠涌村的面貌开始一天天发生着变化。

20 世纪 50 年代，中国的工业在一穷二白的基础上开始起步，以农耕为本的濠涌村迎接着新兴的工业化浪潮，那时候，村里迎来了一家大型的国有企业。这家企业来头不小，乃全国第一家国营华侨造纸厂，选址落户敦陶村，这一落户，对整个村庄的影响颇为深远。

当年，这家大型厂企的到来，直接导致一个小村子的消失。

如今属濠涌行政村管辖的充美村，原属敦陶村管辖。相对于濠涌、敦陶、大同三个同宗同源的方姓古村落，充美村要"年轻"得多。充美村始建于清朝初年，由移民聚居繁衍形成。立村之初名金钗宅（乾隆《香山县志》始有"金钗宅"村名记载）。截至 2024 年 6 月，该村户籍人口只有 286 人，却有余、杨、萧、罗、吕等多个姓氏。村中第二大姓为杨姓，从清朝起，杨姓村民陆续迁居至沙溪原坡文亭村。1956 年，该大型厂企择地建于坡文亭村，由于厂子大村子小，土地被全部征用，随后，大部分村民被安排迁入充美村，从此，坡文亭村消失在时代的浪潮中。

因地处中山，资金来自广东省华侨投资公司，该厂初名广东省中山华侨造纸厂。1961 年，广东省中山华侨造纸厂正式投产。随着国家投资力度的增大，1966 年改称广东省中山造纸厂。1988 年被评

为广东省先进集体企业。1990 年，从业人员 1411 人，年产纸品 5.69
万吨，总产值 1.21 亿元，为广东省内同行产销之首。1995 年，外资
进入，广东省中山造纸厂转变为中外合资企业，随之更名为"中山
联合鸿兴造纸有限公司"。随着时代变迁，该厂数易其名，然而，
永远都是村民口中的"纸厂""华侨造纸厂"。

"纸厂"开办之后，无数的濠涌村民（以敦陶村民为主）都先
后入职，这也是村民洗脚上田后就业的一大渠道。只是，村民只能
充当"临工"，身份还是农民，并非"职工"，因此，还称不上
"工人"。那个年代，无论是收入待遇还是社会地位，工人都是农
民艳羡的群体。

在敦陶村、充美村许多"80 后"的记忆中，"纸厂"是村子里
一个崭新的世界。高耸入云的巨大烟囱，浓烟直冲云霄。高高的钢
筋混凝土厂房，重型机器日日夜夜轰鸣，响声震耳欲聋，连空气里
都弥漫着纸浆的味道。一排排灯火通明的窗子，透出苍白色的白炽
灯光，车间里，无数的齿轮和传送带不停地旋转，聒耳的机器吼声中，
人影绰绰。

寒来暑往，不时有大货车排着队驶入工厂，把一车车来自海外
的"洋废纸"拉进仓库。废纸堆里，常常藏着许多全新的圣诞卡、
漫画书、海报、贴纸等新奇有趣的宝贝，偶有一些流出工厂，居住
在附近的孩子们就日渐接触到外国的文化。于是，校园里交换这些
洋宝贝就成了童年的一大乐事。

废纸在生产线上，经过一系列的流水作业，被打得"粉身碎骨"，
溶解成浓稠的土黄色纸浆，再经过一系列的工序，最终得以"重生"，
蜕变为一卷卷比人还高的工业瓦楞纸、牛皮纸，重量以吨为单位计量。
再生后的纸品，被打包好装上货车，运向天南海北的工厂。

重型货车每天进进出出，南来北往，仿佛不知疲倦。彼时，是
国内工业化高速发展的时代。

20 世纪八九十年代的"纸厂"，是一个独立的存在。操着一口石岐话、水乡话、韶关话、湖南话等各种乡音的工人，分为早、中、晚三班，每天乘着厂巴上下班，他们的宿舍在石岐亭子下一带。这些现代化的大巴，村民称之为"纸厂车"。那时，时不时有村民踩准点蹭一趟"纸厂车"出入石岐城区，车厢里，身份各异，南腔北调，成了一道独特的风景。而"纸厂"的厂区，完全就是一个小社会，里面有整齐划一的联排员工宿舍，有独立的百货商店、集体饭堂、菜市场、电影院、商业街，甚至还有学校，职工子弟可从幼儿园、小学直升初中。

"纸厂"的入驻，就如打开了一扇南风窗，虽不属村管辖企业，但以敦陶村为主的附近村落，还是近水楼台先得月，享受到了国家工业发展政策的春风。

阳春布德泽，万物生光辉。20 世纪六七十年代，除了"纸厂"的落户，濠涌村周边还建起了中山磷肥厂、水泥厂等国资厂。部分村民由集体派工到工厂里上班。

1960 年 3 月，由江门（甘蔗化工厂）至中山（华侨造纸厂）第一条 35 千伏高压输电线路建成，全长 31 千米。1961 年，全县第一座 35 千瓦变电站在敦陶村建成，敦陶村成为中山最早实行大电网供电的村落之一。1984 年，敦陶村成为"百万元产值村"，经济发展走在前列。

1961 年至 1962 年间，濠涌村家家户户相继通电。一个漆黑的夜晚，乡民喜出望外地摸索着一根细细的尼龙线，咯嚓一下拉亮了电灯，顿时，满屋充盈着橘黄色的暖光，从此与蜡烛、火水灯（煤油灯）照明的岁月挥手作别。

随着改革开放的深入，春风吹拂大地，一夜之间繁花满枝头。1990 年通自来水，1998 年通网络，2001 年全村实现村道水泥硬底化。

改革开放以后，经济勃发，村民纷纷进入村办企业或私营企业务工，同时自建出租屋、店铺等物业，20 世纪 80 年代中后期到 90 年代，村集体开始对外出租农田、山地、厂房等，村民拓宽了经济收入来源，日子一天天红火起来。

20 世纪 90 年代，红木家具产业迅速发展。2003 年以来，邻居大涌镇先后荣获"中国民间艺术之乡（雕刻）""中国红木产业之都""中国红木家具生产专业镇"等称号，红木家具产业集群逐渐形成。在巨大的产业辐射效应下，濠涌村原先出租的锌铁棚厂房以及"前店后厂"的经营模式已不能满足产业发展需求。2006 年至 2010 年前后，濠涌、敦陶、大同三村因地制宜，及时抓住发展的先机，各自兴建了红木家具商城，并逐渐成为远近闻名的红木家具交易集散地，并以此带动了成衣、纺织、餐饮等其他产业的发展。

路通，人通，财通。交通对一个地方发展的重要性不言而喻。濠涌毗邻港澳，位处珠三角腹地，地利尽显。近年，交通路网日渐完善，蓝图变通途。国道 G105 线，市政道路南外环路，乡镇道路隆兴南路、新濠路、大涌支路、下朗工业大道等道路陆续建成，纵横交错，贯村而过，为村集体发展注入了源源不断的"活水"。如今，中山—阳春高速公路（简称"中阳高速"）建设如火如荼，未来又将多一条交通大动脉。

第二节　消逝的风景：顾盼之间

在不愁温饱的今天，上了年纪的濠涌村民偶尔还会怀念过去清苦的年代。那时，稻田延绵，林茂果丰，没有风扇，也没有空调，一场秋临夜雨，就送走了整个夏天的热浪。

回望新中国成立之初，举国百废待兴，濠涌村还是一个以农业为生的村落，阡陌纵横，乡民过着日出而作日落而息的农耕生活，种植水稻、花生、荔枝、黄皮、龙眼，养殖生猪、鸡、鸭、鹅、塘鱼等等，自给自足，日子恬淡清贫。

村里种植的槐枝荔枝、石硖龙眼、鸡心黄皮、乌榄、青梅口感上佳，远近驰名。面朝黄土背朝天的岁月，村里发生过两件农业的"大事件"，至今让老一辈引以为傲，津津乐道。

第一件大事，1971年全沙溪公社水稻平均亩产904斤，而其中的大同大队亩产千斤，达到历史粮产量峰值。第二件大事，20世纪80年代由沙溪镇农办从中山市果苗场引进到大同地区种植的龙眼，经过十余年的栽培，90年代迎来大丰收。大同龙眼参加全国农业博览会评选，一举夺得铜奖。一个岭南小村庄的农产品在全国的农业盛会获奖，荣耀加身，成为当时的"大新闻"，大同龙眼名噪一时。

时代发展至今，地处城郊的濠涌村，农业经济现状如何？

据濠涌村委会统计，随着工业化的发展，总面积仅3.89平方公里的濠涌村，近年耕地面积锐减。20世纪90年代，村里尚有1000多亩耕地，家家户户基本都有农田，连片稻田一望无际，如今，仅剩约600亩耕地，为承包户耕种。原来的农耕地，相当一部分建起了服装厂房、红木家具厂房及商城。曾经洒满阳光的晒谷场，渐渐建起了民居。推门满目金黄稻浪翻滚的稻田风光，在村里永远地消失了。

现今，濠涌村的种植面积约300亩，主要经济作物为水稻和蔬菜，其中水稻约占200亩，蔬菜约占100亩。水稻蔬菜由来自广西、湖南、粤北的承包户耕种，乡民已经彻底"洗脚上田"，告别了农耕生活。20世纪90年代是鱼塘养殖的高峰期，约2000亩鱼塘，鱼跃人欢好"丰"景，如今仅剩鱼塘约300亩，依旧养殖传统四大家鱼。

濠涌村的山林面积也在大幅缩减，漫山遍野果树硕果累累的风光也已经不再。90年代以前，村里有数千亩山林，确切数字已难以统计，至今尚存1300多亩，集中分布在凤凰山一带。最繁盛的时期，数万棵果树果香四溢，至今尚存荔枝树4000多棵、龙眼树2000多棵、乌榄树 400 多棵，等等。有相当一部分是祖祖辈辈栽种下来的古树，苍虬挺拔，亭亭如盖。可惜的是，近年大量果树由于各种原因被砍伐了。现存的荔枝树，以槐枝为主，兼有白蜡、妃子笑、桂味等品种。这数千棵果树，有的为自然村集体养护，有的为承包户养护，有的为村民自己打理，还有不少疏于照护，天生地养。

聒噪的夏蝉声在树叶间回荡，乡民一家老少摘果、啖果，几代人围坐在浓荫蔽日的大树下，品尝祖辈栽种下的岭南佳果味道，可谓"前人种果后人收"。吃不完的果子，会被村民制作成荔枝干、龙眼干，乃泡茶煲汤的好食材；还有风味独特的杨桃干、黄皮干、甘草乌榄、榄豉等，都是大人孩子垂涎的零食，更是老华侨怀念的"家乡味道"。

余秋雨说，一个人的故乡，就在他的胃里。味蕾是有记忆的，味蕾的记忆，只关故乡。

总有一种味道，能唤醒心底最柔软的回忆。家乡的果实，是儿时的味道，妈妈的味道，故乡的味道。童年的滋味一旦在口舌间"安营扎寨"，将会伴随人的一生，一旦时间被封印了，就成了舌尖上的乡愁。可惜，自觉传承传统食品老手艺的乡民，越来越少了。

与濠涌村一衣带水的月山村，两个村落渊源颇深，数十年前从濠涌村移栽的"名优树种"，至今依旧深深扎根在山上，与凤凰山的古树彼此隔岸相望。

快速发展的城市如同流沙，一天天把村庄昔日的风景淹没。偷吃果子的小孩儿，田间送饭的妇女，扛着锄头的老汉，渐渐走失在天边的稻田里。濠涌村的乡民作别了以往赖以生存的土地，作别了烈日下插秧割稻挥汗如雨的艰苦日子，从日暮炊烟袅袅的青砖瓦顶老屋，搬进了自建小洋房。年轻人从巷子走出去，耕耘于各行各业，没有了对土地的眷念。

唯有一些半生与泥土打交道的老年人，依然难舍农情，即使住上小洋房几十年，只要有巴掌大的地方，也会想方设法把它"围垦"成菜地。屋子围墙的小角落，常常被篱笆围起来，晒干塘泥，撒上各样种子。一排排大小不一的花盆，除了种花，还是种瓜种菜之地。天台、阳台、家门口，一畦畦青绿挤挤挨挨，共享着时令的律动。

低矮的竹篱笆，青翠细长的丝瓜藤蔓来回缠绕，顺势往上攀爬，长藤上开满黄灿灿的小花，引来蜜蜂、蝴蝶在花蕊间流连飞舞。花期匆匆，花朵凋零之后，一根根娇嫩细小的丝瓜就冒出来了。丝瓜长势喜人，一天一个模样，没过几天，就变成了一根根一尺见长的碧绿丝瓜。采摘回来，无论是炒肉片，还是滚鱼汤，尤觉鲜甜可口。

哪个节气种什么菜，各种蔬菜的种植要领是什么，老人了如指掌——年轻时种地的"本事"还在。白菜、生菜、辣椒、姜、葱、丝瓜、苦瓜、豆角、四季豆……各家的菜畦都不尽相同，邻里之间交换着瓜菜品尝。耕种之间情满园，乡风淳朴依旧。

其实，自家种的瓜瓜菜菜，远远不足以满足家庭日常所需，更多的只是一种怡情之举。春意萌动，空翠湿人衣，"农人"在小菜畦之间忙活，乐此不疲。盛夏之夜，少了虫吟蛙鸣，可家有菜苗，勃勃生长。一场秋雨一场寒，白菜、菜心、椰菜一天天苗壮成长。北风渐起，天高物燥，菜园的竹竿上，又挂满了腊肉、鱼干。

立春了，准备播种了；清明快到了，要赶紧插秧了；小暑大暑到来，早造作物成熟了；小雪、大雪来了，晚造作物要收割了……二十四节气，盛开在岁月的枝头。作为曾经的农人，他们仿佛还听见时间的律动，依然惦念着农事，口中念念有词，对节气的感受远远比城里人深刻。即使，他们早已离开土地许久了。

忘不了的乡愁，回不去的年代。

费孝通先生在《乡土中国》里说，城里人可以用土气来藐视乡下人，但在乡下，"土"是乡下人的命根；又说，游牧的人可以逐水草而居，飘忽无定；做工业的人可以择地而居，迁移无碍；而种地的人却搬不动地，长在土里的庄稼行动不得，伺候庄稼的老农也因之像是半身插入了土里。

这，也许就是深深扎根在村民心里的乡土情结吧。

清晨 6 点，晨光熹微，方叔方姨就约好了三五同乡到公园里晨练，锻炼一个小时之后，又结伴到附近的茶楼，"一盅两件叹早茶"。

茶楼里藏着热气腾腾的烟火气。掀起小蒸笼，温热的香气一下将人包裹起来。虾饺、烧卖、陈皮牛肉丸、荷叶糯米鸡、蜜汁叉烧包……典型的广式茶点一笼笼端上桌，袅袅升起的白烟在餐桌上飘荡。寻常的早茶，日常的一天，大家一如既往地一边喝普洱茶，一边闲扯家常，安然自若。

喝完早茶，银行就该开门了。每个月 10 日前后，方姨的农村合作社存折里总会准时收到一笔 2000 多元的社保养老金。她介绍，近些年社保养老金每年都上调一点，已经调过好几回了。"现在的日子真好啊！以前只有工人才有资格享受退休金，现在连农民也能领养老金了，当年想也不敢想！"方姨心满意足地说。

国家社保医保政策的推行，让村民享受到了红利。早在农村社会养老保险制度实行之前，濠涌村 2003 年实行了农村股份制改革，改革后，村民当上了"股东"。在这次浪潮中，濠涌村以 2003 年原有村民为实固化股东，此后，成为股东的村民，就享有了村集体经济收入的分配权，谓之"分红"。

濠涌村党委书记方建奋介绍，如今，濠涌村的集体收入以物业出租为主，包括厂房、店铺、市场、宿舍楼等，总物业出租面积逾15 万平方米，此外，还有 600 多亩高标准农田及 100 多亩山地出租。2022 年村集体经济收入 3768 万元。

"包租公"的发展模式，让村民得到了实实在在的福利。从 20世纪 90 年代开始，村民就开始享受集体分红，近年濠涌各村民小组

每年的人均分红约 4500 元。

　　中山是全国率先推行医保社保的城市之一，近年濠涌村已实现了全员医保。截至 2023 年 10 月，濠涌村共有户籍人口 3955 人，1000 户。其中，男 1844 人，女 2111 人。18 岁以下人口 632 人，18—35 岁人口 914 人，35—60 岁人口 1470 人，60 岁以上人口 939 人。对于社保，濠涌村对股东实施补贴政策，股东以自愿原则参与。每年重阳节，村中的敬老活动热闹非凡，大摆祝寿宴席款待耆老，此外，还派发大米、生油和慰问金。平日，老祠堂里，曲艺社琴瑟和鸣，粤韵声声。一系列惠民措施为村民实现老有所养、老有所医、老有所乐提供了保障。

　　"年轻的时候，天还没亮就下田种地，一直到太阳下山才回家，'六月大小暑'，热浪滚滚，毒辣辣的太阳都要把人晒晕了，烈日底下弯腰挥镰割稻，每一粒大米都来之不易。遇上雨天，辛辛苦苦种出来的稻谷还没晒干就发芽了。那种辛酸呀，只有农民才能够切身体会。"回忆起年轻时当农民的往事，70 岁的方叔颇有感慨，"现在生活好了，米缸常满。80 年代之后，日子一天比一天好。"

　　老吾老，以及人之老；幼吾幼，以及人之幼。尊老爱幼的传统美德，在濠涌村得到了很好的传承。

　　濠涌村向来重视教育，"濠涌方氏名人馆"打破常规展示了数位当代杰出学子，以激励后辈见贤思齐，濠涌方族对后起之秀寄予厚爱的拳拳之心可见一斑。2021 年 8 月 19 日，濠涌村成功召开教育基金成立大会暨第一届优秀学子奖学金颁奖仪式，对在中考、高考中取得优异成绩和考上研究生的优秀学子进行表彰，并对低保户学生发放助学金，至今已连续举办了三届。

　　始建于 1929 年的濠涌小学，1991 年易地重建，搬入现校址。如今，濠涌小学的学生不再是清一色的本村学子，非本村户籍的孩子占一半以上，教学规模也相对扩大。校园里，学生的姓氏更多了。

30 多年来，这所凝聚着海外华侨心血的乡村学校，培养了毕业生
4000 多人。近年来，考入大学的学生连年增长，有考入清华大学、
中山大学、暨南大学、华南师范大学、华南农业大学等国内名牌大
学的，也不乏考入美国麻省理工学院等国际名校的学生。

一届接着一届的学生走出校门，走向社会。年轻一代求学就业
的足迹广远，有在镇内从事服装、红木家具行业的，有走出乡村到
各地就业的，也有不少到中国香港和澳门、美国、哥伦比亚、澳大
利亚等国家和地区就业的。赴海外务工的，多从事建筑、装修、餐饮、
厨师等行当。

很多"70后""80后"都清晰记得，在少年时代，总能看到各
种手艺人带着自己的谋生工具走街串巷吆喝，只要遥遥一声回应，
他们就在家门口停下来，眼疾手快地掏出五花八门的工具一字排开，
再使出自己的拿手绝活儿，为家家户户提供生活所需，或帮忙解决
许多生活中的小麻烦。随着时代的发展，这些身怀绝技的手艺人已
经渐渐退出了时代舞台，藤匠、竹篾匠、剃头匠、磨刀匠、补鞋匠、
阉猪匠、壁画匠、泥水匠、瓦匠、搭棚匠……许多传统行业逐渐销
声匿迹了。

近年，房地产业发展迅速，城乡处处建起了高楼。濠涌村的中
青年人，有相当一部分人在沙溪镇或城郊的楼盘置业，也有更多的
中青年人，依旧留在本村居住，新式的自建房比比皆是。而村里的
老房子，很多都成为出租屋，租给外来务工人员。据统计，截至
2023 年底，濠涌村的非户籍常住人口约 1800 人。

从 2015 年、2018 年起，濠涌村陆续有房地产项目进驻，现有
别墅、洋房两个项目共 1200 多个单位，占地共 85 亩，客户群体为
中高端收入人群及工薪阶层。据悉，目前在濠涌村楼盘置业的，绝
大多数为外来人员。

一个印满了英文的铁质苏打饼干盒，表面多处油漆已经剥落，爬上了斑斑的锈迹。这个盒子在方叔家里不知不觉已经 30 多年。盒子里是满满一叠泛黄的信件，信封上方粘贴着有年代感的邮票、盖着不同地方的邮戳，中国香港的、美国的、加拿大的、新西兰的、澳大利亚的……

铁质饼干盒是海外亲人回乡所带礼品的缩影，而信件，则是一封封华侨的家书，或长或短的繁体字书信，笺暖而情长，写满了 80 年代、90 年代期间对家乡亲人遥远的牵挂。

方叔家族庞大，兄弟姐妹及亲戚遍布海外，在濠涌村，像方叔这样的家庭，甚为寻常。

正如木心先生的《从前慢》里的诗句——

从前的日色变得慢

车，马，邮件都慢

一生只够爱一个人

见字如面，纸短情长的深厚情谊，凝固在一张张薄薄的信笺之上。

然而，随着科技的飞速发展，从书信，短信，到微信；从越洋电话到视频通话；从沉甸甸的动辄运输数月的海运包裹，到一日千里的国际航空快递……地球的时空距离仿佛一夜之间缩小，这种跨海越洋的纸质信件，也渐渐消失了。

方叔的妻子方姨，和方叔年龄相仿，生于 50 年代初，年届七旬，小时候由于时代原因和家庭原因，只读到小学三年级便辍学了，用当地方言形容，就是"鸡嬲大的字，识不到一箩（筐）"。方姨年轻时跟海外亲人联系，全靠丈夫写信，或者算好时差拨打价格高昂以分钟计算话费的越洋电话。自从智能手机和微信诞生之后，在读小学的外孙女帮她组建了一个名为"五洲四海一家亲"的微信群。

从此以后，她与海外的亲人朋友就可以随时随地联系，方便极了。现在，为人热情爽朗的方姨，每天早上必做的一件事情就是给手机里五湖四海的亲朋好友发"问候表情"，语音留言聊聊家长里短。几年下来，原本目不识丁的方姨，已经把智能手机玩得溜溜的，不仅学会了拨打语音电话、视频电话，还学会了看朋友圈、点赞、看新闻、发表情包、收微信红包……俨然一个既传统又不落伍的老太太。

纵然相隔千山万水，亲朋好友却如同近在咫尺。"以前的'金山客'，一旦背井离乡，很有可能就是一辈子。现在可好了，拨通视频电话，大家就能见面，打个'飞的'，隔天就回来了。几十年前，难以想象啊！"方姨方叔不胜感慨。

不仅通信方便了，出游也方便了。近年，有条件的濠涌村民，还时不时地出国旅游、探亲。此外，由于有亲人在海外生活，濠涌村以留学、结婚、务工、团聚等各种方式出国的人，至今仍不在少数。

午后，迎着微暖的阳光和徐徐清风穿行在濠涌古村，只见不少百年前的老房子散布在窄街小巷之中，当中许多是华侨祖屋，久无人住，墙角的野花杂草在风中野蛮生长。老侨房即便韶华已逝，门、

濠涌村内还有一批保存完好的典型侨房建筑（方嘉雯摄于 2023 年）

窗、梁、柱、栏杆等随处可见的精美木雕、灰塑，依然彰显着它过去的华美瞩目。村中最为常见的地球仪灰塑，高高地矗立在屋顶之上，仿佛象征着海外乡亲遍布世界的荣耀。

这个小乡村，无论是百年前，还是现在，总是在眺望着世界。

第三节　流淌的乡愁：乡音乡味

语言和民俗均为文化的活化石，背后是文化的代代传承及历史的流变。濠涌村所在的沙溪，古时和大涌统称隆都，隆都人所讲的是独特的"隆都话"，为闽语语系。隆都，是独树一帜的"方言岛"。

据1996年版的《中山市志》记载，中山闽语习惯上称为"村话"，主要分布在沙溪、大涌、张家边、南朗以及三乡等地。闽语系的先民大部分是宋元之间从福建迁来香山的，人口约14.3万人。根据地理分布和语言特征的不同，他们分为三个片区：隆都片、东乡片、三乡片。隆都片人口最多，又是纯闽语区。

沙溪人通常称自己的语言为沙溪话，大涌人习惯称自己的语言为大涌话，统称"隆都话"，也即"村话"，两者之间除了个别词汇和声调有细微差别以外，别无二致。

隆都人迁居香山800多年了，他们的语言保留了闽语最独特的部分，有人把隆都称为中山的"闽语孤岛"，也因此很大程度上保留了古老的语言。

濠涌开村600多年，村民讲"村话"还是主流，他们所讲的"村话"至今仍然保留着一大批闽语所独有的词汇，例如"骹"（脚）、"囝"（儿子）、"涂"（泥土）、"塍"（田地）、"秞"（水稻）、"箬"（叶子）、"厝"（屋子）、"鼎"（锅）、"筷箸（筷子）"，等等。

猫儿爬厝背，表兄娶表妹。

　　乌哩猫，担糖包，担到去祠堂门口，跌一跤，拾对金耳环。

　　三月三，舞扁担。四月八，舞柴碌。四月九，舞南斗。

　　揸煲煲，煲笋头，问声亚公捉猪还系捉牛。捉个黄牛三担重，冇尾公鸡对石榴。石榴捞韭菜，个人夹箸好行开。

　　摇啊摇，摇到外婆桥。外婆哈哈笑，送我大香蕉……

　　凼凼转，菊花园。炒米饼，糯米团。亚妈叫我睇龙船，我唔睇，睇鸡仔。鸡仔大，捉去卖……

　　老人带着泥土芬芳的吟唱，既有本土方言，又夹杂着粤语，传唱了一代又一代，古老的童谣依然陪伴着孩子的成长，只是，童谣里描绘的许多景象，都随着时光匆匆的脚步而渐行渐远，变成了故事。

　　除了"隆都话"，沙溪的老人家，尤其是敦陶的老人，依然时不时会讲隆都话的小分支"省岐隆"，在普通话、粤语大行其道的语言环境下，年轻人就很少会讲了。

　　客家人有"宁卖祖宗田，不忘祖宗言"的古训，那是一种对语言的坚守和执着。今天，沙溪的白发老人也依然会跟晚辈"唠叨"勿忘乡音，这种嘱咐不绝如缕。"一定要学会讲隆都话，我们隆都人，无论身在何方都不能丢了村话，这是祖辈传下来的根。"如今，在村里长大的孩子，绝大多数都讲村话，然而，已慢慢夹杂了不少白话、普通话，乃至英语的词汇。在濠涌学校，已鲜少听到村话了。

　　社会加速融合，不少方言面临消失困境。一种语言的生命力，于方言岛的人们而言，更需要人人肩负一种文化的使命感，用之，传之。只要年轻人愿意讲，愿意传承，隆都话就会一代代传下去。

　　两个素不相识的隆都人在外地初次见面，寒暄过后，必然会问一句"你会讲隆都话吗"。如果都会讲，那么，距离一下子就拉近了，于是彼此立马"转切频道"，改讲隆都话。哪怕只会讲一点，大家也会蹦出几句"不咸不淡"的隆都话，互相打趣一番，气氛瞬间活跃。

乡音、乡里、乡情，这是方言给人带来的天然的亲近感。

东方刚刚露出鱼肚白，沉睡的菜市场就渐渐被唤醒了，叫卖声、讨价声、剁肉声、家禽叫声不绝于耳，人潮如织，车来车往。无论是几十年前的旧街市亭，还是迁址新建的大同市场，永远是濠涌村最具人间烟火气的地方。

"这白菜多少钱一斤？便宜点卖给我咯！"

"好好好，老熟人了。"

每天清晨，村妇老太太以一腔带着浓郁隆都口音的普通话，跟菜市场上的小贩讨价还价，显然，彼此已经相当熟络了。

20 世纪 90 年代，濠涌村逐渐来了外地人，这些外地人，来自大江南北，讲的是让人听起来一头雾水的普通话。广东以外的人，村民习惯称之为"北方人""老兄佬"。他们是南下务工人员，有的进入红木家具厂当油漆工、木匠、雕刻工，有的进入制衣厂当裁床工、缝纫工、制版工，也有的自己经营小本买卖……有的夫妻双双出来打工，把孩子老人留在农村，也有的工作稳定之后，举家随迁。这些年，他们大多租赁本地人的老屋居住，也有少部分人打拼多年有了积蓄以后，在本地购置了商品房，孩子也满足条件就近入学。

30 多年来，生活在同一片土地上的人日渐交融。

年长的村民，从听不懂、不会说，到磕磕绊绊，再到生活必需。久而久之，普通话就成了隆都话、广府话以外的"第三语言"。虽然有时难免"鸡同鸭讲"，但是日常的交流不再成问题了。

近年来，大同市场沿街店铺各种菜系的菜馆"你方唱罢我登场"，东北菜馆、湘菜馆、蜀味面庄、福建沙县小吃、隆江猪脚饭、潮汕砂锅粥……一家紧挨着一家，然而，村民情有独钟的，还是当地风味的大排档、酒楼以及粥粉面店。

村前屋后的粥粉面店是最具市井风味的地方。笔挺的老木棉树下，偏安一隅的小小店面，空间甚至有点逼仄，附近的村民却钟爱这"老广"的味道，云吞面、牛腩面、沙河粉、炒牛河，简简单单，经济实惠。这里吃的不仅是一口云吞一口面，更是一份昔日的情感。

许多隆都人对于云吞，有一种特别的记忆。

寒冷的冬夜，一辆载着炉火、厨具、食材的人力三轮车从圣狮村"远道而来"，在黑漆漆的村子里走街串巷。笃哒、笃哒、笃哒……竹板敲击声如影相随。

"云吞佬来喽！"于是，闻声而动，眼疾手快地从厨房里取出一个饭壶，追随着竹板熟悉的节奏走到街口寻找流动的车子。三轮车缓缓停下来了。柴火烧得很旺，在北风的包裹下，呼呼作响，不时冒出跳跃的火星，啪啪作响。一大锅烧开的水热气缭绕，在如雾如烟的水汽氤氲里，云吞现点现烹制——下云吞、翻搅、沥水、过冷河、撒葱花、加高汤，几分钟工夫，一碗热气腾腾的云吞就做好了。喜欢吃面的，会让"云吞佬"加一把碱水面，即成云吞面。一家人吃罢，寒夜尤感温暖。

四方食事，不过一碗人间烟火。

数十年前，圣狮村的过街云吞，足迹曾及濠涌村，温暖了无数人的夜晚。图为圣狮村的墙面手绘画，总能勾起隆都人的回忆（方嘉雯摄于2020年）

隆都年糕沿用传统食材、传统工艺制作（余兆宇摄于 2024 年 1 月）

隆都年糕，过年必不可少，寓意"年年高""步步高"（余兆宇摄于 2024 年 1 月）

　　八九十年代寻常的生活场景，深深印在隆都人的脑海里。这种晚上走街串巷叫卖的小食，当地人叫"笃哒云吞"，又叫"过街云吞"，源于沙溪圣狮、象角等村落。如今，已鲜有云吞车驶到濠涌村叫卖了，成了不少"70 后""80 后"儿时的美好回忆。那时候，物质生活远远没有现在丰富，冬夜里一辆走村串户的"云吞车"，就如同一个温暖的"深夜食堂"，让人回味无穷。

　　濠涌村所在的隆都地区，有着源远流长的饮食文化，时至今日，村民依然很大程度上保留着传统的民风民俗及饮食习惯。沙溪民间文化，是千百年来隆都文化、香山文化与中原文化碰撞而形成的独特的文化形态，它既传承了隆都本土文化的精粹，也包容了中原民俗文化的优良传统，具有鲜明的隆都特色。

　　隆都，是中山最有年味的地方之一。逢年过节，总能吸引一拨又一拨的媒体来寻找"年味"，其中，中央电视台是常客。沙溪的年糕，总是一次次闯入央视镜头，以食之名向世人讲述这个古老地方的人文蔚起。

　　昔时，隆都人过年前家家户户必蒸年糕。岁终年末，濠涌村的村民依然保留着古法蒸制传统年糕的习俗。年糕，老一辈戏称"笨七糕"，大概取自其外形笨重、手艺繁复之意；而制作年糕，在隆都地区不叫"蒸"年糕，而叫"炊"年糕，这大概又是古汉语沿用至今的例子。近些年灶房和灶台虽然渐渐淡出了人们的视线，但古老的工艺代代传承。

　　在隆都人的记忆中，炊年糕是必不可少的年味：

　　　　小时候，一家人住在老屋，每至岁末奶奶总要亲手炊年糕。才四五岁光景的我，总闹着要帮忙洗炊笼、洗蕉叶、摵（隆都话，意为以手用力压揉）面粉。我最热衷的是和面粉，奶奶一会儿加水、一会儿加红糖浆、一会儿加花生油，黏黏糊糊的糯米粉在手中像会变魔术一样，一眨眼就变成了一盆会流动的面团，好玩极了。

　　　　面粉摵好之后，就一层一层地放进竹篾蒸笼里，每放一层

每逢年末，濠涌村不少家庭祖辈孙辈一起摵粉团、炊年糕，传统手艺代代传承（组图，方嘉雯摄于 2017 年 2 月）

面粉，就加入"冰肉（提前几天用白砂糖腌制好的五花肉）"，还有咸蛋黄。

炊年糕，给人感觉是一项大工程。灶房里烟雾缭绕，灶台上垒着层层叠叠的木质炊具，一层比一层小，像堆积木一样，仰头一看，都快要垒到房顶了。

搬新房以后，奶奶照旧每年回到老屋低矮的灶房里炊年糕，烧火、添柴、加水，每次都要忙上一整天。父母做好午餐，就让我和弟弟一起给奶奶送汤送饭。奶奶往往要忙到下午，偌大的年糕才炊好，大的，有洗脸盆那么大，小的，也有小锅一般大小。完了，在糕面撒上芝麻，中央放一颗红枣，再放一个红包、一双"大桔"。

年年岁岁"糕"相似，岁岁年年人不同。后来，奶奶老了，炊年糕的活儿就落到了母亲的身上。母亲逢年也是亲手炊年糕，一炊就将近四十年，从没间断。"年年高"，美好的寓意年年相承。

奶奶和母亲炊的年糕，手艺都一流，这是舌尖上的童年味道。

多年前，笔者曾在微信朋友圈里记录了这么一篇小文。隆都人对于传统手艺的代际传承，可见一斑。

《香山县志》（同治版）载："炊笼糕大者至米数斗，其以糖炊者曰甜糕……"县志所载"大者至米数斗"的"笼糕"，指的就是隆都的年糕。可见，至少在150年以前，大至几斗米一笼的隆都年糕，已经载入了史册。

除了年糕，濠涌人过年前扫屋、贴挥春（春联）、压岁、做年①，除夕之夜烧爆竹，年初一开门烧爆竹、炸煎堆、吃斋、拜年，年初二开芽（又称开年），年初七人日，立春等习俗，在很多家庭里依然传承着。

岁月悠悠，古村的年味，依旧飘荡在街巷邻里间。

然而，也有一些过年习俗正在慢慢消失。

除夕傍晚，孩童一手提着浆糊桶，一手攥着油漆刷子挨家挨户去张贴"开门大吉"的情景，几乎绝迹了；除夕子夜过后，手捧盛着"金山顺利""五谷丰登""丁财贵寿"等"丁财"的托盘逐家逐户叫门的小孩子，杳无影踪了；大年初一上午龙腾狮跃游街串巷的那份热闹，再也寻不着了……这一切，都成了渐行渐远的年味。

除了春节，许多节日也在不同程度上保持着本色。

端午节，举国祭屈原，沙溪人按传统习俗，在大门口用红线挂上香茅、艾草，祈求健康，相传此古俗可以辟邪。在周边地区敲锣打鼓赛龙舟吃粽子的时候，沙溪人却传承着一个古俗——煲五色粥。顾名思义，五色粥，就是用五种不同颜色的豆子煮成的粥，一般用白眉豆、绿豆、黑豆、红豆、黄豆，取五色分属金（白）、木（青）、水（黑）、火（红）、土（黄）五行之义。老一辈说，沙溪端午节吃五色粥的习俗，由中国古代五月初五系五色丝的旧俗衍变而来。南北朝时期记录中国古代楚地岁时节令风物故事的文集《荆楚岁时记》中有相关记载。端午节五色粥是旧时家家户户必煲的，当今，还有一些家庭在端午节煲五色粥。五色粥一般煮成甜粥，润肺、健脾、清热，是一种时令保健食品。

据记载，端午节吃粽子不是沙溪地区的传统习俗。古时候，沙溪人裹粽子的习俗是在农历七月十四，而不是五月初五。后来，在

---

① 沙溪人对过年拜祭天地神灵祖宗举行的仪式称为"做年"。"做年"很隆重，备三牲、茶、酒、饭以及元宝、蜡烛、香等。

隆都古法谷糠煨芦兜粽，这种传统做法如今已极难寻得（陈龙辉摄于2021年）

用谷糠煨出来的芦兜粽和鸡蛋，有一股独特的稻谷香味（陈龙辉摄于2021年）

大环境的影响下，沙溪人于端午节也慢慢开始包粽子。沙溪芦兜粽又由于其独特的制作工艺，色香味俱全，逐渐虏获食客的芳心，年久日深，端午节吃粽子也渐渐成了沙溪地区的主流。这是不同地区的文化交流融汇的结果。

七夕，在沙溪称为"七月七"，是民间一个传统节日。七月初七，乞巧节。昔日的沙溪地区，乞巧节几乎是妇女的节日，如今，办"七娘会"、种"七娘秧"、汲"七娘水"、诵《七姐经》、浸冬瓜水等传统民俗活动，仍偶见于濠涌村一些家庭里。

昔日在中原地区，以元宵节、端午节、中秋节为三大传统节日，而在沙溪民间民俗中，春节、七月十四、中秋节才是最隆重的节日。

农历七月十四的祭神仪式，是沙溪民俗中极受重视的。同治《香山县志》记载："十四日，浮屠盂兰盆会，剪纸衣祀先人，各乡盛设黍粽。"县志记载的七月十四日"祀先人""设黍粽"，就是隆都地区民间祭祀先人的习俗。"黍粽"即是粽子，其他地区端午节吃粽子，隆都人吃粽子则在七月十四，颇具隆都特色。

八月十五中秋节，海上生明月，天涯共此时。节前，亲友之间互赠月饼，礼尚往来。月圆之夜，家人团座，灯火可亲。家家户户备香烛、爆竹拜月。当晚吃得特别丰盛，月饼、鸡丝粥、紫苏炒田螺、菱角、芋头、柚子、柿子、猪仔饼……秋虫低吟的秋夜，桂花树随风送来满室幽香，一家人把餐桌搬到庭院里，赏月色、吃月饼、拜月亮，享受着一份人间清欢。

吃完晚饭，孩子们提着竹篾纸糊的八角灯笼，自发地结成一伙一伙的，穿行于大街小巷之中，童趣盎然。偶有调皮捣蛋的小男孩潜伏于夜色之中，冷不丁地来一次"袭击"——顷刻间，花花绿绿的纸扎灯笼就被小石子击穿了薄纸，蜡烛随之倾倒，火光映红了脸庞，双脚直跺，委屈的小脸泪花四溅……

20世纪90年代以后，塑料制作的电灯笼逐渐兴起，传统的纸扎灯笼日见稀少。到了近些年，灯笼的材质、款式更为多元，物质生活的丰富和生活方式的改变，带来了传统习俗的淡化，中秋提灯笼穿行阡陌田畴的快乐，现代的孩子再也难以感受到。

作为二十四节气之一的冬至，在民间被视为一个象征团圆的传统节日。在北方，冬至是吃饺子的节日，而在沙溪，冬至有着"做冬做汤圆，予食不予园[①]"之谚。

隆都名小食金吒，相传由于形状类似中国古代神话人物金吒（陈塘关总兵托塔李天王李靖的长子，哪吒的哥哥）的武器而得名（方嘉雯摄于2018年）

---

① 园：隆都话，源自古汉语，藏的意思。

冬至日，沙溪民俗中称为"做冬"。当日清晨，家庭妇女早早就忙碌起来，以糯米搋成粉团，包以片糖一粒搓圆，煮熟，以瓷碗盛之，烧香拜神。这是最简易的汤圆。冬至，沙溪人的早餐一般为汤圆。

"冬至大过年"，是沙溪关于这个节日的另一个谚语。实际上，"做冬"的隆重程度远远不及"做年"。如今，濠涌村"做冬"的仪式感还在，手工制作传统简易汤圆的人却越来越少，到超市买速冻汤圆回家煮食成了主流。

一方水土养一方人。蕴含着丰富人文积淀的隆都菜，也成了沙溪这个小镇的一大特色。隆都菜属于广府菜，在当代，隆都美食为人所熟知，很大程度上源于其糕点。

隆都芦兜粽、番薯煎堆、栾樨饼、田艾包、叶仔、眉豆糕、芋头糕、番薯糕、金吒、角仔……一个个氤氲着草木芬芳的名字，摊开隆都小吃的美食地图，开启一场味蕾的乡野盛宴。隆都的街巷，时常吸引远近"吃货"组团觅食，不负好"食"光。以隆都美食为卖点的餐馆不断跻身中山城区的商业街，就连海外的华人街区，也少不了隆都美食的踪影。民以食为天，渐渐地，这也成了隆都文化的一张名片。

外地人到沙溪饮茶，对田艾包、栾樨饼甚为钟爱。田艾是什么？栾樨又是什么？两款带着泥土气息的糕点，颇具历史人文底蕴。

栾樨饼为传统民俗节日"四月八"的必备食品，老一辈认为其有散毒避疫

敦陶村村民在家门口晾干栾樨叶，备制栾樨饼（方嘉雯摄于2019年）

农历四月初八，敦陶村村民用传统的木质模具制作栾樨饼（方嘉雯摄于2019年）

之功效。栾樨，亦作鸾荽。《香山县志·道光志》载："鸾荽树，丛生，高者七八尺，味甘温，化痰软坚，瘰疬初起，食之顿消。四月间，邑人和粉作饵。""饵"就是糕饼。"四月间，邑人和粉作饵"，指的就是"四月八"制作栾樨饼。

田艾包，软绵微韧，散发着独特的艾草香味。《香山县志·道光志》载，田艾可"和粉作饵"。这表明，沙溪人用田艾制作糕点，少则已有上百年的历史了。隆都人称为"田艾"的植物，多生于田间。晚稻收割"犁冬"之后，田间便开始冒出艾苗。立春之后，田艾茎嫩叶肥，茸毛丰富，最宜食用，有顺气、化痰、止咳、清燥润喉之功效。

春天吃田艾包，初夏吃栾樨饼，四季轮回，时令美食，也是养生之品。隆都先民就地取材，把大自然的馈赠经过巧手制作，久而久之，就成了传承至今的传统美点。除了旷野田畴田埂村道随地可见的田艾和栾樨，苹婆叶、蕉叶、芋头、马蹄、番薯、木薯、甘笋、芦兜……这些寻常的岭南植物，共同烩出沙溪糕点"季节的味道"。

点心，沙溪人习惯称之为"粉果"。往日，粉果以家庭手工自制为主，设档摆卖或沿街叫卖。在圩镇，粉果品类最多之处当数茶楼。清末以来，沙溪的茶楼渐见兴旺。有别于北方只供清茶一盅，或剥瓜子，或嚼香豆的茶馆，沙溪的茶楼跟传统的广式茶楼一样，既品茶也吃糕点，谓之"一盅两件"，食客边饮边食边聊天。沙溪人喜

欢上茶楼饮早茶吃点心，于是，茶楼就成了粉果的荟萃之地。沙溪人的早茶文化，跟粤式早茶如出一辙。

沙溪家乡菜姓"粤"，属粤菜广州（广府）、潮州、东江三个流派中的广州风味。传统沙溪人的饮食习惯，以粤味为正宗，又夹着天然的"土味"。

其实，隆都美食远远不止于糕点，隆都菜自有其特色。在老一辈眼中，最隆重的当数"隆都九大簋"了，堪称"沙溪满汉全席"。簋，是中国古代盛食物的圆形器具，用青铜或陶制成。如今，借用古字之意，延伸为食具。昔日，沙溪人宴请宾客，多为九道菜，分别为白切鸡、粉葛焖洋鸭、沙溪扣肉、深薯猪脚汤、荷兰豆炒鱿鱼、马蹄白果焖冬菇、咕噜肉、五柳鲩鱼、榄仁肉丁。九菜之中，主次分明，三道主菜分别为沙溪扣肉、白切鸡和粉葛焖洋鸭。排列首位的是沙溪扣肉。扣肉，全国各地有之，而沙溪扣肉却别具一格。肥而不腻、入口即化的五花肉，甘香浓郁，夹香芋的叫"芋扣"，夹粉葛的叫"葛扣"。沙溪扣肉的香料十分考究，在八角、草果等多种香料中，还混合了一种名为"捞叶"的独特香料，令其成为各地扣肉之中颇具辨识度的一种。

到了今天，濠涌村民的喜宴餐桌上，"隆都九大簋"中的传统菜仍然是常见的菜式。有部分崇尚传统且节俭的村民在祠堂里设宴，更具乡村风味。近些年，婚嫁寿诞去酒楼设宴已成新潮流。餐桌上，也渐渐涌现了鸿运乳猪、芝士伊面焗龙虾、红烧石岐乳鸽、高汤浸鱼肚、焖焗罗氏虾、花旗参炖竹丝鸡汤等新菜式。

"隆都九大簋"以外，还有许多特色食品。坐月子吃糖醋猪脚姜、夏至日吃子姜焖狗肉、冬日焖柚子皮、秋日吃紫苏炒田螺，平日，肉饼变着花样吃，豆豉肉饼、冲菜肉饼、竹芋肉饼、马蹄肉饼、鱼肉肉饼……

既为广东人，又怎少得了凉茶和汤汤水水。

广东地处热带和亚热带的过渡地带，水网密布，风热暑湿，易致外邪侵袭，喝凉茶就是昔时人们祛病保安康的重要方式。始创于清光绪十一年（1885），曾经在珠三角及北美洲、大洋洲等海外华人中广泛流行的沙溪凉茶，主治"风寒"，被称为"沙溪伤寒药"，一度成了人们防病治病的必备良药。买凉茶、煲凉茶、喝凉茶，已融入人们的生活。今日，凉茶家族更为多元，人们保健治病的方式也多了选择，但在濠涌村的不少家庭里，仍然能看到沙溪凉茶的身影。

沙溪人煲汤也十分讲究，滋补汤，清润汤，根据季节轮转及个人体质迥异而巧妙变化，凉性、中性、热性食材搭配有方，不可随意混搭。

万年阴鲮鱼汤、土茯苓水鸭汤、酸三稔鲫鱼汤、莲叶冬瓜光鸭汤、甘笋茅根竹蔗水、霸王花猪骨汤……随着节气喝汤，美味且养生。汤水之余，还有特色的土食疗。过往，受医疗条件所限，乡民偶染小疾，一般不会寻医问诊，凭土法单方一味煎汤，感冒、咳嗽、腹泻、喉痛等小疾便可一饮而除。山狗尾煲生蚝豉、鸡骨草煲猪连铁、倒扣草煎水、车前草煎水、白花蟛蜞菜煲猪肚、狗肝菜黄豆煲鳙鱼……土生土长的野生草药汤水，千百年来，守护一方百姓平安健康。

相信每个广东人的心里，都有一碗汤，每个家煲的汤都有自己的独特味道。一碗"老火靓汤"，喝出了广东人的乡愁，是万千广东人思念的家的味道。

时至今日，煲汤文化这种刻在广东人骨子里的"美食基因"，同样也深深刻在濠涌人的骨子里。

第四节　精神的原乡：市井街巷

一头漆黑短卷发的奶奶，发根处露出一圈灰白，骑着一辆样式老旧的自行车，穿行在小街上，小街宽不盈丈，一串串清脆悦耳的铃声在街角回荡。一袋肉菜放置在车头的篮子里，摇摇晃晃。奶奶约莫已过甲子之年，熟悉的老街、熟悉的街坊、熟悉的生活方式，一如当年。

小街上，摩托车、电动车、三轮车擦肩而过。传统砖瓦木梁结构的民居、碉楼、骑楼、新老洋房纵横交织，既有中原传统民居的遗风，又有华侨借鉴西方建筑的风格。清朝，民国，新中国成立之初，20世纪八九十年代，21世纪……各个时代建造的民居闯入眼帘，给人时光交错之感。

旧时的石板街再也不见了，偶尔能在路边看到几块长长的麻石，有的成了层层叠叠的花基，有的成了纳凉闲聊的"长凳"，有的寂静地躺在街巷角落……

市井长巷，聚拢来是烟火，摊开来是人间。

走街串巷，不时能在转角处"偶遇"几座百岁老房子。门庭前栽种的老杨桃树，把阳光裁剪成星星点点，洒落一地。杨桃一串串，温润如玉，俯拾皆是。树上青青黄黄的果子缀满枝头，树下黄澄澄的果子落了一地。紫红紫红的杨桃花正在吐蕊，或开在树叶间，或开在树干上，招蜂引蝶。杨桃树总是一边开花，一边结果，花果同枝，堪称岭南植物的"劳模"。

杨桃树旁边，一丛霸王花从墙根一路爬到围墙上，从墙角探出头来，瞭望着街头巷尾。

方人定旧居保存完好，整体设计亦中亦西，门窗装饰华美精致（方嘉雯摄于2024年）

这些古老民居的门窗、屋脊装饰讲究，木雕、石雕、砖雕图案精美，或奇花异卉，或飞禽走兽，或历史故事，无不栩栩如生，闪烁着能工巧匠的智慧。跟香山地区的古建筑一样，中西文化交汇，既带有中原特征，又有岭南特色。

经历了百年的风霜，不少老房子已人去楼空，纵然有点灰头土脸之感，透过雕梁画栋的岭南风，依稀能窥见当年的繁盛之貌。

仰望屋檐，室外壁画和室内壁画比比皆是，大多是清末民初的作品，题材丰富，精描细绘，喜鹊、孔雀、牡丹、竹子、葫芦等，通俗易懂而又寓意深刻；赏菊图、福寿双全图、八仙过海图、松鹤延年图、岁寒三友图等，寄托着方姓先辈对生活的美好憧憬，也让人领略到香山地区的风俗民情。

倘若细心观察，会发现个别壁画依然"面容清秀"，而画作的题词却被人为地涂抹掉了，或是墨汁，或是石灰水，甚至还留下了"毛主席万岁"等特有的时代烙印。有老人说，这是20世纪六七十年代红卫兵留下来的；也有老人说，这是房屋主人情急之时为了保全精美的绘画而生出的"智慧"。或许，当年就因这一抹石灰、一笔浓墨，房屋美轮美奂的绘画、砖雕、脊饰、飞檐就逃过了劫难。

时光在街巷各个角落遗留下的斑驳，几度沧桑，铭刻着古村经历过的历史细节。屹立百年的古建，是古村落的重要承载载体。它用木石砖瓦镌刻下一段段美丽的时光流转，也阅尽了人世间的繁华与沧桑。屋檐下，窗棂间，发生多少故事。

每座古村落都是一部厚重的典籍，是多彩文化的活化石。然而，最近几十年，经济发展大潮席卷而来，乡民世世代代生活的家园也发生了天翻地覆的变化，在物质生活得到各种满足的同时，许多可贵的东西也随之失去。许多风物民俗，还没来得及保护，就再也无缘相见。

曾经一望无垠的山林，阡陌纵横的田畴沃野，鱼翔浅底的小溪，

建于 1968 年的大同人民会堂（方嘉雯摄于 2023 年）

随风翻滚的稻浪，鸡犬相闻的街巷，蜿蜒曲折的石板街，历史悠久的古建……一帧帧画面，拼成了记忆里的故乡。

在乡村，祠堂、庙宇、旧居、街巷、古树等实体，都是人们的精神原乡，它照见一代代乡民经历的喜怒哀乐，也记录着生生不息的岁稔年丰。如果这些乡村风物都消失了，皮之不存，毛将焉附。我们到哪里去寻找"乡愁"？

幸运的是，在"文化自信"的时代召唤之下，近年濠涌村致力保存文化记忆，记住乡愁留住根。在村集体经济并不十分发达的情况下，村委及民间力量通过发动华侨、企业、社会各界热心人士等各种方式筹集资金，保护了六百年的古墓，还对慕榕方公祠、方氏大祠堂、桥泉公祠、葆赤公祠等祠堂进行了修葺或重建，让后辈了解自己从哪里来，思考自己往哪里去，同时为游子找寻"失落的故乡"提供了精神慰藉。

村里准备建造一座村史馆！这个消息传来，让人如沐春风。一个村史馆，就是一个微型博物馆，一部村庄的奋斗史。乡韵乡愁，不仅藏在耕耘桑梓的往事中，也藏在烟火百态的民风民俗里。村史馆恍若一条时光隧道，在过去与现在之间搭起一座记忆的"桥梁"，留住乡村的"根"，让文脉赓续，让乡愁可感可触，让心灵有所依归。目前，濠涌村正在谋划此事，值得期待。

放眼全国，近些年，在工业化与城市化围攻之下，除了乡野风物，耕读传家的传统、淳朴的乡土风情，也面临着钢筋水泥的侵蚀。伴随逐渐消失的耕作文明，古老传统与钢筋混凝土撞击的声音不绝于耳，铿锵激荡，中国无数的古村落正经历着前所未有的生存之痛、空心之痛、消失之痛。有报道称，过去 30 年，中国共计消失了 120 多万个自然村，平均每天消失 100 多个。

对每个人来说，家乡都是人生唯一的起点，故园风景最能慰藉乡愁。而乡村独特的地方文化，则是乡愁的印记。保护好传统街区，保护好古建筑，保护好民风民俗，就是保存了历史和文脉。

泱泱大国，灼灼其华。岐江河畔，有一个香山隆都古村，抖落了六百年的风尘，绿榕古祠，子嗣延续，人文蔚起。

微风熏醉，又一个春日来临。濠涌村口的细叶古榕又悄无声息地抽枝发芽。它几经枯荣，枝桠盘错，树冠如盖，如一位百岁老人，每天凝望着村庄外粼粼而来的车流，一如百年前守望着码头古渡口穿梭来回的舟楫。

仓皇岁月，似水流年，任凭时光荏苒，让乡村留下记忆，让人们记住乡愁。

参考文献

嘉靖、康熙、乾隆、同治、道光、光绪、民国历代《香山县志》。

（清）屈大均撰：《广东新语》（清代史料笔记丛刊），二十八卷，中华书局1985年版。

中山市地方志编纂委员会编：《中山市志》，广东人民出版社1997年版。

《中山市志》编纂委员会编：《中山市志（1979—2005）》，广东人民出版社2012年版。

中山市沙溪镇人民政府编：《沙溪镇志》，花城出版社1999年版。

中山市人民政府地方志办公室编：《中山村情》，广东人民出版社2018年版。

中山市沙溪镇人民政府编：《隆都沙溪文化丛书》，岭南美术出版社2010年版。

《隆都沙溪名人录》编委会编：《隆都沙溪名人录》，羊城晚报出版社2008年版。

《广东省中山市地名志》编纂委员会编：《广东省中山市地名志》，广东科技出版社1989年版。

王远明主编：《风起伶仃洋》，广东人民出版社出版2006年版。

王远明主编：《香山文化》，广东人民出版社2006年版。

王远明、颜泽贤主编：《百年千年》，广东人民出版社 2006 年版。

溯源月刊社编：《溯源月刊》（2011 年—2024 年）。

华夏文化促进会方雷文化研究工作委员会、《中华方氏全族统谱》编纂委员会编：《中华方氏全族统谱》（珍藏版），时代文化出版社 2023 年版。

骆伟编：《岭南姓氏族谱辑录》，广东人民出版社 2012 年版。

叶曙明：《中山传》，广东人民出版社 2021 年版。

梁江主编：《方人定纪念文集》，人民美术出版社 2011 年版。

陈继春：《亮节高风》，岭南美术出版社 2015 年版。

费孝通：《乡土中国》，人民出版社 2008 年版。

费孝通：《江村经济》，北京大学出版社 2012 年版。

刘亮程：《一个人的村庄》，春风文艺出版社 2006 年版。

江冰：《老码头，流转千年这座城》，花城出版社 2019 年版。

江冰：《岭南乡愁》，广东高等教育出版社 2021 年版。

江冰：《文化岭南：文化交流互动塑造广东》，广东高等教育出版社 2024 年版。

方交良编著：《中华姓氏文化丛书系列·方姓史话》，江西人民出版社 2005 年版。

《中山市南朗镇志》编纂委员会编：《中山市南朗镇志》，广东人民出版社 2015 年版。

林凤群编著：《岐海寻珍——中山民间文学拾萃》，珠海出版社 2008 年版。

余蔚：《宋史》，上海人民出版社 2015 年版。

游彪：《宋史》，中信出版集团 2017 年版。

李楠编著：《南宋王朝》，中国文史出版社 2021 年版。

艾公子：《文治帝国》，北京联合出版公司 2022 年版。

粟明鲜编著：《民国粤人赴澳留学档案汇编（中山卷）》，广

东人民出版社，2016 年版。

Bessie Ng Kumlin Ali，*Chinese in Fiji*，Institute of Pacific Studies， University of the South Pacific，2002.

久思：《方氏宗谱》（崇哲祖万二派义贯公支谱），2013 年版。

濠涌方氏名人馆馆藏史料。

《中华方氏全族统谱》编纂委员会编：《方氏历史五千年》光碟，2007 年。

蔡宇元编著：《桑梓之光——沙溪俊彦小记》2023 年 8 月版。

方建民编著：《雷方邝三姓宗亲资料册》，溯源月刊社 2010 年 8 月版。

方浩燊：《中山濠涌敦陶方氏祗敬堂族谱》，2022 年版。

《溯源家塾简介》，溯源家塾陈列资料。

《濠涌文化特刊》，2019 年 11 月编。

萧易：《豪华荡尽，只有青山如洛——寻访南宋王朝流亡之路》，《南方周末》2017 年 6 月 15 日。

杨长征、郑柳婷：《碧血丹心》，《羊城晚报》2022 年 9 月 22 日。

吴祈生：《上海最早的民族机器工厂——发昌机器厂》，《上海志鉴》1990 年第 1 期。

赵立人：《发昌机器厂两代东主方举赞、孙英德与方逸侣》，《岭南文史》2007 年第 1 期。

《清广州至澳门水途即景》，广东海上丝绸之路博物馆公众号，广州市国家档案馆。

蔡少卿：《论澳洲的华人秘密社会》，《江海学刊》2001 年第 1 期。

张秋生：《早期澳大利亚华人的经济生活与主要职业构成》，《历史档案》2008 年第 2 期。

澳大利亚《星岛日报》报道：《澳洲洪门致公总堂隆重庆祝辛亥革命及建堂百年》， 中国新闻网 2011 年 6 月 3 日。

后　记

　　还记得很小的时候，家里那台稀罕的黑白电视机总是时好时坏，每晚8点多钟就早早地爬上床跟奶奶一起睡觉了。夏天的夜晚，蚊虫猖獗，奶奶用火水灯（煤油灯）把飞进蚊帐里的蚊子悉数"请君入瓮"以后，就留下一点微弱的灯光，一边摇着蒲葵扇，一边"讲古仔"（讲故事）哄我入睡了。

　　奶奶出生于华侨之家，算得上大家闺秀，知书达理，藏着永远也讲不完的故事。张良拾履、黄香温席、姜太公钓鱼、大闹天宫、哪吒闹海、桃太郎、拇指姑娘……一个个古今中外的故事娓娓道来，活灵活现，灯影昏黄的蚊帐里仿佛影影绰绰。讲着，讲着，劳累了一天的奶奶，语速愈来愈慢，故事断断续续。小小的我听得津津有味，总觉得意犹未尽，一遍又一遍把昏昏欲睡的奶奶摇醒，央求"故事再续"，不要"下回分解"。

　　外婆也是归侨之后，记忆里的外婆，是个不折不扣的爱书之人。老屋里，客厅、卧房、阁楼，堆满了古籍，各种版本的《西游记》《三国演义》《水浒传》《红楼梦》《封神榜》《桃花扇》等古书，一摞一摞，比我还高。年轻时的外婆，因日军进村而受到了过度惊吓，致使双耳失聪，从此身陷无声世界，为此，她的天地无比安静，

终日与书为伴。时光深处的外婆，不擅长做家务，总是在认认真真地读书，每读一句，就用毛笔蘸一点朱砂画上一个小小的圆圈断句，时不时还以小楷文在书页空白处做批注。耳濡目染之下，似懂非懂之间，少不更事的我也看了不少古老的故事。

由于有着相同的爱好，在你来我往的借书与还书之间，父亲后来成了外婆的女婿。

小时候跟父亲在一起，最开心的事情，莫过于趴在他的小腿上玩"跷跷板"，坐在他的肩膀上"骑马仔"。玩够了，父亲就一边喝着普洱茶，一边跟我讲那些发生在热带雨林、非洲草原、茫茫大海里精彩绝伦的动物故事。

这么近，那么远，一串串遥远而又古老的故事，滋养了我的童年。

我爷爷、奶奶、外公、外婆的祖籍皆为隆都沙溪，朝于斯，夕于斯，再往上数，就是归国华侨，祖祖辈辈与这里的山山水水结下了不解之缘。然而，即使是土生土长的人，对养育自己的这片土地了解有多深？相信大部分人的答案都是不确切的。在成长的过程中，我也鲜少能深入了解到这片土地上真真切切的人和事。长辈们偶尔提起，无一不是那段不堪回首的苦难岁月，刻骨而铭心。

大学毕业以后，我进入报社工作，时时处处被温热的文化气息所包裹，加之阅历的增长，对本地文化的关注度也与日俱增。渐渐地，我对这片岭南香山故地有了更多元的视角。

2011 年、2013 年，我在完成日常编务工作之余，各花了近一个月的"笨功夫"进行田野调查，到档案文史单位查阅资料，走街串巷实地采访，写了《宋驸马后裔沙溪落地生根》《三乡木偶的百年浮沉》两篇本土文化报道。其后，两文分别获得了 2011—2012 年度、2013 年度中国城市党报新闻奖一等奖。

其实，比起奖项更让我受鼓舞的，却是华侨和同胞们不经意间说出的话。一位美国老华侨说："我回到美国之后，要把这份报纸复印成一式四份，给每个孩子留一份，让他们了解自己的家乡、自己的根。饮水思源，无论身在何处，都不能忘记本源。"还有一位香港同胞说："我把这份报纸带回香港让同乡会装裱起来，让更多的港澳乡亲看到，了解三乡木偶的前世今生。"

老华侨和香港同胞对历史的珍视，让人动容。

2015 年，时任市委宣传部副部长，中山日报社党委书记、社长、总编辑方炳焯萌生了出版一本村史的想法。很快，一个由方炳焯、方泽源、方浩燊及我四人组成的工作组就成立了，一个名为"濠门后人"的微信群也应运而生。村史确立了跳出村子看村子的定位，不囿于濠涌方寸之地，立足高远，从历史的纵深挖掘本村故事，以小见大，透过本村的历史反映香山大时代的变迁。

濠涌村地处隆都侨乡，在四次移民大潮后，方姓华侨在全球各地落户，逐渐形成了华侨人数比本地人数多的现状，有点"海内一个濠涌，海外一个濠涌"的意味。

濠涌自明朝开村至今已 600 余载，如果从一世祖算起，已有 700 多年，饱受岁月洗礼，沉淀了岭南村落古韵。濠涌村周边那些声名鹊起的"明星村""网红村"，吸引大量专家学者和媒体的关注，各种报道及学术研究成果不断涌现，因而在古村活化的过程中，这些村落有大量的文史资料可以借鉴。然而，对我们而言，在书稿落笔之前，横亘于眼前的现实是系统的村史资料极度匮乏。然而，作为土生土长的方族后裔，心里非常清楚，濠涌村的人文资源并非乏善可陈，而是不为人知，需要系统性地去挖掘、梳理、拾萃，再理出线索，串珠成链。

在成书过程中，没能踩在前人的肩膀上去"守正创新"，大家只能凭着一腔情怀，从 2015 年开始，多年如一日地利用业余时间，搜寻古籍，在史海中遨游，还通过中山市档案馆、中山纪念图书馆、美国犹他州图书馆（又称"犹他家谱学会""犹他州家谱学会"）、

在线族谱及家谱树资源网站（FamilySearch）等官方渠道，一点一滴去打捞、挖掘、甄别、筛选。与此同时，不放过任何一个偶然得到的线索，用脚步去丈量，一步一个脚印去走家串户、实地考察，寻访长者，足迹遍及本村大街小巷，中山数个镇街，国内多个省市及香港、澳门等地，乃至美国、斐济、澳大利亚、新西兰等国家。

与此同时，还借助《中山日报·海外版》、台湾《旺报》、台山市侨刊《溯源月刊》等媒体平台，刊登了关于找寻濠涌村史线索的《征集启事》，在全世界范围寻觅中山沙溪濠涌方姓族人的足迹，断断续续收到了一定的反响。

广撒网，多敛鱼，择优而从之。在经年累月的古籍钩沉及资料搜集之中，积累了大量原始素材，其中不乏一些在青灯黄卷之中沉寂已久的人物，一些被岁月尘封而无人问津的故事。有了丰富而鲜活的史料，就奠定了本书的基石。

多年来，微信工作群时时字节跳动。点点滴滴，丝丝缕缕，细水长流。群里每一次发现和分享，于我而言，都有可能是日后成书的珍贵素材，一张老照片、一份旧剪报、一块废弃已久的老建筑构件、一个人物的联系方式、故纸堆里跟老隆都老濠涌相关的只言片语，均如获至宝。

抓住一条有价值的线索，就努力去顺藤摸瓜，力求深挖出一段鲜为人知的往事。当然，也不是所有抛出的"砖"均能引出"玉"来，毕竟，许多文化记忆是可遇而不可求的。

零零散散，经年积累，我的电脑里逐步建立了一个时时刻刻都在丰富的"素材库"。面对庞杂冗繁的史料，经过梳理，脑海中慢慢有条不紊地浮现出了思路，并逐步搭建了章节架构。

在日复一日的资料搜集整理及实地走访当中，我看到了一个看似熟悉而又无比陌生的旧时代、新世界。数百年间，在香山隆都偏安一隅的濠涌村，不同的人物、风物、景物逶迤而来，悄然而去。

那些生活在不同时空功勋赫赫的卓越人物，那些在世俗锅碗瓢盆中讨生活的平民百姓，竟然如此丰富且杂芜地充盈疯长在这方寸之地。

历史就在身边。我惊讶地发现，深得孙中山先生信任的国民革命军第八十六军军长、陆军中将方日英的故居，居然就是我的发小之家，小时候隔三岔五去她家串门，却从没听她的奶奶提起过；捐赠飞机抗日获得蒋介石褒奖的斐济侨领方作标的故居，居然就与自家相隔一条宽不盈丈的小巷子，若不是后代回乡寻根，估计永远也没多少人知道；敦陶村"乡规民约"的倡导者、《豪冲月报》社长方涤非的故居，居然就是自己小时候居住的房子；查阅族谱才发现，方涤非是我家至亲，却从来没有听奶奶提起过，连父亲也仅略知一二；阅读带着年代感的《豪冲月报》，窥见了百年前真真实实的世界，不禁潸然泪下……

孜孜寻找往昔的时光，把它记录下来，像河水一样已悄悄流走的故事，竟然一个个在时间的河流里和我们相遇。

成书过程中，回响绵绵，让我始料不及。

2023年的夏天，我去三乡镇一位方姓村民方兆良家里走访，了解中山方姓的迁居史，此前我们素未谋面。聊着聊着，方叔指给我看客厅里一份珍藏了12年的报纸，报纸已经泛黄，却平平整整，正是我2011年写的《宋驸马后裔沙溪落地生根》整版报道。正所谓"无巧不成书"，那一刻，彼此都觉得难以置信，报纸出版了12年之后，作者和读者竟然以这样的方式相遇。方叔告诉我，这份报纸是偶然得之。邻居常年订阅《中山日报》，那天，看到有整版有关沙溪方姓源流的报道，就把报纸送给他看。方叔看了之后，觉得这份报纸很有保留价值，于是就把它压在茶几的玻璃下面，一直没有动过。

由此，我更加笃信了写村史的意义。

身边的历史，身边的故事，同样值得铭记。

历史酿就的记忆总让人敬重，日月如流，明史启思，我希望把

一段段散乱的前尘往事，串连成古老而真实的足迹，让后人看见先辈蹒跚而坚定的身影，再铺就前行之路，朝着理想，砥砺奋进。

一次，和中山市博物馆一位文史专家聊天，他说："中山的乡村这么多，一个村，有两位人物（方人定、方作标）的事迹在馆里展示，这在中山的乡村并不多见。"每一个名人的背后，都是丰厚的成长土壤以及广阔的时代舞台，这也从一个侧面反映了这个村子深厚的人文底蕴。

虽然只是一个村庄的前尘旧影，然而，这也是时代大潮中掀起的一朵朵浪花，一字一句记下来都是历史，丝毫敷衍不得。濠涌村走过的历程，有其独一无二的一面，也有着天然的共性，可算是香山地区许多农村的典型缩影、现实观照。为此，在撰书的过程中，我抱着最严谨的态度去对待。在书中，有时候呈现出来字面的一段话，甚至一句话，背后都是反反复复的斟酌、核实、辨别、比对，短则数天，长则几年。

尽管尽心尽力，囿于史料及学识，舛误恐难免，盼读者赐教。

常年在城区工作生活，跟家乡是若即若离。每次回乡，听得最多的是生老病死的消息，当年坐在巷子小竹椅上接受采访的老人一个个离去，了解本村历史的人越来越少了，与此同时，多少人家的婴儿呱呱坠地。一切如花开花落，月圆月缺，春去秋来。

左手记忆，右手韶华，渐渐地感受到，挽留这些文化记忆，是我们这一代人的当务之急。

此去经年，历史总要翻开新的一页，就如今天看到的岐江河，倒映了沿岸千百年的落寞与繁华，不再烟波浩渺，濠涌码头河面上的喧嚣早已沉寂，一个个古地图上的地名也已遁迹。然而，它曾经掺和着的苦乐年华，将成为我们永远的追忆，永世荡漾在时光的深处，也成为日后乡村振兴最深沉的文化自信，最持久的文化力量。

感谢方炳焯社长牵头发起村史的写作，并一如既往地身体力行，给《濠涌记忆》赋予了生命；感谢我的伙伴浩燊十多年如一日对本土文化的热爱，因为热爱，所以坚持，纵然远在上海，还是源源不断地给本书提供了大量难得的一手素材；感谢刘斯奋主席欣然为书名题字，给予了晚辈莫大的鼓舞；感谢江冰教授年复一年的鼓励，每一次交流都如电光石火，如提灯人般遥遥引领着我这场跨越时空的奔赴，并热情为书作序。

本书能够顺利出版，还离不开方泽源副局长、方建奋书记、阮卓卿主任，以及方秉权先生、甘爱玲女士、方焕彭先生、方沛华女士、方亮贤先生、方凯文先生、李宗亮先生、方嘉良先生、方树平先生、方少丽女士等社会各界热心人士的鼎力相助。在此，表示由衷的感谢。

感谢出版社的领导王忠、李锐锋和编辑吴嘉文在本书的编撰过程中给予的帮助以及提出的许多有益的建议。同时，感谢家人给予我宽松的写作空间。

最后，深深感谢中山市委宣传部对本书进行文艺精品专项扶持以及沙溪镇委镇政府、濠涌村委会的大力支持。

近十年时光在陈年旧月里打捞香山隆都古村的斑驳碎影，《濠涌记忆》终于付梓。其实，对每一个人而言，对历史的最好致敬，就是书写新的历史。

只因为，鉴往知来，方能致远。

方嘉雯
甲辰仲秋于中山